おふでさき通解

上田嘉太郎
Yoshitaro Ueda

道友社

はしがき

この『おふでさき通解』は、婦人会の支部長、主任を対象とする例会の勉強会で、平成二十年一月から二十四年一月まで話したものが元になっています。その後、文字に起こし、『みちのだい』誌に連載したものに加筆、訂正の上、一冊にまとめたものです。

元々が話し言葉であり、スケジュールの関係で毎月ともいかず、繰り返しての説明が少なからずあり、通読するには煩わしく感じる向きもあろうかと思います。逆に、少しずつ読み進めたり、参照したりする分には、却《かえ》って便利かもしれません。

今回、思いがけず単行本にしたいという申し出を受けて、読み返し、語調や繰り返しを整頓《せいとん》してはみましたが、成り立ちから来る性格は変えようもなく、これはこの本の個性と思わざるを得ないと考え直しました。

勉強会では、註釈付きの『おふでさき』をテキストとして使用しました。そんなこともあって、折にふれて註釈や註を引用したり、言及したりしています。時に註釈と異なる解釈をしている箇所もありますが、あくまで私個人の現時点における理解であり、受講者、読者の参考になればということです。

各号の最初に号の概要を出したのは、号の主題を頭に置いてお歌を味わってもらいたいとの思いからで、例会に先立って配布したレジュメの冒頭部分をそのまま転載しました。小見出しは、連載時に、お歌の流れや話題の展開を意識してもらえるよう、意味的な区切りに挿入したものです。

全体を眺めてみて感じるのは、意図しない出版にもかかわらず、私と『おふでさき』の長い関わりの集大成的な性格を持つということです。浪華《なにわ》青年会の教理勉強会に始まり、教会長資格検定講習会の講師として、また教案作成、さらには海外部翻訳課時代の『おふでさき英訳版』の改訳作業などの御用を通して培ったものが自《おの》ずと反映されているように思います。

父・嘉成《よしなる》の『おふでさき講義』は、五十年近く前、やはり婦人会例会での講義を『みちのだい』に連載後、単行本化したもので、父の明るい信仰が全体に溢《あふ》れています。これがあれば、私の本など必要ないと思っていましたが、あらためて読み比べてみると、全くタイプが違うものだと感じました。特に、翻訳作業を通して身についた、お歌の語句の正確な解釈を目指す姿勢や、教案作成時に念頭に置いた号全体のテーマやお歌の流れを重視する観点は、私らしいもので本書の特徴をなしているように思います。

刊行に際し、あらためて、勉強会の講師にご指名くださり、単行本化をご了承くださった婦人会長様に心からお礼申し上げますとともに、録音をほどき、校正に携わってくださった婦人会文書部の方々、さらには本書の出版を提案し、進めてくださった道友社編集出版課の皆さんに謝意を表したいと思います。

平成二十九年一月二十六日

上田嘉太郎

目次

はじめに

最初に、『おふでさき』が刊行されました時の、二代真柱様の「まえがき」を振り返りながら、まず全体的なことを申し上げたいと思います。

「まえがき」に学ぶ

「まえがき」の冒頭部で、

　余程以前である。私がまだ母の膝《ひざ》に親しんでいた時分である。私は母から、教祖様が（「教祖様」と書いてありますが、この当時の表記がまだ残っているわけです。「おやさま」と読ませて頂いたらいいかと思います）参ってきた人々に誰彼《だれかれ》の差別なくおふでさきを読めとおすすめになった、という話を聞いた。また、

「これさえ読んでおけば、少しも学問はいらないのやで」

と、日々母におさとしになったという話も耳にしている。それ以来、私の幼い胸にも、未《いま》だおふ

> でさきが発刊されずにあるのが、かえって不思議に思われたくらいであり、発刊が早ければ早いほど親神様のお心に添うものである、と深く心に銘じたのである。

と、『おふでさき』を発刊できることは、実にありがたい、嬉《うれ》しいことである、という思いをお述べになっています。これが昭和三年の四月であります。

教祖が『おふでさき』をお記しになったのは明治二年から明治十五年頃とされていますので、それからすれば随分歳月が経《た》っています。なぜか。最大の理由は明治十六年三月のふしだと思われます。『稿本天理教教祖伝』に、鴻田忠三郎先生が『おふでさき』を借りて書き写しておられた時に警官がやって来てそれをとがめた。おまささん、飯降おさとさん等がそれを焼いたということにして没収を免《まぬが》れたという記述があります。従って、公的には『おふでさき』は焼かれて存在しないことになっていた。ですから密《ひそ》かに『おふでさき』を書き写すという形で、限られた人々が所持していた。活字にして本にするという形では、昭和三年に至るまで公にされることはなかったということであります。

その後少しおいて、

> おふでさきとは、明治二年より、教祖様が親しく筆を執って書きのこされた天啓録で、みかぐらうた及びおさしづと共に、天理教教義の骨子をなすもので、全編十七号に分かれ、合計一千七百十一首のお歌が集録されている。

『おふでさき』は、教祖が自ら筆を執って書き残された、教祖直々の書き物、聖典、原典です。いわゆる三原典は、『おふでさき』『みかぐらうた』『おさしづ』の順に挙げますが、『おふでさき』は三原典の筆頭に位置するものとされています。十七号、千七百十一首の和歌の形でお記し下さっています。

その次には、「おふでさき」という名の由来ともなるお歌が引かれています。

このよふハりいでせめたるせかいなり　一　21
なにかよろづを歌のりでせめ

せめるとてざしするでハないほどに　一　22
くちでもゆハんふでさきのせめ

これがおふでさきという名の出てくる所以《ゆえん》のものであろう、と二代真柱様も仰《おっ》しゃっています。「このよふハりいでせめたる」理詰めの世界である。その理合いを歌の理でもって説き諭す。その「せめる」すなわち説き諭すに際しても、手指し、手で指し示すというのではなく、口で言うのでもなく、筆先をもって諭す、と仰しゃっている。これが「おふでさき」という呼称の由来と思われるのであります。

また、『おさしづ』の中には、

これまでどんな事も言葉に述べた処《ところ》が忘れる。忘れるからふでさきに知らし置いた。ふでさきというは、軽いようで重い。軽い心持ってはいけん。話の台であろう。（明治37・8・23）

というお言葉もあります。人間というものは忘れやすいものだ。だから筆先に記した。これは別席のお話にも出てまいります。繰り返し繰り返し読んで、とくと思案するようにということです。

そして「話の台であろう。」と仰しゃっている。『おふでさき』は話の台、もちろん世間話のではなく、お道の話、たすけ話、その話の台、基礎となる書き物です。ぜひ皆さんも、この二代真柱様のお書きになった「まえがき」をもう一度読み返し味わい返して頂きたいと思います。

その次には「凡例」がございまして、その最初に、

ここに発行するおふでさきは教祖様がお書きのこしになった原文そのままで、一字一句も違わぬように注意してある。

一字一句も違わぬよう、そうした点に意を用いておられるということがよく分かる。というのは、例えば、字が飛んでいるのではないかと思われたり、あるいは濁点がなくてもいいんじゃないかと思われるようなところも、原本に忠実にそのままになさっている。

「天から、神様がしました」

『おふでさき』をご執筆下さった時の様子は、例えば『稿本天理教教祖伝逸話篇』二二「おふでさき御執筆」に、梅谷四郎兵衛先生が伝えられたお話が載っています。

神様は、「筆、筆、筆を執れ。」と、仰《お》っしゃりました。七十二才の正月に、初めて筆執りました。そして、筆持つと手がひとり動きました。天から、神様がしましたのや。

「筆、筆、筆」と神様が仰しゃって、筆をお執りになると、手がひとりでに動いた。闇の中でも筆が走ったと言われています。

「天から、神様がしました」。神様が直々にお書き記されたものであるという様子がうかがえるご逸話です。

立教百七十一年の春季大祭のお言葉の中でも、『おふでさき』の最大の眼目はつとめの完成にあると、二代真柱様のご教示を引いてお話し下さっていました。おつとめの完成を目指して、おつとめのもよう立てを進めて行くことを軸にして、教えの全容、全体像が体系的に記されている。そうしたことも、『おふでさき』が三原典の筆頭に位置付けられている所以であります。

教祖《きょうそ》ご自身が筆を執ってお記しになったことの意味は、非常に重いものがあると思います。例えば世界の三大宗教と言われているキリスト教、イスラム教、仏教では、いずれも教祖《きょうそ》が亡くなってずっと後になってから、聖典が編纂《へんさん》されている。従って、そこには信憑性《しんぴょうせい》の問題がつきまとう。また、不整合が元で分派が発生したりということもあります。それに対して、教祖《きょうそ》ご自身がお記しになったということは、これは動かすことのできない絶対的な拠《よ》り所ということであります。

元初まりのお話には、九億九万年は水中の住居《すまい》、六千年は智恵の仕込み、三千九百九十九年は文字の仕込みと仰しゃって、文字の仕込みをして下さった暁《あかつき》に、このだめの教えをお開き下さっている。教祖《おやさま》が直々筆を執ってお記しになった書き物は、我々の信仰の一番の拠り所であり、文字をもってお記しになった確かな拠り所を持っていることは、まさに文字の仕込みを経て開かれた、だめの教えにふさわしいことと思わずにおれません。

『おふでさき』を勉強させて頂くに当たっては、一首一首のお歌を味わわせてもらうことももちろん大切ですが、『おふでさき』のお歌は一連のお歌ですから、そうした流れを理解し、流れの中で解釈する。さらには『おふでさき』全体の流れ、組み立てにも意を用いて頂いたらと思います。

私が本部の青年に入らせて頂いて間なしの頃に、当時のご分家先生・中山正信先生が、「毎朝、朝づとめの後、本部詰所のたまりで拝読する一連のおふでさきの中に、その日一日の指針を求めさせてもらえよ」とお仕込み下さいました。「あ、今日はこの歌だな」というような読み方をするのも一つの読み方だと思います。教会で拝読させて頂いた後、「今読ませて頂いたお歌の中で覚えている歌を一首言ってごらん」と言うと、まず誰も答えられない。道友社でも、朝礼の後、『おふでさき』を読みますが、「覚えているお歌を言ってごらん」と言うと、まず言えない。それでは、ただ字面《じづら》を追っているだけではないかと言われてもしかたがない。やはり集中した気持ち、一連のおふでさきの中に、今日一日の指針を求めさせてもらうんだというぐらいの気持ちで拝読すると、ぐっと味わいが深くなってくると思うのであります。

第一号

初めに第一号の概略を流れに沿い、ポイントを挙げながら掲げます。これは、号全体の主題を念頭に一首一首を味わって頂きたいという上からのことです。

第一号の概要

冒頭で、立教の由縁、立教に際しての親神様の思いを述べ、これからは元のいんねんを説き聞かせ、人々の心を勇ませて、世界一れつのたすけを急ぐ旨、ご宣言になっている。

そのための根本の道としてつとめを教える。皆が揃《そろ》って、勇んでつとめをするならば神が勇む、神が勇めばその守護もどんどん現れてくると、つとめの意義を明かされる。

この世は理詰めの世界であると仰せになり、筆先、歌をもって理の諭しをすると告げて、秀司様の足の障《さわ》り、結婚問題を台に、屋敷の掃除をお急《せ》き込みになる。

その中には、病についての思案や、道、ほこりといった、たとえを用いての諭しが含まれている。

立教の由縁

おふでさきの第一号の一番から八番までは、よろづよ八首の基になったお歌で、立教の由縁を簡潔に明かされています。

よろつよのせかい一れつみはらせど
むねのハかりたものハないから　一　1

よろづよ八首をお教え頂いたのは、明治三年で、この第一号をお記し下さったのは、「明治弐巳年正月従《より》」とありまして、明治二年の初めです。よろづよ八首のお歌は、節と手振りがついていますので、少し言葉尻《じり》を変えたりなさっています。言葉尻が変わることによって、元のお歌と多少のニュアンスの違いが出てくる。逆にみかぐらうたを解釈する時に、元になるおふでさきに基づいて理解をさせてもらうとはっきり分かるという点もあります。

「よろつよ」というのは漢字で書けば、「万代」もしくは「万世」でしょう。元初まり以来今日に至るまで、「よろつよ」は時間の縦軸です。「せかい一れつ」、横の広がりです。世界中を見渡してみても、「むねのハかりたものハないから」註釈では、〝胸の分かった者がない〟と、そのままの表現になっています。

因《ちな》みに、父（上田嘉成）の『おふでさき講義』では、〝心の澄み切って親神様の思召《おぼしめし》を悟った者はいない〃とあります。実は、翻訳する場合、よく「むね」が神の胸か、人間の胸かが問題になるのです。私は海外部の翻訳課時代に、『おふでさき』の英訳の改訳に携わったのですが、「分かる」という言葉の解釈と翻訳に大変苦心しました。「分かる」は、普通は「理解する」という意味で使っていますが、このお歌の場合、標準的な解釈である、親神様の思召が分かっている者はない、という時には、「むね」は親神様の胸になります。しかし、例えば「いまゝでハなにをゆうても一れつの　むねもハからんひもきたらいて（七　74）」の場合は、「むね」は人間の胸と考えられる。その註釈にも〃一列の胸の中は親神の心が分かるように澄み切っておらず……〃となっています。

この「分かる」は「分ける」と語源は同じで、器の中に、泥水を入れてしばらく放っておくと、泥と水とが分離して、下に泥がたまる、上には上澄みの澄んだ水が残る、という現象がありますが、これが「分ける」とか「分かる」という言葉の背後にある物理的な現象らしいのです。

つまり、混沌《こんとん》としたものがはっきりと区別できるようになることが、「分かる」とか「分ける」の元々の意味なのです。従って、「分ける」「分かる」と、「澄む」とは、非常に深く関わり合っている概念だということになります。

「澄む」「胸の内が澄み切る」は、『おふでさき』の中で、また『みかぐらうた』においても繰り返し仰《おっ》しゃっている大切な心のあり様です。人の心を水にたとえて、水を濁らす心づかいを、欲に切りない泥水というように、ほこりとか泥にたとえておられる。混沌とした泥水状態が、泥と水とに分離されて澄んだ状態になる。つまり人の心を水に、そして欲の心を泥にたとえる比喩は、非常に本質的な比喩だということです。単なるたとえを越えた比喩を用いておられる。これは今後も何度も出てきますので、特にここで時間をかけて説明いたしました。

「むね」に話を戻しますが、これは親神様の胸なのか人間の胸なのか。人間の胸とした時は、澄み切ったという意味になる。神の胸とすれば、神様の思召を理解する、ということになる。そしてこの二つは別のことではないのです。心が澄み切ってこそ、をやの思いが分かるということですから、別のことではない。こうしたニュアンスを踏まえて、このお歌の解釈を、古今東西を見渡してみても、心の澄み切った、親神の思いの分かっている者はいない、としておきます。「澄む」とか「分かる」「分ける」という言葉は繰り返し出てきますだけに、そうしたことをちょっと頭に置いておきますと、参考になろうかと思います。

そのはづやといてきかした事ハない
なにもしらんがむりでないそや　一　2

胸の分かった者はない、とお嘆きになっているわけですが、続けて、それもそのはずだ、説いて聞かせたことがないのだから、何も知らないのも無理はない、と仰しゃっています。

このたびハ神がをもていあらハれて
なにかいさいをといてきかする　一　3

「このたび」は立教です。親神が教祖をやしろとして世の表へ現れて、「なにかいさい」、「いさい」は、漢字を当てれば委細。委《くわ》しく細かしくどんなことも説いて聞かせる。「一切」ではないかと質問をされる方がありますが、「一切」の時は『おふでさき』の表記では「いゝさい」となります。「にっぽん」のことを「にいほん」と書くのと同様です。

元のいんねん

このところやまとのしバのかみがたと
ゆうていれども元ハしろまい　一　4

「このところ」ここは大和のぢばであって、「かみがた」は神方で、神様のおわす所の意味です。「方」にはいろいろな意味がありますが、宛名に何々様方と書くように居場所を表す場合があります。ここは大和のぢば、神様のおわす所と言っているけれども、その元、根本は知らないだろう。

『おふでさき』は明治二年からお記し頂いたものですが、それに先立つ慶応三年にお教え頂いたてをどりの歌、十二下りのお歌に、「こゝはこのよのもとのぢば　めづらしところがあらはれた（五下り目九ッ）」、また、「かみのやかたのぢばさだめ（十一下り目一ッ）」といった表現が出てまいります。ぢば定めは明治八年ですから、まだだいぶ先のことですが、既に『みかぐらうた』の中では、慶応三年に「ぢば」という言葉をお使いになっている。その後、お手振りの稽古《けいこ》もなさっているということでありますから、皆はぢばということは既にお教え頂き、口に唱えもしているわけです。それを「ゆうていれども」と仰しゃっています。

このもとをくハしくきいた事ならバ
いかなものでもみなこいしなる　一 5

知らないだろうと仰しゃった根本を詳しく、すなわちここは親神が陽気ぐらしを目的に、人間を創《はじ》めかけられた地点であり、人間皆の故郷であると聞いたならば、どんな者でも皆、ぢばを恋い慕うようになる。

きゝたくバたつねくるならゆてきかそ
よろづいさいのもとのいんねん　一 6

その元を聞きたいと尋ねて来るならば、万事の細部にいたるまで根本の由来を説いて聞かせよう。

　ここは、よろづよ八首の場合には「よろづいさいのもとなるを」となっています。これを『おふでさき』では「もとのいんねん」と仰しゃっている。ですから『みかぐらうた』で仰しゃっている元よりも、さらに詳しく教えて下さっているわけです。単なる元ということではなくて、元のいんねん。「いんねん」という言葉はこれからも出てきますので、少し説明しますと、漢字を当てれば因縁。因というのは、直接的な原因。縁というのは、間接的な原因、あるいは条件といったものです。因縁果という言葉もありますが、直接的な原因に、間接的な原因、あるいは条件が作用して結果が生じるというのが元来の意味です。元のいんねんという時、その急所は、親神様は陽気ぐらしを見たいと思召《おぼしめ》して、人間世界を創められたということです。

かみがでてなにかいさいをとくならバ

一7　せかい一れつ心いさむる

親神が世の表に現れ出て、どんなことも委しく細かしく説くならば、「せかい一れつ」世界中の人々の心が皆勇み立ってくる。

一8　いちれつにはやくたすけをいそぐから せかいの心いさめかゝりて

「いちれつに」という時は、お手振りではグルッと回ります。グルッと回る手は、だいたい広がりを表す言葉に対応していますが、「いちれつに」には、全てという意味と平等にという両方の意味があります。ですから、世界中の人々を全て隔てなく早くたすけてやりたいと急いでいる。「はやく」「いそぐ」と重ねておられるところに、非常に急き込んでおいでになる様子がうかがえます。

「せかいの心いさめかゝりて」。「せかいの心」は、世界中の人々の心です。いさめるは、勇ませるという意味です。「勇む」という言葉には、自動詞の場合と他動詞の場合があります。他動詞の場合は下二段活用となっていて、勇めず、勇めたり、勇む、勇むる、勇むれば、という形ですね。その時は、励ますとか勇気づける、という意味になる。お道流に言えば、勇ませるということです。世界中の人々を勇ませてかかる。

ここが『みかぐらうた』では、「せかいのこゝろもいさめかけ」となっています。これだとちょっと解釈しにくい感があるのです。「いさめかけ」を勇みなさいと解している人もあります。それだと「いさみかけ」とすべきところです。〝め〟が連用形になるのは他動詞の場合です。『おふでさき』に戻って考えてみますと、「いさめかゝりて」となっていますから、これは勇ませてかかる。従って、人々を皆隔てなく早くたすけたいと急いでいるから、世界中の人間の心を勇ませてかかる、となります。

この一連の流れを申しますと、「元のいんねんを知ると、皆おぢばが恋しくなる。心が勇んでくる。世界中の人間を早くたすけるために、元を教えて勇ませてかかる」となります。『おふでさき』の冒頭で、本教は元を教えて勇ませてたすける教えだと明示されているのです。『諭達第二号』にも、「元を教えてたすけることこそ、この道のたすけの神髄である。」とあり、「いまゝでにないたすけをばするからハ　もとをしらさん事にをいてわ（九　29）」というお歌が引かれています。そして、この勇みは、おつとめに深く関わっている。それがこの後の展開になっていくのであります。

人が勇めば神も勇む

だん／＼と心いさんでくるならバ
せかいよのなかところはんじよ　一　9

勇ませてたすけるということであります が、人々の心がだんだんと勇んできたならば、「よのなか」は豊作のことです、世界中どこも豊作となり、「ところはんじよ」、土地所はにぎわしく栄える。

この後、十番からおつとめについての話が出てきます。先ほど勇ませてたすけると申しましたが、勇むことが一つのキーワードです。勇むことは、言い換えれば、たすけてもらいたい時、たすけて頂くための、こちらの心構え、心のありようの基本とも言えます。その勇みの最たるものと申しますか、親神様の一番お喜び下さる勇んだ姿、それがおつとめだということであります。

このさきハかくらづとめのてをつけて
みんなそろふてつとめまつなり　一 10

これからは、かぐらづとめの手振りを教えて、つとめ人衆が皆揃《そろ》ってつとめをするのを待ち望んでいる。

みなそろてはやくつとめをするならバ
そばがいさめバ神もいさむる　一 11

人衆が皆揃って早くつとめをするようになったならば、「そばがいさめバ神もいさむる」側《そば》の者たちが勇んだつとめを勤めるならば、神もまた勇む。親神様がお勇みになれば、ご守護もどんどんと頂けるという次第であります。このお歌は非常に重要なお歌です。おつとめを勤める時には、親神様にお勇み頂けるようなおつとめを心掛けることが大切です。親神様が最もお勇み下さるのは、つとめによる勇み、勇んだおつとめです。

その次には、これと対照的に、

いちれつに神の心がいづむなら
ものゝりうけかみないつむなり　一 12

「いちれつ」は、全体的に、あるいはおしなべて。「いづむ」という言葉は辞書を引いても出てきませんが、沈むとか落ち込むとかいった気分を表す語です。そうした元気のない様子、「勇む」の反対語と言ってよいと思います。神の心がいずむ、勇まない、沈んでいるということになると、「りうけ」漢字を当てると「立毛」、「粒」という字を当てることもあります。農作物、特に米とか麦とかを指す言葉です。「毛」というのは、二毛作という言葉があるように穀類を表す語です。つまり、親神様の心が沈んでいる、元気がないとなると、農作物の出来もまた芳《かんば》しくない、はかばかしくない。もちろん農作物に限らず、他のものも芳しくない。人間の心がいずんでいると、親神様の心もいずむ。そうなれば農作物の出来具合も、さらには、漁業も畜産も芳しくないということになってくる。

りうけいのいつむ心ハきのどくや
いづまんよふとはやくいさめよ 一 13

農作物が不作になる、その出来が思わしくないようになる心でいては気の毒である。だから「いづまんよふと」、農作物の出来具合が悪くならないように、早く勇むようにせよ。人が勇めば神も勇む。神が勇めばご守護もどんどんと頂戴《ちょうだい》できる。そういうつながりなのです。

りうけいがいさみでるよとをもうなら
かぐらつとめやてをとりをせよ 一 14

従って、農作物が「いさみでる」、勢い良く生育するようにと願うならば、「かぐらつとめやてをとりをせよ」。かぐらというのは真座でのおつとめです。てをどりは、よろづよから十二下り目までです。

かぐらづとめやてをどり、という時のかぐらづとめは、かぐらを指しています。しかし、一般的には、かぐらづとめという語は、真座のおつとめだけでなく全体をも指します。かぐらはてをどりより格段に理が重いということです。親神様がお受け取り下さる勇みの最たるもの、それがつとめだと仰しゃいます。

このたびハはやくてをどりはじめかけ
これがあいずのふしきなるそや 一 15

この度は早くてをどりを始めかけよ。それを合図として不思議なことが現れてくるぞ。

このあいずふしぎとゆうてみへてない
そのひきたれバたしかハかるぞ 一 16

てをどりを合図に不思議が見えてくる、と言っているけれども、それはまだ見えていない、目の前には現れていない。「そのひきたれバ」、不思議が現れるその日が来たならば、確かになるほどと分かるであろう。納得がいくだろう。

そのひきてなにかハかりがついたなら
いかなものてもみながかんしん 一 17

その日が来て、不思議なことが見えてきて、なるほどと得心がいったならば、どんな者でも皆感心をする。

みへてからといてかゝるハせかいなみ
みへんさきからといてをくそや　一 18

物事が現れてから、目に見えるようになってから話をするのが世間の通例である。親神は見えないうちから、現れる前から説いておく。あらかじめ説いておいたことが実現するからこそ、なるほど神様の仰しゃることだ、神様の仰しゃる通りだなと納得できるわけです。

理詰めの世界

このさきハ上たる心たん／＼と
心しづめてハぶくなるよふ　一 19
このハほくむつかしよふにあるけれと
だん／＼神がしゆこするなり　一 20

明治二年は、まだ戊辰《ぼしん》戦争のほとぼりが残っている頃です。上《かみ》というのは上に立つ者、支配層、上層という意味です。だんだんとその者達の心を落ち着けて、「ハぶくなるよふ」和睦《わぼく》、すなわち相互に和解するように計らう。そうしたことは、一見難しいように思うだろうが、だんだんと親神が守護する。

このよふハりいでせめたるせかいなり

なにかよろづを歌のりでせめ　一 21

我々の信仰は天理教、すなわち天の理の教えです。従って、言うまでもなく、理は非常に重要な概念です。訓で読めば「ことわり」となります。意味は筋道。元はと言えば「ことをわる」から来ています。先ほどの「分ける」とか「分かる」という言葉と通ずるところがある。要するに物事の中身をはっきりさせることです。

「なにかよろづを歌のりでせめ」、せめるで思い浮かぶのは、人を責める、あるいは攻撃をする、といろいろありますが、語源は同じです。迫るも同じ語源で、近くまで迫って行くといったことが、その基本的な意味合いです。広義には詰めるもそうです。そうしたところから、「りいでせめたる」を、理詰めと解釈することができます。この世は理詰めの世界である。万事を歌でもって、その理合いを説き諭して戒める。

くちでもゆハんふでさきのせめ　せめるとてヽざしするでハないほどに　一 22

ここは「責める」かと思われるところです。それについては、「てざし」手指しはしない。手出しという説もありますが、それは考えにくい。和歌山や奈良では「ぜんぜん」というのを、「でんでん」と言ったりします。「ざじずぜぞ」が「だぢづでど」に変わることはあるのですが、その逆はあまりない。ちょっとした言葉一つでも、その裏づけを取ろうと思うと思案を要するということです。

せめると言っても手で指し示して諭すというのではない。口で言うのでもない、筆先をもって教え諭すのだ。

なにもかもちがハん事ハよけれども
ちがいあるなら歌でしらする 一23

何も間違いがなければそれで良いけれども、もし何か間違いがあるという時には、歌をもって、つまり、「おふでさき」をもって知らせる。

屋敷の掃除

しらしたらあらハれでるハきのどくや
いかなやまいも心からとて 一24

「あらハれでる」、明らかになるという意味です。歌で知らせると、「いかなやまいも心からとて」、どんな病気も心づかいから来るということで、心づかいの間違いが明らかになるのは気の毒だ。

やまいとてせかいなみでハないほどに
神のりいふくいまぞあらハす 一25

ここでの病は秀司様の足の患いです。それは世間並みで言うような病気ではない。「神のりいふくいまぞあらハす」親神の立腹、腹立ちを今病気として表しているのだ。「いまぞ」という表現に親神様のご立腹が積年のものであることがうかがえます。

いまゝでも神のゆう事きかんから
ぜひなくをもてあらハしたなり　一 26

今までから親神の言うことを聞かないから、「ぜひなく」やむを得ず、表面に、身上に表したのである。

こらほどの神のざんねんでてるから
いしやもくすりもこれハかなハん　一 27

これほどの積もり重なった「神のざんねん」、親神のもどかしい思いが現れているのであるから、医者や薬を用いても効果はない。

これハかりひとなみやとハをもうなよ
なんてもこれハ歌でせめきる　一 28

この病は、人並み、世間に普通にあるようなものだと思ってはならない。これについては、どうでも「歌でせめきる」筆先をもって諭し尽くす。

この世は理詰めの世界である。これは一つの天理教の世界観です。「天理」はまさにそういう言葉だと思います。天の理法、天の筋道を、歌で、筆先をもって知らせる。その具体的な話題として秀司様の足の患いを引き合いに出しておられる。

『おふでさき』には、教祖の周りにおられた方を台としてお仕込みになっている、あるいは、その当時の史実を踏まえてのお歌が数多く含まれています。

これは、その当時の方々に対するお諭しというだけではなくて、それを題材として、後に続く我々を含めた皆に対するお諭しである、と受け止めることが大切だと思います。

このたびハやしきのそふじすきやかに

したゝてみせるこれをみてくれ　　　一　29

第一号の大きなテーマは、屋敷の掃除です。つとめのもよう立てを進めるに当たって、まずすっきりと屋敷の掃除をする、とご宣言になっています。

そふじさいすきやかしたる事ならハ

しりてはなしてはなしするなり　　　一　30

「しりてはなしてはなしするなり」、これは解釈に苦心するところです。

いったい誰が知るのか、誰が話すのか、ということです。この言葉はもう一度、第三号の六十一番に出てきます。「今までもしりてはなしてはなしとも　といてあれどもなんの事やら」。「はなしする」という用例を調べてみると、十例あって他の九例は全部親神様が主語。ここも親神様が主語と考えるのがいいと思います。ですから、「はなしてはなしする」は、親神が何度も繰り返し話をする。

「しりて」の主語も同じく親神様でしょう。結果を申しますと、その掃除をしたということを見きわめて、承知して、その上で話をする。話というのは、これは親神様の話でありますから理の話です。従って、すっきりと屋敷の掃除をしたならば、それを見きわめて、繰り返し話をする。

これまでのざんねんなるハなにの事

あしのちんばが一のさんねん 一31
このあしハやまいとゆうているけれど
やまいでハない神のりいふく 一32
りいふくも一寸の事でハないほどに
つもりかさなりゆへの事なり 一33

「ざんねん」は、もどかしい、口おしいという意味です。親神様が何よりももどかしく思われているのは「あしのちんば」です。「ちんば」という言葉は今では不適切な表現ですが、足が不自由なことです。秀司様の足は、風毒、リュウマチとも言われています。この足の患いは病気だなどと言っているけれども、病気ではなく、親神の立腹が現れたものなのだ。その立腹も、ちょっとばかりのことではない。「つもりかさなりゆへの事なり」、長年積もり重なったがゆえのことである。

りいふくもなにゆへなるどゆうならハ
あくじがのかんゆへの事なり 一34

「なにゆへなるど」は「と」と読んでいます。一字一句違わないようにと、二代真柱様は原本通りに濁点をつけておられます。どうして親神様がお腹立ちかと言えば、それは悪事が退《の》かないからであります。

このあくじすきやかのけん事にてハ
ふしんのしやまになるとこそしれ 一35

この悪事をすっきりと清算しないことには、普請の邪魔になる。普請というのは世界のふしん、心のふしんで、陽気ぐらしの世への立て替えを普請にたとえてお話し下さっている。その邪魔になると承知せよ。

このあくじなんぼしぶといものやどて
神がせめきりのけてみせるで 一 36

この悪事、親神様の思召に反するような行為、それがどれほどしぶといものであっても、「神がせめきり」親神が諭し戒め切って清算させる、と仰しゃっています。

このあくじすきやかのけた事ならバ
あしのちんばもすきやかとなる 一 37

あしさいかすきやかなをりしたならバ
あとハふしんのもよふハかりを 一 38

この悪事をすっきりと清算したならば、足の患いもすっきり治る。また、その足の患いがすっきりと治ったならば、その後は、もっぱら世界のふしんの段取りをする。「もよふ」は段取り、準備という意味です。

一寸はなし正月三十日とひをきりて
をくるも神の心からとて 一 39

「一寸はなし」、これは親神様が話を切り出される時の前置きです。一寸《ちょっと》話をする。正月三十日と日限を切って、「をくる」は秀司様の内縁の妻おちゑさんを里へ送り帰すということです。これも親神の深い思惑からのことである。

そバなものなに事するとをもへども　一40
さきなる事をしらんゆへなり

「なに事する」、秀司様と内縁の妻おちゑさんは仲が良かったということでありますから、あるいはむごい仕打ちに見えたかもしれない。側の者たちは、いったい何ということをと思うだろうが、それは先で起こってくることを知らないからだ。

そのひきてみへたるならバそばなもの　一41
神のゆう事なにもちがハん

結局それは屋敷の掃除の前提なのです。第一号の最後に、「せんしよのいんねんよせてしうごふするこれハまつだいしかとをさまる（一74）」と仰しゃっていますように、魂のいんねんある、秀司様とまつゑ様の結婚のための準備でありますます。註釈には、送り帰されたおちゑさんは、実家へ帰って数日を経ずして病に伏し再起を得なかった、とありますから、それも親神様の深い思惑からのことと申せます。しかし、人間は情に流されて、何もそこまでしなくても、と思ったりしがちです。先なることの中には、おちゑさんのことも入るだろうし、もっと重要なことは、魂のいんねんあるまつゑ様とのご結婚です。そうしたことが見えてきたならば、周囲の者達も、なるほど神様の仰しゃることに間違いはないと納得する。

いまゝでハ神のゆう事うたこふて
なにもうそやとゆうていたなり　一　42

今までは、神、すなわち教祖の言葉を疑って、何を聞いても嘘《うそ》だと言っていた。

このよふをはじめた神のゆう事に
せんに一つもちがう事なし　一　43

この世人間を創めた神の言うこと、親神が入り込んで教祖の口を通して言うことに、千に一つも違いがあるはずがない。

だん／＼とみへてきたならとくしんせ
いかな心もみなあらハれる　一　44

仰しゃったことがだんだんと見えてくる、現れてくる。神様は見えん先から説いておくと仰しゃっているわけですから、それがだんだんと見えてきたならば得心をせよ。「いかな心も」、どんな心づかいも皆その心通りに現れてくると。

当時の方々が、教祖の仰しゃることを、それが目の前にまだ現れていないために、本気で聞いていない様子がうかがえるところであります。

みちにたとへて

よろづよのせかいぢふうをみハたせバ
みちのしだいもいろ〳〵にある 一 45

天理教のことをお道と言ったりしますが、道にたとえての話がここに登場してきます。

「よろづよのせかいぢふう」、古今東西を見渡してみると、ここで言う「みち」は人の歩む道筋といった意味です、人生行路、人の歩む道筋も実に様々だ。

このさきハみちにたとへてはなしする
どこの事ともさらにゆハんで 一 46

これからは道にたとえて話をする、と明言されています。決してどこの誰のこととは言わないけれど。

そして、後に曲もつけられている一連のお歌、

やまさかやいばらぐろふもがけみちも
つるぎのなかもとふりぬけたら 一 47

山坂。畔《くろ》というのは畦道《あぜみち》のことです。茨《いばら》の生い茂った畦道。あるいは崖《がけ》っぷちの道。剣の中。刀を抜いて切りかかってくるような危険な道中も通り抜けたならば。

まだみへるひのなかもありふちなかも

それをこしたらほそいみちあり　一 48

まだその先には、火の中や淵《ふち》中の道もある。「ふち」というのは水がよどんで深みをつくっているところです。うっかりすると溺《おぼ》れかねない。そうした道中を越すと細い道に出る。

ほそみちをだん／＼こせばをふみちや　一 49
これがたしかなほんみちである

その細道を一歩一歩と越えていくところに大道に到達する。大きな道に出る。これが確かな本道である。このお歌と対照的なお歌が第三号にある「てがけからいかなをふみちとふりても　すゑのほそみちみゑてないから（三　34）」です。道にたとえての話は、これからも再々出てきます。

このはなしほかの事でわないほとに　一 50
神一ぢよでこれわが事

これは決して他人事《ひとごと》、よそ事ではない。皆、我が事なのだ。「神一ぢよ」とは、神一筋ということです。親神様の思いに一筋に沿い切っていく姿勢を神一条と仰しゃっている。親神の思いに沿い切って通らんとする者にとって、この話は他人事ではなく我が事である。

いまゝでハうちなる事をばかりなり　一 51
もふこれからハもんくかハるぞ

「うちなる事」内の事というのは、特に秀司様の身上、縁談事情を台にしてのお仕込みです。今までは内の治め向きの話をもっぱらしてきたが、これからは「もんく」話の内容が変わるぞ。

よろづよにせかいのところみハたせど
あしきのものハさらにないぞや 一 52

古今東西どこにも、悪い人間は決していない。

一れつにあしきとゆうてないけれど
一寸のほこりがついたゆへなり 一 53

元来、どこにも悪というものはないけれども、ちょっとしたほこりの心づかいゆえに、世間で悪と言われるようなことになるのだ。

「ほこり」という言葉がここに初めて出てきます。悪とか罪とか決め付けるのではなくて、ほこりが付いただけだと仰しゃる。その背後には払えば取れるという親心がうかがえます。尤《もっと》も、ほこりには知らない間に積もるという恐ろしさもあります。不断に払う心掛けが大切です。

このさきハ心しづめてしやんせよ
あとでこふくハいなきよふにせよ 一 54

これから先はよく心を静めて、心を落ち着けて思案をするように。後から悔いる、しまったというようなことのないようにせよ。ほこりを知らず識《し》らずのうちに積み重ねているところから、やがて後悔することになってくる、という含みが感じられます。

いまゝてハながいどふちふみちすがら

よほどたいくつしたであろをな　一 55

「すがら」は、初めから終わりまでずっと、一部始終です。元初まり以来、今日までの長い間、「たいくつ」、退屈は嫌気が差すというような意味です、確かな拠《よ》り所もないままに随分心を腐らせていたことであろう。

このたびハもふたしかなるまいりしよ
みへてきたぞへとくしんをせよ　一 56

当時は明治二年でありますから、まだ、ぢば定めは済んでいない。しかし、つとめ場所は建っています。この度は確かな詣《まい》り所が姿を現した。嫌気が差す、頼りないといった気分に対して、よく納得して、安心して確かな詣り所に足を運ぶように、と促しておられます。

これからハながいどふちふみちすがら
といてきかするとくとしやんを　一 57

今後は、元初まり以来、今日に至るまでの長い道中の一部始終を説いて聞かせるから、よく思案をするように。そこには過去だけではなくて将来に亘《わた》っても、すなわち、陽気ぐらしを実現するに至る道筋の話も含まれていると思います。

『おさしづ』には「続いてあってこそ、道と言う。」（明治39・5・21）とあります。道というのは、いかに広くても途中で途切れていたのでは目的地に着くことができないし、また自分がそれを歩かないことには目的地に着かない。いろいろな広がりのあるたとえです。

いんねんよせて

このさきハうちをおさめるもよふだて
神のほふにハ心せきこむ　一　58

治めるとは、乱れを正してあるべき姿にするということです。今後は屋敷内の乱れを正してあるべき姿にする「もよふだて」段取り、準備を親神は急き込む。

だん〳〵と神のゆふ事きいてくれ
あしきのことハさらにゆハんで　一　59

親神の言うことを聞いてもらいたい。決して悪いことは言わないから。ちよとはなしのお歌の前置き、「ちよとはなし　かみのいふこときいてくれ　あしきのことはいはんでな」と同様の内容です。秀司様とまつゑ様の縁談を具体的に進めるに際しての前置きです。

このこ共二ねん三ねんしこもふと
ゆうていれども神のてはなれ　一　60

しやんせよをやがいかほどをもふても
神のてばなれこれハかなハん　一　61

この子供というのは、お秀様《しゅう》のことだと言われています。当時十七歳。この子供をあと二年三年仕込みたいと言っているけれども、その子は既に親神の手離れである。出直しの予言とも取れるところです。事実、翌明治三年、十八歳でお出直しになっています。第七号に、「このもとハ六ねんいぜんに三月の　十五日よりむかいとりたで（七　67）」とありまして、やがてこの方が、たまへ様として生まれ替わってこられるということですから、人の生き死にについての親神様の思惑は、人間の思案と全く違います。思案してみよ。親がどれほど大切に、かわいく思っていても、神が手を離したとなれば、どうにもならない。

このよふハあくしまじりであるからに
いんねんつける事ハいかんで　一　62

この世というものは、とかく悪事混じり、悪い事に染まりやすい。いんねんという言葉は『おふでさき』に何度も出てきますが、悪い意味で使っておられるのはこの一例だけと言えます。その他は元のいんねんという意味でお使いになっています。人間全てに関わる元初まりのいんねんに対して、人間が銘々通ってきた心の道と言いますか、これが銘々のいんねんで、小いんねんと言ったりします。『おふでさき』ではほとんど、元のいんねん、大いんねんとも言ったりしますが、そういう意味合いで使われています。

この世はとかく悪事に染まりやすいからして、悪いいんねんを付けないようにと、お戒めになっています。

わがみにハもふ五十うやとをもへとも

神のめへにハまださきがある　一 63
ことしより六十ねんハしいかりと
神のほふにハしかとうけやう　一 64

これは秀司様の縁談事情に関しての話であります。既に四十九歳ですから、自分ではもういい年だというようなものでありますが、親神様の目からご覧になれば、まだ先がある。今年から六十年は、親神がしっかり請け合うとの仰せです。

これからハ心しいかりいれかへよ　一 65
あくじはろふてハかきによほふ

悪事は、親神様の思召に背く行為です。これからは心をしっかりと入れ替え、神意に沿わない内縁関係を清算して、若い女房を迎えるようにせよ。当時十九歳の小東まつゑ様と四十九歳の秀司様の縁談ですから、不釣り合いと思う人もあるでしょうが、これが親神様の思いに適《かな》ういんねんある魂の者同士の縁談だということです。

これとてもむつかしよふにあるけれど
神がでたならもろてくるそや　一 66

「むつかしよふに」、この縁談は難航します。最初、仲人として竜田の勘兵衛が小東家に話をしたが、まとまらなかった。そこで教祖自らお越しになっていろいろとお説きになった。「神がでたなら」は、そうした経緯を指します。教祖自らがお出張りになって、嫁として貰《もら》い受けられたということです。

にち〳〵に心つくしたそのゑハ
あとのしはいをよろづまかせる　一 67

「ゑハ」は、「うえは」と読みます。これは秀司様へのお言葉だと註にあります。日々心を尽くしてつとめた、その暁《あかつき》には、後の支配、屋敷内での采配をすべて委《ゆだ》ねる。

五人あるなかのにゝんハうちにをけ
あと三人ハ神のひきうけ　一 68

これは小東家に対してのお言葉で、五人いる子供のうち二人は小東家に置いて家業をさせるよう、後の三人は神が引き受ける、との仰せです。まつゑ様、松村家へ嫁がれたおさくさん、もう一人は音吉さんでしょうか。これらの方は親神様が引き受けて御用にお使いになる。

よろづよのせかいの事をみはらして
心しづめてしやんしてみよ　一 69

いまゝても神のせかいであるけれど
なかだちするハ今がはじめや　一 70

「よろづよのせかいの事」古今東西を見渡してみて、よく心を静めて思案してみよ。これまでも親神が支配、守護する世界であるけれども、自ら乗り出して縁談の仲立ちするのは、この度が初めてのことである。

これからハせかいの人ハをかしがる

なんぼハろてもこれが大一 一71

せかいにハなに事するとゆうであろ

人のハらいを神がたのしむ 一72

これから進めようとしていることは、世間一般の人はこっけいに思うだろうが、しかし、いくら人が笑おうと、これが一番大切なことなのだ。世間の人は、何ということをするのかと嘲《あざけ》るだろうが、そうした人の笑い、嘲笑《ちょうしょう》さえも親神は楽しむのだ。親神様は、屋敷の掃除が完了し、やがて見えてくる姿を楽しみにしておられます。

めへ〳〵のをもふ心ハいかんでな 一73

神の心ハみなちがうでな

「めへ〳〵のをもふ心」銘々が人間思案で思うことはいけない、間違っている。親神の思惑は、そんなものとはまったく違うのだ。

せんしよのいんねんよせてしうごふする 一74

これハまつだいしかとをさまる

人間達は目の前のことばかりを考えて、いろいろと言うが、親神は前生からのいんねんある魂の者同士を元の屋敷に寄せて、夫婦と守護するのだ。それでこそ、末代までしっかりと治まる。内々も治まり、またそれが世界の治まりともなってくるということです。

「ちよとはなし」のお歌でも、「たすけたまへ」との繰り返しての願いに対して、夫婦の一手一つが、たすかりの要《かなめ》、陽気ぐらしへの道の土台だという意味合いのことを仰しゃっていますが、この第一号でも、屋敷の掃除の核心、仕上げが元初まりのいんねんある魂のお二方が夫婦と結ばれることであり、それが屋敷内の、また世の治まりの土台であると仰しゃっています。

七十四番のお歌は、よくお道の者の結婚式の祝辞の中で引用されますが、これは、元来は秀司様とまつゑ様の場合のことで、一般の場合とはちょっと違うと思うのです。以前、検定講習で『おふでさき』の授業をした時に、「もう自分の結婚相手は前生から決まっているのですか。どんなに努力しても変えられないのですか」と質問した人がいました。一般の場合には、前生のいんねんと今生の通り方との両方によって組み合わされると言うべきでしょう。

元の屋敷に、元初まりの時の道具衆のいんねんある者を寄せて、陽気ぐらしへの世の建て替えをするというのでありますから、一般の夫婦の場合とは違うと思います。

いずれにせよ、このようにして屋敷の掃除をすることが、おつとめの段取りを進めるための出発点だということです。

第　二　号

第二号の概要

往還道をつけて、世界の心を勇ませると宣《の》べ、この往還道の根本になるのは陽気づとめであり、このつとめこそ、よろづたすけをもたらすものであると教えられる。また身上を通してのつとめ人衆の引き寄せ、布教伝道とその拠点たる打ち分け場所を急《せ》き込む旨を仰せられる。さらに、高山の人心を浄化することを宣言され、からとにほんのたとえを用いて、これを分けることによって世界を治めると仰せになっている。これについては、火と水をもってすること、また、かんろだいがこれに与《あずか》ると述べられる。

よふきづとめ

これからハをくハんみちをつけかける
せかいの心みないさめるで　　　　　　　　　　　　二　1

往還道は人の行き交《か》う広々とした道です。これからは往還道をつけかける。そして、世界の人々の心を皆、「いさめる」勇ませる。この往還道の根本はつとめです。

上たるハ心いさんでくるほとに
なんどきにくるこくけんがきた　　　　　　　　　　二　2

一番のお歌を受けて、「上《かみ》たる」上に立つ者の心も勇んでくる。「なんどきにくるこくけんがきた」、いつそうした時が来るのかと思っていた、その刻限、時が来た。

ちやつんであとかりとりてしもたなら
あといでるのハよふきづとめや　　　　　　　　　　二　3

茶摘みというのは陽暦五月、九十八夜頃とされています。茶摘みをして後をきれいに刈り揃《そろ》えると新芽が吹いてくる。その頃によふきづとめ、これはよふきづとめの「め」と新芽の「芽」が掛かっていると思われます。茶摘みをして後をきれいに刈り揃えた後に、新芽が吹いてくる、その頃によふきづとめが登場する、よふきづとめをするとの仰せです。

「よふきづとめ」という言葉が初めて出てきました。既に「かぐらづとめ」は第一号に出ています。かぐらづとめ、よふきづとめ、たすけづとめ、かんろだいのつとめという順番で、いわゆる、おつとめの四つの呼称が登場します。その中でも一番多いのが、よふきづとめという表現です。

このつとめとこからくるとをもうかな
上たるところいさみくるぞや　二 4

このつとめは、どこから出てくると思うか。この上の句と下の句のつながり具合が分かりにくい。このつとめはどのようにしてできると思うか、で意味的には切れていて、下の句はそれに答えるというよりは、並列的に、そのつとめによって、上に立つ者達が勇んでくる、と仰《おっ》しゃっているように思います。

たん〳〵と神のしゆごふとゆうものハ
めつらし事をみなしかけるで　二 5

親神の守護、親神の働きによって、だんだんとめずらしいこと、今までにない目覚ましいことを始めかける。それは何か。

にち〳〵に神の心のせきこみを
みないちれつハなんとをもてる　二 6

親神が日々強く急いでいる事柄について、お前達は皆何と思っているか。その答えが、

せきこみもなにゆへなるとゆうならば

つとめのにんぢうほしい事から　二　8

めずらしいことを仕掛ける、親神は急き込んでいると仰しゃって、それはつとめの人衆がほしいから急き込んでいるのだ。

このつとめなんの事やとをもている　二　9
よろづたすけのもよふばかりを

このつとめは、「よろづたすけ」、あらゆるたすけのための準備、段取りなのだ。

七番を飛ばしましたが、

なにゝてもやまいいたみハさらになし　二　7
神のせきこみてびきなるそや

何であれ、決して単なる病や痛みではない。全てつとめの人衆を寄せるための親神の急き込み、あるいは手引きだ。つとめの人衆を寄せるについて、いわゆる病、あるいは痛みを手掛かりとして引き寄せられるということです。病気、痛みといったものに込められた親神様の思惑をご教示下さっています。

このたすけいまばかりとハをもうなよ　二　10
これまつたいのこふきなるぞや

このたすけとは、つとめによるよろづたすけです。それは、「いまばかりとハをもうなよ」現在ばかりでなく、末代まで語り継がれて、たすけ一条の台となるものである。

神の打ち分け場所

一寸はなしのぼせかんてきゆうている
やまいでハない神のせきこみ 二 11

「のぼせ」は、頭に血がのぼって理性を失っている状態。「かんてき」は七輪のことで、すぐにカッとなる性癖です。いずれにせよ精神的に不安定な状態です。それらは決して単なる病気ではない。神の急き込みの現れ、早く人衆を寄せたいとの急き込みの現れである。

たん〳〵としんぢつ神の一ちよふ
といてきかせどまだハかりない 二 12

「しんぢつ」と「神の一ちよ」とは、同格だと思います。だんだんと真実を、すなわち親神の一筋の思いを説いて聞かせているが、お前達はまだ分からない。「神の一条」と「神一条」とは違います。神一条は神様一筋、神の思いにひたすら沿っていくという姿勢のことですが、神の一条は神の一筋の思いという意味です。

はや〳〵とをもてでよふとをもへとも
みちがのふてハでるにでられん 二 13

神が表に出るとは、教えを世に出し、親神様のお働きを表立って表すということです。そのためには、

道が必要です。

道をつける必要がある。さもなければ、働こうにも働けない。また、人衆を寄せるためにも、布教伝

このみちをはやくつけよとをもへとも

ほかなるとこでつけるとこなし 二 14

この親神の働きを表すための道筋を早くつけたいと思うけれども、「ほかなるとこでつけるとこなし」他ではつける所がない。おぢばに発して、打ち分け場所を経て、世界中に伸びるべき道であります。その起点は、ぢば以外にあり得ません。

このみちをしんぢつをもう事ならば

むねのうちよりよろづしやんせ 二 15

このはなしなんの事やとをもている

神のうちわけばしよせきこむ 二 16

この、おぢばに発して、打ち分け場所を通って世界に伸び広がる道をつけることを本当に思うならば、「むねのうちよりよろづしやんせ」、万事心の底からよく思案をするように。

この話は何のことかと言うと、神の打ち分け場所を急き込む話なのだ。『稿本天理教教祖伝逸話篇』四七に、増井りん先生が教祖から頂かれた「末はたのもし、打ち分け場所。」というお言葉があります。打ち分け場所については、いろいろ伝承があるようですが、私は教えを伝え弘《ひろ》める拠点と一般的に解釈したいと思います。

打ち分けの、「うち」は接頭語でしょう。分ける場所、つまり分からせる場所と考えれば、教えを伝え弘める拠点というのは、文字通りの解釈でもあります。

このみちが一寸みゑかけた事ならば　二 17
せかいの心みないさみてる

おぢばに発して、打ち分け場所という拠点を経て、世界に伸びるたすけ道、これがいささかでも実現してきたならば、「せかいの心」世界中の人々の心が皆勇み立ってくる。

なにゝても神のゆう事しかときけ　二 18
やしきのそふぢでけた事なら

何であれ、親神の言うことをしっかりと聞いてもらいたい。第一号のテーマは、つとめのもよう立てを進める前提としての屋敷の掃除だと申しましたが、その屋敷の掃除ができたことなら、

もふみへるよこめふるまないほどに　二 19
ゆめみたよふにほこりちるぞや

「よこめふるまも」と、「も」を補って読みます。もう直ぐ横目を振る間、わき見をする暇《いとま》もなく、まるで夢のように、あっという間に、ほこりが散ってしまう。

このほこりすきやかはろた事ならば　二 20
あとハよろづのたすけ一ちよ

このほこりをすっきりと払ったならば、その後は、もっぱらあらゆる身上、事情のたすけをする。「た

すけ一ちよ」というのは、ひたすらたすけてやりたいというをやの思いです。これがおつとめに続いてゆきます。

このさきハたん／＼つとめせきこんで
よろづたすけのもよふばかりを　二 21

これから先は、だんだんとつとめの準備、実行を急き込んで、もっぱら「よろづたすけ」あらゆるたすけをする段取りを進める。

せかいぢうとこがあしきやいたみしよ
神のみちをせてびきしらすに　二 22

このよふにやまいとゆうてないほどに
みのうちさハりみなしやんせよ　二 23

世界中で、どこの具合が悪い、あるいは、どこが痛いと言っているが、それが親神の「みちをせ」道《みち》教《おし》えであり、また手引きであるという本当の意味を知らずにいる。いずれも、たすけてやりたい親心からのものです。続いて、この世に病というものはない。身の内の障《さわ》りに込められている神意を皆よく思案するように。

にち／＼に神のせきこみこのたすけ
みな一れつハなんとをもてる　二 24

日々、神が急き込んでいるこのつとめによるよろづたすけを、お前達は皆何と思っているのか。

からとにほんを分ける

高山のをいけにハいた水なれど
てバなハにこりごもくまぢりで 二25

だん／＼と心しづめてしやんする
すんだる水とかハりくるぞや 二26

人の心を水にたとえての話です。高い山の池に湧《わ》いた水ならば、汚れているはずがないようなものだが、「てバな」出端、水の湧き出す所は、泥や水中の堆積物を巻き上げて、濁っていたり、ごもくが混じっていたりする。それがだんだんと心を静めて、心を落ち着けて思案することによって、澄んだ水、澄んだ心に変わってくるのだ。

信仰し始める以前の心の状態を濁り水にたとえ、教えを聞き分け、思案するにつれて、次第に心が澄んでくると仰しゃっています。

山なかのみづのなかいと入こんで
いかなる水もすます事なり 二27

山中、すなわち高山、あるいは未《いま》だ道がついていない所へと親神自ら入り込んで、どのような人々の心をも澄ます。

にち〳〵に心つくするそのかたわ
むねをふさめよすゑハたのもし　二 28

日々、道の上に心を尽くしてきたその者は、胸を治めよ。治めるというのは、乱れを鎮めてあるべき姿にする。心が荒立ったり、あるいは乱れたりという状態を落ち着かせることです。どんな時も教えを拠《よ》り所に、心を治めて通れよ。先々では必ず頼もしい姿になってくる。

これからハ高山いけいとびはいり
いかなごもくもそふぢするなり　二 29

こもくさいすきやかだしてしもたなら
あとなる水ハすんであるなり　二 30

これからは高山、支配層の人々の間に親神が自ら飛び込んで、「ごもく」は、ほこりよりも少し大きなゴミです。それを残らず掃除する。ごもくさえすっきりと出してしまったならば、「あとなる水」その後の人々の心は澄んだ状態になる。

これからハからとにほんのはなしする
なにをゆうともハかりあるまい　二 31

とふぢんがにほんのぢいゝ入こんで

まゝにするのが神のりいふく 二 32

「から」「にほん」という語が出てきます。さらには「てんぢく」というような表現もあります。これは決して地理的なものではありません。親神様の思召《おぼしめし》をわきまえている者達、またその領分を「にほん」。それを知らない者達、その領分を「から」と仰しゃっている。この翻訳はなかなか難しくて、これをチャイナ、ジャパンとしたりすると大変なことになるのです。実際、私も翻訳課で『おふでさき』の英語訳の改訳に携わった時、非常に苦心したところです。これから「から」と「にほん」の話をするが、「なにをゆうともハかりあるまい」何を言っているのか分からないだろう。人間達にはなかなか理解しにくいことをお見通しです。「とふぢん」は「から」の人です。そうした教えをわきまえない人達が、「にほんのぢいゝ」にほんの領域に入り込んで、「まゝにする」恣《ほしいまま》にする、これが神の腹立たしく思うところである。

たん／＼とにほんたすけるもよふだて
とふじん神のまゝにするなり 二 33

「にほん」、つまり親神様の思召をわきまえている者達をたすける段取りをする。そして「とふじん」、教えをわきまえない人達を親神の思い通りにする。つまりその人達の教化をするということです。その者達をやっつけるという意味ではありません。

このさきハからとにほんをハけるてな
これハかりたらせかいをさまる 二 34

今後は「から」と「にほん」の仕分けをする。その仕分けがついたなら、世界が治まる。

この分けるというのが、なかなか味のあるところだと思います。いきなり、「から」も「にほん」も一緒くたにして世界を治めるというのは難しい。まず「にほん」と「から」を仕分けするという段階があって、その次に世界の治まりが来るということです。良いも悪いも一緒くたではなくて、良いと悪いの仕分けをして、それから全体を治めるという段取りであります。

いまゝでハ上たる心ハからいで

せかいなみやとをもていたなり　二　35

今までは、上に立つ者の心が澄んでいないから、真実が理解できずに、教祖やその教えのことを世間どこにでもあるもののように思っていた。

これからハ神がたいない入こんで

心すみやかわけてみせるで　二　36

これからは親神が人々の体内に入り込んで、その心をすっきりと分ける。分けて、分からせる。第一号の時に申しました分ける、分かるの含蓄を意識しながら読むと良いと思います。

にち〳〵によりくる人にことハりを

ゆへばだん〳〵なをもまあすで　二　37

「なをもまあすで」、「まあす」というのは慕い寄るという意味の、大和地方の言葉だと聞いています。

ここで問題になるのは「ことハり」の解釈です。一つは理、もう一つは断りです。「参詣人御断り」

の張札をしていたという史実などから、後者を採る人が多いようですが、私は理だと思います。その理由としてはまず、執筆年代の明治二年はまだ取り締まりが厳しいという状況ではありません。吉田神祇管領《じんぎかんりょう》が廃止されたのは明治三年ですから、まだ公認が有効です。また、意味的に言っても道理、筋道を説くと人々が慕い寄って来るというほうが分かり易いように思います。

『おふでさき』の翻訳会議をしていた時に、同じ言葉には極力同じ訳語を当てるという原則に基づいて、「ことハり」の訳語をずっと並べてみると、このお歌だけが拒絶という訳になっていたのです。これはおかしいのではないかということがきっかけとなって、思案させてもらったところ、日々寄り来る人に理の話をすると、だんだんとなおも慕い寄って来る、と解釈するほうが良いという結論になりました。なお、「参詣人御断り」という張札をされたのは、初代真柱様の手記によると明治十五年頃のようです。

いかほどのをふくの人がきたるとも
なにもあんぢな神のひきうけ 二 38

どんなに大勢の人がやって来ても心配はいらない、親神が引き受けるから、と請け合われます。

めつらしいこのよはじめのかんろたい
これがにほんのをさまりとなる 二 39

「めつらしい」というのは、今までにないありがたいという意味です。「このよはじめの」この世初まりのぢばに据えられるかんろだい。これが「にほん」の治まりをもたらす。これは、「にほん」親神様の思召をわきまえている者達の領域に留《とど》まるものではなく、やがてはから、てんぢくも教化されて世界一れつの治まりに続いていくものです。

高山に火と水とがみへてある
たれがめへにもこれがみへんか　二 40

「高山」支配層に、「火と水」火と水は、それぞれ「をもたりのみこと」、「くにとこたちのみこと」の守護の理に対応する、言わば親神様のご守護の基本的、代表的なものです。高山に、そうした親神の働きが現れている、あるいは現れようとしている。それがお前達は誰も分からないのか。そこには、まだ明治維新の余燼《よじん》がくすぶっているという時代背景もあろうかと思います。

たん〳〵といかなはなしもといてある
たしかな事がみゑてあるから　二 41

「たしかな事」、人間達には見えないだろうが、親神にはこれから先のことがはっきりと見えているから、いろいろとどんな話も説いているのである。

しやハせをよきよふにとてじうぶんに
みについてくるこれをたのしめ　二 42

「しやハせをよきよふ」という言葉が、私は最初分からなかった。幸せは良いものに決まっているではないかと思っていたからです。随分以前ですが、ある時、ラジオで耳にした九州地方の民謡の中に〝幸せ良きよう〟という言葉が出てきて、これだ、と感じた。幸せというのは、元来は良いのも、悪いのも両方あるのですね。漢字を当てれば、「仕合わせ」が元々でしょう。ですから、ここでは巡り合わせという意味なのです。すなわち、親神は、仕合わせが良いようにと計らいをしているから、それが十分に身についてくる、これを楽しみに通れよ、と仰しゃっているのです。

なにもかもごふよくつくしそのゆへハ
神のりいふくみへてくるぞや 二 43

強欲を尽くした「ゆへ」、これは「うえ」と読みます。何かにつけ貪《むさぼ》る、甚だしい欲心を恣にした者には、神の立腹がその身に降りかかってくる。

お歌の読み方は、『おふでさき』のローマ字版が標準になります。私が海外部にいる当時に出版された、オリジナルの日本語とローマ字と英訳と三つ合わせた『おふでさき』がありますが、これはなかなか便利なものです。翻訳というのは解釈でありますから、少し英語を勉強しなくてはならないという問題はあるけれども、理解の参考になります。「ゆへ」は「うえ」と読む時と「ゆえ」と読む時と二通りあります。これはローマ字版で確かめられる。ローマ字版というのは二代真柱様が読んでおられるテープを起こして、それに則《のっと》って読み方を定めたものです。

たん〳〵と十五日よりみゑかける
善とあくとハみなあらハれる 二 44

十五日という日を仕切りとして、だんだんと善と悪、それぞれに対する心通りの姿が現れてくる。

このはなしとこの事ともゆハんてな

みへてきたればみなとくしんせ　二　45

この話は、どこの誰のこととは言わないが、その姿が見えてきたならば、皆なるほどと得心をするように。誰にでも当てはまる、納得できる天の摂理だということです。

高山のにほんのものととふぢんと
わけるもよふもこれもはしらや　二　46

高山、支配層にも、にほんの者ととふじんの両方がいるというのです。明治の初めに、高山に思召をわきまえた者がいたかどうかはさておき、年限とともに高山にも「にほんのもの」が増えていくはずです。その高山の、思召をわきまえた者とわきまえない者とを仕分けする段取り。「これもはしら」、この柱というのは、かんろだいです。かんろだいによって仕分けをする。かんろだいを、「柱」と仰しゃっている場合と、「台」と仰しゃっている場合があります。柱というのは標識としての意味が強い。台の場合は受けるものとしての性格が強い。かんろだいは、親神様のお鎮まり下さるぢばのしるしであり、つとめの芯《しん》です。かんろだいを囲んでのつとめによって親神様のお働きが顕《あらわ》れて分けるということでしょう。

とふじんとにほんのものとハけるのハ
火と水とをいれてハけるで　二　47

思召に適《かな》わない者と適う者を仕分けするのは、「火と水」、親神様のお働きを代表するものです、親神の働きによって仕分けするとの仰せです。

第一号、第二号は明治二年にお記しになっています。第三号は明治七年ということですから、その間には五年空いているように思われるのでありますが、註によりますと四十三、四十四、四十五番のお歌は、松尾市兵衛さんの長男が重病になった時のものだということです。『逸話篇』二五によりますと、これは明治五年のことですから、第二号のご執筆は、明治二年から明治五年に亘《わた》っていると思われます。ここで、「高山のにほんのものとふぢんと　わけるもよふもこれもはしらや」と仰しゃっている「はしら」が、第三号のテーマである、「はしらを入れる」ということに続いていくわけですから、時間的な隔たりはありますけれども、内容においては一貫している、続いていると言うことができるわけであります。

第三号

第三号の概要

つとめの芯《しん》、内の治まりの芯である「はしら」（イ、かんろだい　ロ、真柱）を入れることを中心とするつとめのもよう立てを急《せ》き込まれる。

また、その前提となる屋敷の掃除、胸のそうじ、心の成人について、水、ほこりのたとえを用いて分かり易く教えられると共に、たすけの理話の台とも言うべき、かしもの・かりものの教理に言及される。そして、人をたすける心こそが親神の思いに適《かな》う心であると、その核心を教示される。

さらに、神一条で、勇んでつとめる陽気づとめこそが、世の治まりの根本であると仰せられる。

また、この世の創《はじ》め出しと立教が一つ理のものであることを明かす元の理の話を説き始められる。

「はしら」を入れる

このたびハもんのうちよりたちものを
はやくいそいでとりはらいせよ

三　1

まず掃除を仰せ出されます。この度は「もんのうちより」屋敷内から、「たちもの」これはお屋敷の中にあった掘立小屋のような建物で、教祖の思召《おぼしめし》に沿わない住まいだったと言われています。これを早く取り払うように命じておられます。「はやくいそいで」と重ねて仰《おっ》しゃっているところに、直ちに取り払って、次の段取りを進めるようにとの思召がうかがえます。そして、

すきやかにそふぢしたてた事ならば
なハむねいそぎたのみいるそや

三　2

「なハむね」は、漢字を当てれば縄棟です。縄を張って建物の位置、配置、概略を示すものと言われています。奈良の春日大社のおん祭では、縄棟祭というのがあって、お渡りの時の休憩所と申しますか、そこに縄と若松で造った仮の館のようなものを造ったりするそうです。普請に取り掛かる用意です。すっきりと掃除を仕立てたならば、かの建物をすっきり取り払ったならば、普請に掛かる段取りを急ぐよう、よく頼んでおく。この普請というのは、註釈にありますように、中南の門屋の普請です。

しんぢつにそふぢをしたるそのゝちハ

三　3

神一ぢよで心いさむる

この思召に沿わない建物をすっきりと取り払い、胸のそうじもして、お急き込みになっている普請に着手する用意が整う。これを「しんぢつにそふぢをしたる」と仰しゃる。それからは、「神一ぢよ」神一条というのは、ひたすら親神様の思召に沿っていくという姿勢です。ひたすら親神の思いに沿い切る心になって、自《おの》ずと心が勇み立ってくる。

二、三番のお歌で仰しゃっている「そふぢ」は、単に形の上の掃除ではなく、取り払いを通して、関わりのある者達の胸のそうじをすることも含んでいます。このお歌は全ての信仰者についても言えることのように思います。

三　4

だん／＼とせかいの心いさむなら
これがにほんのをさまりとなる

「せかいの心」というのは、世界の人々の心です。前のお歌に、「神一ぢよで心いさむる」とありますが、世界の人々の心が勇み立ってきたならば、「にほんの」親神様の思召をわきまえた者達の領域の治まりとなる。治まるというのは、あるべき姿になるということです。つまり親神様のお望みになる姿になってくる。

三　5

いまゝでハなによの事もハかりない
これからみゑるふしぎあいづが

今まではどんなこともお前達はよく分からなかった。しかし、これから「ふしぎあいづ」不思議な親神の働きが合図として見えてくるぞ。合図と仰しゃっているところに、それを契機に、今までは分からなかったが、今後は分かるようになるという含みがあります。

こんものにむりにこいとハゆうでなし
つきくるならばいつまでもよし
三 6

この教えについて来ようとしない者、元の屋敷に足を向けようとしない者、そのような者に無理に来いとは言わない。しかし「つきくるならば」この道について来るならば、「いつまでもよし」いつまでも連れて通ってやろうと仰しゃいます。

人の心を水にたとえて

これからハ水にたとゑてはなしする
すむとにごりでさとりとるなり
三 7

人の心を水にたとえて話をすると、あらかじめ仰しゃっています。そして、水が澄む、水が濁るというたとえを用いて話をするから、しっかりと悟りとるように。この濁りの元になっているのが、泥にたとえられる心のほこりで、その代表格が欲です。第三号には、そのほこりについてのお歌も出てきます。

しんぢつに神の心のせきこみわ

しんのはしらをはやくいれたい　三 8

「しんのはしら」というのは、かんろだいと真柱様。この二つの意味が重なっています。親神が急き込んでいるのは、「しんのはしら」を早く入れることだ。早くかんろだいを据えたい、真柱を迎え入れたいとの思召です。

このはしらはやくいれよとをもへども
にごりの水でところわからん　三 9

かんろだいを早く据えたい、また真柱を早く迎え入れたいと思っているけれども、「にごりの水」、人々の心が濁っていて、かんろだいを据えることができない、据えるべき場所が分からない。また、真柱を迎え入れるにふさわしい状態になっていない。

この水をはやくすまするもよふだて
すいのとすなにかけてすませよ　三 10

この人々の心を早く澄ましたい。その「もよふだて」、段取りです。人々の心を澄ます段取りは、「すいの」水を濾《こ》す袋、濾水嚢《ろすいのう》と砂を通して澄ますようにせよ。我々が子供の頃は、まだ水道が普及していなくて、井戸水を汲《く》んで樽《たる》に入れ、樽の中の砂とか木炭とかを通して濾したものです。その口のところに袋をつけて、ゴミを最終的に取っていたことを思い出します。

このすいのどこにあるやとをもうなよ
むねとくちとがすなとすいのや　三 11

この人々の心を澄ます手段としての「すいの」は、どこにあるのかと思うかもしれないが、「むね」と「くち」とが砂と水嚢だ、と仰しゃる。「むね」というのは、思案をする、あるいは悟る道具です。また「くち」は伝える道具。神様の思召を伝える、あるいは周囲の人の口を通してそれを聴く。信仰的な談じ合い、ねり合いも含まれると思います。それらによって心を澄ます。

このはなしすみやかさとりついたなら
そのまゝいれるしんのはしらを　三 12

今言っている親神の話が、「すみやかさとり」は、註釈によると、早く悟りがついたならとなっていますが、私は、澄みやかか、すなわちすっきりと悟りがついたならのほうがいいように思います。この講義の最初に、泥水が泥と上澄みに分かれてくる、これが分かるということの言葉の背景にある物理現象だ、という話をしました。この話は、ちょっと頭の片隅に置いておいて頂いたら、澄む、分かるといった話題の時に分かりやすいかと思います。「すみやかさとりついたなら」すっきりと、あるいははっきりと悟りがついたならば、そのまま、すぐさまにも「しんのはしら」を入れる。かんろだいを据える。

はしらさいしいかりいれた事ならば
このよたしかにをさまりがつく　三 13

かんろだいさえしっかりと据えたならば、この世が確かに治まる。あるべき姿に、親神様の思召通りの姿になっていく。

このはなしさとりばかりであるほどに
これさとりたらしよこだめしや　三 14

この話は、「さとりばかり」理屈ではなくて、もっぱらお前達の悟りの問題だ。悟りに掛かっているのだ。「これさとりたら」この話の真意を悟ることができたならば、「しよこだめし」親神の言うことが験証される。「しよこ」は「証拠」。「ためし」は「試」、もしくは「験」。神言が、親神様の仰しゃっていることが実証される、験証される。確かな証拠によって、験証されるということであります。

元初まりの話の端緒

このよふのにんけんはじめもとの神
たれもしりたるものハあるまい　三 15

この十五番辺りから、いわゆる元初まりの話の端緒となるお歌が出てきます。

この世人間を創めた元の神を知っている者は誰もないだろう。親神様のことを元の神・実の神と申し上げたりしますが、元の神というのが、親神様を表す表現としては最も基本的なものです。

どろうみのなかよりしゆごふをしへかけ
それがたん／＼さかんなるぞや　三 16

紋型ない泥海の中から道具を寄せ、守護を教えかけて始めたことである。それがだんだんと盛んになり、栄えてきての今日である。元初まりの話は第六号にまとまって登場してくるのですが、その先駆けです。

このたびハたすけ一ぢよをしゑるも
これもない事はしめかけるで　三 17

この度、たすけ一条の道を教えるのも、「これもない事はしめかけるで」これも今までにないことを創めかけるものである。この十七番のお歌は、元初まりと立教が、その理において一つであることをはっきりと仰しゃっているお歌です。泥海の中から人間世界をお創め下さった親神様、その親神様のお働きを今に頂いて、言わば泥海のような世の中を陽気ぐらしへと立て替えていく、ということでありますそして、そのたすけ一条の道の根本の手立てが、元初まりに、道具衆を寄せて人間をお創めになった、そのお働きを手振りに表して勤めるつとめです。

いまゝでにない事はじめかけるのわ
もとこしらゑた神であるから　三 18

「いまゝでにない事」今までなかったこと、つまり、このたすけ一条の道です。今までなかったたすけ一条の道を創めかけるというのも、「もとこしらゑた」元初まりに泥海の中からこの世人間を創めた神だからこそできることだ。この十五、十六、十七、十八番は、元初まりの話の説き始めであるとともに、教祖がこうしてたすけ一条の道を開かれる所以《ゆえん》と申しますか、元初まりと立教が理において一つのものであることを明かしておられる重要な一連のお歌です。

にち〳〵に神のはなしがやま〳〵と
つかゑてあれどとくにとかれん　三　19

「神のはなし」、日々お前達に聞かせてやりたい親神の思いが山のように積もり、胸につかえているけれども、それを説いて聞かせたいと思っても説くことができない。

なにゝてもとかれん事ハないけれど
心すましてきくものハない　三　20

何であれ、説けないことはないけれど、誰も心を澄まして聞こうとする者がない。心を澄まして聞かなければ、親神様の思召は、分かるものではありません。

すみやかに心すましてきくならば
よろづのはなしみなときゝかす　三　21

この「すみやか」も、すっきりという意味でしょう。すっきりと心を澄まして、親神の話を聞くならば、「よろづのはなし」万事の話を皆説いて聞かせる。これは、神様の話を聞く時には、いい加減な気持ちで、また濁った、ほこりにまみれた心で聞いたのでは、神意を悟ることができない、分からないということです。心を澄まして聞くことが大切です。

このよふのたしかためしかかけてある
これにまちがいないとをもゑよ　三　22

「このよふのたしかためし」ためしというのは験証です。その前によろづの話を皆説き聞かすと仰しゃっていますが、親神様の話は、ただ話だけで終わるものではない。この世で確かに明かし立てる。つまり現実にこの世で験証できる話なのだ、と仰しゃっている。だから決してこの話に間違いはないと承知せよ。ただ口先だけの話ではない。

このためしすみやかみゑた事ならば
いかなはなしもみなまことやで　三 23

「このためし」、験証です。これがはっきりと、目に見える形で確認できたならば「いかなはなし」親神が説くところのどんな話も、皆真実であると納得できる。得心がいく。

なにもかもいかなはなしもとくほどに
なにをゆうてもうそとをもうな　三 24

どんなことも、あらゆる話を説いて聞かせる。親神が何を言っても、決して嘘《うそ》偽りだなどと思ってはならない。それというのも、親神様の話は全て、確かに験証できる、明かし立てられる話だからです。

めへにめん神のゆう事なす事わ
なにをするとも一寸にしれまい　三 25

「めへにめん」は、目に見えんということです。目に見えない神の言うこと、すなわち親神様が教祖の口を通して仰しゃっていることです。その目に見えない神の言葉、あるいはする事、それらにはどんな意味があるのか、お前達には容易に分からないだろう。

はやく／＼とみへるはなしであるほどに

これがたしかなしよこなるぞや　三 26

親神の話というのは、早々に現実となって現れてくるのだ。この現実に見えてきた姿が確かな証拠である。

これをみてなにをきいてもたのしめよ　三 27
いかなはなしもみなこのどふり

その事実、証拠を見て、親神から、すなわち教祖からどんな話を聞いても、たとえそれが夢のような話であっても、やがて必ずその通りになると楽しみに思えよ、と仰しゃる。親神がするどんな話も皆この道理、すなわち、必ず目に見える形で実現してくる楽しみな話である。

真実に人をたすける心

人のものかりたるならばりかいるで　三 28
はやくへんさいれゑをゆうなり

この「り」というのは利息の利でしょうか。お礼の印ということでしょうね。人のものを借りた時には何かお礼をしなければならない。「はやくへんさい」早く返すとともに、感謝の意を表すようにせよ。

子のよなきをもふ心ハちがうでな　三 29
こがなくでな神のくときや

「よなき」というのは子供が、幼児が夜激しく泣くことです。子供が夜激しく泣くのを、困ったものだ、と思うような心でいては、とんでもない思い違いだ。子が泣いているのではない。親神が口説いているのである。「こがなくでない」と「い」を補って読むことになっています。ローマ字版の『おふでさき』では「い」が補われています。ここの場合は、「おふでさき」の外冊《げさつ》に「い」が入っているものがあることを踏まえての読み方になっていると思われます。

はや〳〵と神がしらしてやるほどに
いかな事でもしかときゝわけ　三　30

「はや〳〵」早々に親神が知らしてやっているのだ。つまり、子供の夜泣きを通して親神が知らせているんだ。だからして、ただ子供が泣いて困ったものだと思うのではなく、「いかな事でも」どんなことでもしっかりとそこに親神の思いを悟りとるように。

をや〳〵の心ちがいのないよふに
はやくしやんをするがよいぞや　三　31

お道では、十五歳までの子供は双親の心通りに守護されると教えられています。ですから子供の身上に現れてきたことは、親に対するお知らせだということです。子供の夜泣きを通して、双親がよく思案をする。反省をする。双親に心づかいの間違いがないように、早く思案をするがよい、とお諭し下さっています。

しんぢつに人をたすける心なら

神のくときハなにもないぞや　三 32

「しんぢつに人をたすける心」真実に人をたすける心であるなら、「口説く」は繰り返し言うこと、親神が繰り返し諭す必要はないのだ。真実に人をたすける心、これは最も親神様の思召に適う心づかいです。それと対照的な心が次の歌にある、

めへ／＼にいまさいよくばよき事と　三 33
をもふ心ハみなちがうでな

「めへ／＼に」各自、勝手に。「いまさいよくば」目先のことだけを考えて、今さえ良ければいいんだといった刹那《せつな》的な心づかいです。それは全て違うぞ、間違っている。今日の風潮を見ても、そういうことが言えると思います。自分さえ良ければ、今さえ良ければということは、言い換えれば、周囲が見えてない、将来を考えていないということです。自分だけでなく、自分以外の周りの人々、さらには今だけでなくて将来を考える。あるいは過去を考えるということがあれば、物の見方、受け止め方が自ずと変わってきます。考え方も変われば、することも変わってくる。そうなれば運命も変わっていく。それは結局、理に沿って思案するということだと思います。

自分というのは、言わば広い世界の中の点です。また今は、悠久の時の流れの中の今という点に過ぎません。我さえ良くば、今さえ良くばといった非常に狭い、また刹那的な考えでなく、周りのことも幅広く考えるよう、また、物事を長い目で見るように心掛けたいものです。

てがけからいかなをふみちとふりても

すゑのほそみちみゑてないから 三34

「てがけ」は、出がけ、出発時ということです。出発時がいかに大きな道であっても、「すゑのほそみち」それが将来、細道に続いているということが見えてないから平気でおれる。これはまさに、「いまさいよくば」です。当初は大きな安楽な道に思えても、それをたどって行くと、やがて細い険しい苦しい道になっていくことがある。物事の先を見据えて思案することの大切さを仰しゃっています。

にんけんハあざないものであるからに 三35
すゑのみちすじさらにわからん

「あざない」というのは、浅はかという意味で使っておられます。辞書的に言えば、「あだなし」かなと思われるところです。これは頼りないというような意味の言葉です。人間というものは、頼りない浅はかなものであるから、将来の道筋が全く分からない。

いまの事なにもゆうでハないほどに
さきのをふくハんみちがみへるで 三36

だから、今現在がどれほど苦しくても、不如意であっても、嘆いたり、ぐちを言ったりせずに、「をふくハんみち」人々の行き交《か》う広々とした道、先ではそうした広い頼もしい道に出るのだから、と励ましておられます。

いまのみちいかなみちでもなけくなよ
さきのほんみちたのしゆでいよ 三37

だから今の道中が、どれほど困難な道であっても嘆いてはならない。先で見えてくる「ほんみち」本当の道、安心して通れる確かな道に続いているから、それを楽しみに通れよ。今が少々苦しくても、その道が天理に沿ってさえいれば、必ずやがては本道に出るということです。

しんぢつにたすけ一ぢよの心なら
なにゆハいでもしかとうけとる　三　38

先に「しんぢつに人をたすける心なら」とありましたが、「しんぢつにたすけ一ぢよの心」ひたすら人をたすけたい、心底《しんそこ》からそうした心でいるならば、口先であれこれ言わずとも、親神がしっかりと受け取って守護する。この三十八番は教祖百年祭の時の『諭達第三号』に、ただ一首引用されていたお歌です。まさに「めへ〳〵にいまさいよくばよき事」という心と正反対の心です。

口さきのついしよはかりハいらんもの
しんの心にまことあるなら　三　39

前のお歌の「なにゆハいでもしかとうけとる」何も言わなくても、親神はその真実を受け取ると仰しゃっているのに重ねて「口さきのついしよ」は無用だと仰しゃる。心にもないお上手を言ったり媚《こ》びへつらったりする必要はない。「しんの心にまこと」というわけですから、心底から誠の心でありさえすればよいのだ。

この世は神のからだ

たん〳〵となに事にてもこのよふわ
神のからだやしやんしてみよ　三 40

「たん〳〵と」という語もよく出てきます。以前、英訳の『おふでさき』では、「たん〳〵と」という語が出てくると、機械的に step by step と訳していたのです。しかし、どうもそぐわない。大きな辞書を見ますと、「だんだんと」という語には、「いろいろと」という意味もあるんですね。この辺りでは、挨拶《あいさつ》の時、よく「いつもだんだんとありがとうございます」と言います。この場合は step by step じゃなくて「いろいろと」という意味です。そして、「たん〳〵と」の後に、このお歌のように「なに事」というような不定称の語がついている場合に、そうした意味であることが多い。ここでは「いろいろとどんなことでも」と解釈すると非常に収まりがいい。そうしますと、このお歌の意味は、いろいろとどんなことについても、この世は神の体、これがこのお歌のメインですが、この世は神の体であるというところから思案してみよ、となります。新しい英訳はそうなっています。この世は神の体である、というのは、天理教の世界観、自然観のベースです。この世は神の体であるということから、どんなことも思案してみよ。そして、それに続いて、

にんけんハみな〳〵神のかしものや

なんとをもふてつこているやら　三　41

「かしもの」という言葉が初めて出てきます。かしもの・かりものの教理を裏づけるのは、この世は神の体という世界観なのです。人間の体は皆、親神のかしものである。人間から言えば、かりものということになります。それを何と思って使っているか。大抵自分のものと思って使っているが、実は、この世は神の体である、その一部を我が体としてお借りして、使わせて頂いている。ですから、この世を支配する摂理と、人間の体を支配している摂理とは一貫したものということになります。

それは十全のご守護の説き分けにおいて、例えば、「くにとこたちのみこと　天にては月様と現れ、人間身の内の眼うるおい、世界では水の守護の理」というように、同じ神名の下、一つの守護の理として、宇宙そして世界、人体について仰しゃっている説き分けの仕方にもうかがえます。親神様からお借りしている体は、自分の思うようにはならない。体はかりものということと対を成しているのが、心一つが我がの理、我がのものということです。自分のものは心だけで、その心通りに守護下さるというご守護のあり方です。

ことしにハめつらし事をはじめかけ
いまヽでしらぬ事をするぞや　三　42

「ことし」というのは、六十四番、百九番のお歌との整合性から陰暦の明治六年と思われます。第三号の表紙には、明治七年一月よりと書いてありますが、これは陽暦です。『おふでさき』本文の年月日は陰暦ですから、明治七年の一月というのは陰暦では、明治六年の十二月、あるいは十一月の可能性もあります。既に、明治六年も残りわずかの時点ですから、「ことしにハ」は、今年を振り返ってのことと思われます。具体的には、その皮切りとして、かんろだいの雛型《ひながた》を拵《こしら》えさせられたことが当たるでしょうか。

明けて明治七年には、お道の歴史上で重要な事柄がいろいろありました。六月にはかぐら面を迎えに前川家へお出向きになった。あるいは、証拠守り、これはお歌の中では、「六月になる事ならば（四5）」とありますが、陽暦で言うと七月になります。さらには大和《おやまと》神社の神祇《じんぎ》問答。教祖が大和神社へ仲田・松尾の両人をお遣《や》りになって、「どういう神で御座る」と尋ねさせられた。その後、山村御殿に召喚されるというふしに続いている。その直後に教祖が赤衣《あかき》をお召しになり、初めて身上たすけのための、いき、煮たもの、てをどり、かんろだいてをどりの四通りのさづけをお渡し下さった。また、明治八年には、ぢば定め、さらに「いちれつすますかんろだい」の歌と手振り、をびやづとめなど十一通りのつとめの手をお教え下さいました。

「ことしにハめつらし事をはじめかけ」、めずらしい、今までに聞いたこともないようなことを始めかけて、今までお前達が知らないことをするぞ。めずらしいという言葉には素晴らしいとか、ありがたいというような意味が含まれています。ネガティブなことにはあまり使いません。

いまゝでハなによの事もせかいなみ
これからわかるむねのうちより　三　43

今まではどんなことも世間並み、お前達は世間一般の者と同じような心持ちでいた。しかし、「これからわかるむねのうちより」、今後は心の底から真実が分かるようになる。

このたびハたすけ一ちよにかゝるのも
わがみのためしかゝりたるうゑ 三 44

教祖は、この度たすけ一条の道をお始め下さるについて、まず「わがみのためし」ご自分の身で験証、実証した上で、この道をおつけ下さる。ひながたという表現はまさにそういうことです。口で仰しゃっただけでなくて、自ら身に行って手本をお示し下さった。

たすけでもをかみきとふでいくてなし
うかがいたてゝいくでなけれど 三 45

教祖が仰しゃっているたすけというのは、拝んだり、あるいは祈禱《きとう》をしてするたすけではない。また「うかがい」、神意を尋ねることです。お伺いをしてたすけるというのでもない。

このところよろつの事をときゝかす
神いちじよでむねのうちより 三 46

わかるよふむねのうちよりしやんせよ
人たすけたらわがみたすかる 三 47

「このところ」は、教祖ご自身を仰しゃっている場合が多い表現です。教祖は「よろつの事」、万事を説き聞かせる。そして、「神いちじよでむねのうちより」というのは、次の歌につながっていると考えられます。そのよろずのことを聞いて「神いちじよで」神一条の心になって、「むねのうちより」

はその次にある「むねのうちよりしやんせよ」に続いています。親神の言うたすけの何たるかが分かるように心の底から思案をせよ。この道のたすけの神髄は、「人たすけたらわがみたすかる」ということである。人たすけたら我が身たすかるという救済観は、天理教のおたすけの真骨頂と言っていいと思います。拝んだり、祈禱したり、伺いを立てたりしてたすかる道じゃない。万事の理合いを説き聞かせるからして、神一条になって、親神の真意が分かるよう心の底から思案してみよ。この道のたすけは、人をたすけたら我が身たすかるというたすけである。

この辺り、四十番の、この世は神の体、四十一番の神のかしもの。ここでは、人たすけたら我が身たすかると、重要なお歌がずらっと並んでいます。

高山ハせかい一れつをもうよふ
まゝにすれともさきハみゑんで 三 48

「高山」支配層、上層は、世界中を思いのままにしている。恣《ほしいまま》にしているけれども、先は見えない。将来はどうなるか分からないぞ。危なっかしいものだということです。

神が箒となり掃除

だん／＼とをふくよせたるこのたちき
よふほくになるものハないぞや 三 49

四十九番に、よふぼくという言葉が初めて登場します。「だん〳〵とをふくよせたるこのたちき」、立ち木というのは立っている木ですから、そのままでは役に立たない。立ち木を使えるようにするためには、手入れをし、切り出し、製材の後、用途に応じて加工し、仕上げていかなくてはなりません。大勢寄せてある立ち木ともいうべき人々であるが、そのままでは、まだよふぼくになる、すなわち世界のふしんの役に立つという者はいない。

いかなきもをふくよせてハあるけれど
いがみかゞみハこれわかなハん　三 50

どんな木も多く寄せてあるけれども、ゆがんだり、かがんだり、かがむというのは折れ曲がっている状態です、ゆがんだり折れ曲がったりしているようでは、とても役に立たない。そうした者でも、親神様の話を聞き、心を入れ替えることによって、お役に立てる人材になっていくのであります。

せかいぢうむねのうちよりしんばしら
神のせきこみはやくみせたい　三 51

せかいぢうむねのうちよりこのそふぢ
神がほふけやしかとみでいよ　三 52

二首とも「せかいぢうむねのうちより」と始まっていますが、まず「しんばしら」を早く見せたい、すなわちかんろだいを早く据えたいと仰しゃっています。その前提として世界中の人々の胸の内をそうじしてということが含まれています。かんろだいを早く据えたいと、親神は急き込んでいる。また

「せかいぢうむねのうちよりこのそふぢ」、世界中の人々の胸の内をそうじするについては、「神がほふけや」親神が箒《ほうき》になってそうじをするから、よく見ていよと仰しゃいます。

これからハ神がをもていあらわれて
山いかゝりてそふぢするぞや 三 53

いちれつに神がそふちをするならば
心いさんてよふきつくめや 三 54

「神がをもていあらわれて」親神が表立って働きを顕して、「山」支配層、上層の掃除に取り掛かる。そして、親神が世界中を普《あまね》く掃除するとなると、人々の心は自ずと勇んできて陽気づくめになる。

「よふきつくめ」という言葉は、ここで初めて登場します。『おふでさき』の中には「陽気ぐらし」という言葉そのものは出てきません。「よふきづくめ」あるいは「よふきゆさん」という形で出てきます。「よふきづくめ」については「なにもかもよふきとゆうハ（七 94）」という表現もありまして、何もかもが陽気ということです。黒づくめというと、何もかも真っ黒、頭のてっぺんから爪先まで黒一色、忍者のような怪しい風体ですが、そういう装いです。誰もが、何を見ても何を聞いても、嬉《うれ》しいありがたい。いつもどこでも陽気なのが陽気づくめ。

なにもかも神がひきうけするからハ
どんな事でもぢうよぢさを 三 55

何もかも皆親神が引き受けるからには、どんなことについても自由自在《じゆうようじざい》の働きを顕す。

このたびハうちをふさめるしんばしら
はやくいれたい水をすまして　三　56

真柱様をお屋敷へ迎え入れるに際して、そのお立場を「うちをふさめるしんばしら」、内を、屋敷内を、さらには教内を治めると仰せられる。この度は道の内らを治める真柱を早く迎え入れたい。それにつけても「水をすまして」と、前提として人々の心を澄ます胸のそうじをお求めになっています。

高山のしんのはしらハとふじんや
これが大一神のりいふく　三　57

「高山」支配層の「しんのはしら」、註釈では「中心思想」となっています。支配層の中心になっているのは、「とふじん」からの人だ。親神様の思召をわきまえない人達です。「これが大一神のりいふく」これが何よりも親神の腹立たしく思うところである。

上たるハだん〳〵せかいまゝにする
神のざんねんなんとをもうぞ　三　58

上に立つ者が、いろいろと世界中を恣にする。「神のざんねん」、神の残念の思いをお前達は何と心得ているか。

神の話が実現する時節

いまゝでハなにをゆうてもみへてない
もふこのたびハせへつうがきた　三 59

今まではどんなことを言っても、それが見えていない、現実に現れていなかった。しかし、今度という今度は、「せへつう」は節、親神の話が現実となって現れてくる時節が到来した。

これからハよふきづとめにまたかゝる
なんの事やら一寸にしれまい　三 60

これからよふきづとめにまた取り掛かる。明治二年にご執筆の第一号では「かぐらづとめ」とありました。第二号に既に「よふきづとめ」という言葉は出ていましたが、この「よふきづとめにまたかゝる」、の「また」がちょっと気になります。これから、かぐら面、ぢば定めなどと、つとめの段取りを本格的に進めていかれるに当たっての「また」ではないかと思います。しかし、お前達には何のことか一寸《ちょっと》には分からないだろう。

今までもしりてはなしてはなしとも
といてあれどもなんの事やら　三 61

第一号の三十番にも「しりてはなしてはなし」という表現がありました。この「しりてはなしてはな

しとも　といてあれども」の主語は、やはり親神様と考えるべきだと思います。今までからも、親神は承知しているからして、「はなしてはなしとも」繰り返し話をし、説いているけれども、お前達は何のことやらといったあり様だ。

これまでハいかなはなしをといたとて
ひがきたらんでみへてないぞや　三　62

これまではどんな話を親神が説いても、日が、その時がまだ来ていないので、現実には見えていない、実現していない。

これからわもふせへつうがきたるから
ゆへばそのまゝみへてくるぞや　三　63

これからは、もう時節が到来したから、親神が言えば、そのますぐに現れてくる。

しかときけ三六二五のくれやいに
むねのそふぢを神がするぞや　三　64

「三六二五」の註として、立教後三十六年某月二十五日の暮合《くれあい》に云々とあります。立教三十六年は、陰暦の明治六年となり、表紙の陽暦明治七年一月ヨリと両立するのは、陰暦の十一月二十五日か十二月二十五日になります。いずれにせよ二十五日の夕方に「むねのそふぢを神がする」と仰しゃって、そのお言葉通り、二十五日の日にやって来て、お屋敷の掃除をしていた者があるという意味の註がついています。立教後三十五、六年経《た》って、漸《ようや》く月次祭の前日にお屋敷の掃除をする人が出てきたということでしょうか。

前のお歌で、「ゆへばそのまゝみへてくる」と仰しゃった実例をご予言になったお歌だとしておきます。

しやんせよなんぼすんだる水やとて　三 65
とろをいれたらにごる事なり

どんなに澄んだ水であっても泥を入れたら濁る。つまり澄んだ心の者であっても、泥というのは欲です、欲が混じると心が濁ってしまう。濁ってしまうと親神様の思召が分からない。ご守護を十分頂けないということになってくる。

にごり水はやくすまさん事にてわ　三 66
しんのはしらのいれよふがない

その泥の混じった濁り水。欲というのは、一言で言えば、自分中心の心づかいです。銘々が自分中心の心づかいでいることが濁り水にしている。それを澄まさなければ、「しんのはしら」、かんろだいの入れようがない。かんろだいの据えようがない。真柱を屋敷に迎え入れることができない。

はしらさいはやくいれたる事ならば　三 67
まつたいしかとをさまりがつく

早くかんろだいを据え、真柱を迎え入れたい。そうすればいついつまでもしっかりと、屋敷内の、さらにはこの世の治まりがつく。

この世をはじめた神の真実

このよふをはじめた神のしんぢつを
といてきかするうそとをもうな 三 68

「このよふをはじめた神」、親神様を表す表現の代表的なものです。この世、人間を創めた元の神が、真実を説いて聞かせるから、決して嘘だなどと思ってはならない。

いまゝでもしんがくこふきあるけれど
もとをしりたるものハないぞや 三 69

註釈にもありますように、「しんがく」心学は、農民や町人、そうした庶民の道徳を説いた教えです。「こふき」というのは、古いことを記した書き物。教祖が、「こふきを作れ」と仰しゃった時の「こふき」は、二代真柱様が、「口記」と書くのが適当だと思う、と『こふきの研究』の中で仰しゃっています。ここで言うのは世間の古記です。ですから、これまでにも庶民の道徳を説く心学や古いことを記した書き物があるけれども、元、根本を知っている者はない、となります。

そのはづやどろうみなかのみちすがら
しりたるものハないはづの事 三 70

それも当然だ。だいたい文字が現れるのは、たかだか紀元前四千年、五千年ぐらいです。それも紀元前五千年頃となると、とても書き物とは呼べない断片的なものです。それに対して「どろうみなかのみちすがら」は、泥海の中から人間をお創めになった九億九万年以上前からという気が遠くなるような長い道中のことだから、それを知っている者はあるはずがない、と仰しゃる。ここがすごいところですね。

これまでハこのよはじめてない事を
たん〳〵といてきかす事なり 三 71

この世の初まり以来これまでなかったことを順次説いて聞かせる。

なにもかもない事はかりとくけれど
これにまちごた事ハないぞや 三 72

どれもこれも、今まで聞いたこともないことばかり説くけれども、それに決して間違いはない。泥海中の道すがらをはじめとして、誰も知らない、聞いたことがない話です。だから、容易に信じることはできないだろうが、これが真実である。こうした元の神ならではの、元を教えてたすけるというのが、天理教の教えの大きな特徴です。

正月二十六日を待つ

十一に九がなくなりてしんわすれ

正月廿六日をまつ　三 73

このあいだしんもつきくるよくハすれ

にんぢうそろふてつとめこしらゑ　三 74

非常に重要なお歌ですが、解釈はなかなか難しい。はっきりしているのは、「十一に九」で明治二十年を表しているということです。九というのは、教祖の九十歳というお年であったり、また、十一はたまへ様のお年であったりと、いろいろ説がある。いずれにせよ、十一と九を合わせて二十、明治二十年、正月二十六日、『おふでさき』は全て陰暦でありますから、これは明治二十年陰暦正月二十六日を待つ、となります。

また、「九がなくなりてしんわすれ」の九とは何か、あるいは「しん」は何か。九は、数字の九と苦。「しん」は、つらいという意味の「辛」じゃないかという解釈が比較的有力かと思いますが……。こういう謎々めいた歌というのは、解釈が難しい。註にも、これは明治七年のお歌ですから、当時の人々は意味が分からなかったとあります。

それを明治二十二年の『おさしづ』で、

さあ〳〵正月二十六日と筆に付けて置いて、始め掛けた理を見よ。（明治22・3・10）

と、『おふでさき』に、既に正月二十六日と記しておいたじゃないかと仰しゃって頂いて、初めて気がつくというようなことでした。

「このあいだしんもつきくる」というのは、その明治二十年陰暦正月二十六日までの間に、「しん」、これはかんろだい、そして真柱様ということです。註には、「真柱も定まり、かんろだいも建設されるから、」と出ています。実際には、かんろだいの石普請は、二段まで出来たところで頓挫《とんざ》し、明治十五年に取り払われることになります。ともあれ、かんろだいを据えるべきぢばは、明治七年の時点ではまだ定まっていません。ぢばを定める。かんろだいの建設に着手する。さらに真柱を屋敷内に迎える。「よくハすれ」は、人々の心が澄んでくる心の成人の姿だということになるでしょう。「にんぢうそろふて」つとめ人衆が揃《そろ》って、「つとめこしらゑ」つとめの準備をする、と仰しゃった。

つまり、親神は明治二十年陰暦正月二十六日を待っている。その間にぢばも定まり、かんろだいの建設に着手する。また、真柱を屋敷内に迎え入れる。さらに、人々も心の成人を遂げ、つとめの人衆が揃って、つとめ勤修《ごんしゅう》の用意をする、との仰せです。

註釈にある、明治二十年の陰暦正月二十六日に、教祖が現身《うつしみ》をおかくしになるご予言だという解釈は、ちょっと頷《うなず》けません。

むしろ、つとめ完成の目途が立つ日限《にちげん》をお示しになったのではないかと思います。たすけ一条の道の根本であるつとめの完成は『おふでさき』の最大の眼目です。また、教祖のひながたは、つとめ完成のための道すがらとも言うことができます。その意味では、つとめ完成の目途となる日限、これを示されたと理解するほうがいいのじゃないかと考えます。明治二十年の陰暦正月二十六日に、つとめが完成することがもちろん望ましいのですが、そこまでは実際問題としてもいってません。しかし、ここまで来れば将来必ずつとめが完成するという目途をつけて、教祖は現身をおかくしになった。また、だからこそ、明治二十年の陰暦正月二十六日を前にして、あれほどにもつとめの実行をお急き込みになったのだと思います。ですから、あの日つとめが実行されなかったら、教祖は身をおかくしになるわけにはいかなかったでしょう。これで大丈夫、いつの日かつとめは完成されると見届けて現身をおかくしになったのではないでしょうか。

しかし、つとめ完成の目途が立ったからと言って、教祖が現身をおかくしにならなくてもいいのではないかと理屈を言う人があるかも知れません。しかし、教祖のお体は人間の体でありますから、いつまでもこの世におわすことはできません。長くても百十五歳までですから、いつの日か現身をおかくしになる。ご存命の理をもってお働き下さるようになる。そう考えますと、たすけ一条の道の次第の一部始終を整えられ、つとめ完成の目途が立った時、それが明治二十年の陰暦正月二十六日ということかと思います。

にち〳〵に神の心のせきこみハ
ぢうよじざいをはやくみせたい 三 75

親神は自由自在の働きを早く見せてやりたいと、日々急き込んでいる。

これからハにんぢうそろをてつとめする
これでたしかににほんをさまる 三 76

これからは、つとめの人衆が揃ってつとめをする。このつとめによって確かににほんが治まる。あるべき姿になる。

しんぢつにたすけ一ぢよてあるからに
なにもこわみハさらにないぞや　三 77

親神はどこまでもたすけ一条、ひたすら、子供をたすけてやりたい一条の親心であるから、決して怖い、恐ろしいというようなことはない。

なにもかもたすけ一ぢよとめるなら
神のさんねんみにさハりつく　三 78

このたすけ一条の道を、何もかも止め立てするようなことをすると、親神の残念が身上の障《さわ》りとなって現れてくるぞ。

しやんせよ万たすけのこのもよふ
にんけんハざとさらにをもうな　三 79

「万たすけ」あらゆるたすけをするこの「もよふ」計画、用意、その根本はつとめです。考えてもみよ、どんな身上、事情の苦しみ、悩みも皆たすける計画、これは「にんけんハざ」到底人間にできることではない。

いまゝでハなにかよろづがハからいで
みなにんけんの心ばかりで　三 80

お前達は、今までどんなことも全て真実が分からずに、皆人間の心、人間の思案ばかりでいた。

神と上の対比、対峙

この第三号、そして第四号は、上《かみ》という言葉が集中的に出てくる号です。

これからハ神の心と上たるの
心と心のひきやハせする　三 81

親神の心と「上たるの心」上《うえ》に立つ者の心の「ひきやハせ」をする。引き合わせには、人と人とを引き合わせるという意味と、例えば、『おふでさき』の中では、「きたるならわがみさハりとひきやハせをなじ事ならはやくそふぢふ（八 82）」のように、照らし合わせるという意味と、二通りあります。両方の意味が含まれているかなという感じがするところです。親神様の思召と上に立つ者の心を引き比べ、将来的には引き合わせるということでしょうか。

ここでは、続くお歌の内容から親神様の思召と上に立つ者の心とを引き比べる、対比すると解しておきます。

このはなし一寸の事やとをもうなよ
神がしんぢつみかねたるゆへ　三 82

こうしたことを親神が言うのは、ちょっとのこと、容易なことではないと承知せよ。現状を見かねたがゆえのことである。上に立つ者の心があまりにも親神様の思召とかけ離れ、恣《ほしいまま》にしているのを見かねたからだとの仰せです。

これからハ神のちからと上たるの
ちからくらべをするとをもへよ　三 83

これからは親神の力と上に立つ者の力との力比べをする。教祖のご逸話にも力比べのお話がいくつも出てまいりますが、力比べは相手の者にも見ている者にも、神の力の偉大さをはっきりと分からせるものです。当時、お上《かみ》と言えば絶対的な権威でありますが、それと力比べをすると、あえて仰しゃっています。さらに、

いかほどのごふてきあらばだしてみよ
神のほふにもばいのちからを　三 84

「ごふてき」、辞書には「強敵、剛敵」とあります。いずれにせよ、強い、手ごわい敵ということです。どんな強敵だろうが、あるなら出してみよ、親神のほうにはその倍の力を出すぞ。

しんぢつの神がをもていでるからハ
いかなもよふもするとをもゑよ　三 85

「しんぢつの神」親神様のことですね。元の神・実の神たる親神が世の表へ現れ出るからには、どんな段取り、計画もすると承知せよ。そして、

いまゝでハからがにほんをまゝにした
神のざんねんなんとしよやら　三 86

このさきハにほんがからをまゝにする
みな一れつハしよちしていよ　　三 87

既に、第二号で出てまいりました「から」親神様の思召をわきまえない者達、「にほん」は、親神様の思召をわきまえた者達です。今までは教えをわきまえない者達が、教えをわきまえている者達をままにする、恣にしてきた。それに対する神の残念、親神のもどかしい思いは「なんとしよやら」実にやるせない、どうしようもない。

そして、これからは、逆に「にほん」が「から」をままにする。これは恣にするというよりも、思い通りにする、凌駕《りょうが》するというような意味です。「みな一れつハしよちしていよ」皆誰もがそのことを承知しているように。

をなじきのねへとゑだとの事ならバ
ゑたハをれくるねハさかいでる　　三 88

「にほん」と「から」を同じ一本の木の根っこと枝先にたとえて、これからは枝は折れてくるが、一方、根は栄え出るということになる。

いまゝでわからハゑらいとゆうたれど
これからさきハをれるはかりや　　三 89

「から」を枝先に見立てて、今までは思召をわきまえない者達が、自分達は偉い、力がある、と言っていたけれども、これから先は「をれるはかり」折れる、屈服するばかりになってくる。

にほんみよちいさいよふにをもたれど
ねがあらハればをそれいるぞや 三 90

「にほん」というと小さいように思っているが、根の働き、根の力が顕れてくれば、「をそれいる」圧倒されて屈従する。今はちっぽけに思える「にほん」に屈服する、恐れ入ることになる。

このちからにんけんハさとをもハれん
神のちからやこれハかなわん 三 91

この根の力が現れると、とても人間業《わざ》とは思えない威力を発揮する。これは親神の力が顕れてきたのだからして、とても敵《かな》いはしない。上との対峙《たいじ》に際して、「から」「にほん」「ゑだ」「ね」というたとえを用いて話を進められます。

病の元は「ほこり」

『おふでさき』の第三号は、非常に盛りだくさんな内容が含まれている号ですが、次に「ほこり」さらに、病まず死なず弱らずという究極のたすけの話が登場します。

このよふハにぎハしくらしいるけれど
もとをしりたるものハないので 三 92

世の人々は賑《にぎ》やかに暮らしているけれども、元、根本を知っている者がないので、と仰しゃって、言外に危なっかしいというご懸念を匂《にお》わせておられます。

このもとをくハしくしりた事ならバ
やまいのをこる事わないのに　三 93

この元を詳しく承知したならば、病気になることはないのに。逆に申しますと、その元をわきまえないから、病気になる。

なにもかもしらずにくらすこの子共
神のめへにハいぢらき事　三 94

「しらぬがむりでハないわいな」と仰しゃっていますが、何も知らずに賑わしく暮らしているこの子供達は、親神の目から見ればいじらしい、不憫《ふびん》だ。知らないがゆえに病み、苦しむということです。

「いぢらしき」と、「し」を補って読みます。

なにゝてもやまいとゆうてさらになし
心ちがいのみちがあるから　三 95

何であれ、病、病気というものは、決してない。心違い、心づかいの間違いが病の元だ。そして、その心違いの道を詳しく、

このみちハをしいほしいとかハいと
よくとこふまんこれがほこりや　三 96

その心違いを心のほこりとして具体的に挙げられます。但《ただ》し、八つのほこりという上から言えば、に

くい、うらみ、はらだちが抜けていません。以前、なぜその三つが入っていないのですかと質問されたことがあります。残りの三つを入れるのは、まず歌の形式上無理だと思われます。しかし、このにくい、うらみ、はらだちには共通点がある。にくいは、人に対する憎しみの感情です。それを根に持つと申しますか、内にこもったものがうらみと言えるでしょう。それが、爆発するような形で表に出たのが、はらだちという、他の五つのほこりとはちょっと違う感じがあります。しかし、八つのほこりが教祖ご在世中に基本教理として定着していたのは、こふき本などの文献からも明らかです。

こうして具体的に、心のほこりを数え上げて下さっていることは、実にありがたい。ただ単に、きれいな心になりなさいよ、というだけでは、もう一つ手がかりがないわけですが、それを非常に分かりやすく教えて下さっています。

このよふのにんけんハみな神のこや 三 97
神のゆう事しかときゝわけ

人間は皆、親神の子供である。だから、親神の言うことをしっかり聞き分けるように。

ほこりさいすきやかはろた事ならば 三 98
あとハめづらしたすけするぞや

しんぢつの心しだいのこのたすけ 三 99
やますしなずによハりなきよふ

このたすけ百十五才ぢよみよと

さだめつけたい神の一ぢよ　三　100

心のほこりが、病、身上の患いの元になる。そのほこりをすっきりと払ったならば、後は「めづらしたすけ」をする。「めづらしたすけ」というのは、ここで初めて出てきますが、『おふでさき』の中では、五回登場します。

その「めづらしたすけ」というのは、お前達の真実の心次第に享受できるものであって、「やますしなずによハりなきよふ」、すなわち病気にならない、「しなず」というのは、若死にしない、早死にしない。そして、弱らない、年を取っても弱らない、衰えない。そういうたすけだ、と仰しゃる。

さらに、「このたすけ」、「めづらしたすけ」にあっては、人間は皆百十五歳まで生きることができる。「ぢよみよとさだめつけたい」、つまり誰も彼もが百十五歳まで長寿を寿《ことほ》ぐことができるように定めたいというのが、親神の一筋の思いである。

「めづらしたすけ」と「ふしぎなたすけ」とはどう違うか、といったことが話題になることがあります。「めずらしい」という言葉には、愛《め》づるという語源からも分かりますように、単にめったにないというだけでなくて、そうした良い意味合いが根底にある。辞書を引いても、目新しく愛すべきである、あるいは、清新な印象に基づく賛美の情、かわいい、すばらしい、見ることがまれである、めったにない、とあります。

一方「ふしぎな」を、辞書で見ますと、よく考えても原因、理由が分からない、解釈がつかない、いぶかしい、奇怪である、訳が分からない、とありまして、対比しますと、かなりニュアンスが違うなという感じがします。「ふしぎなたすけ」は、奇跡的なたすけという意味が強い。「めづらしたすけ」というのは、究極のたすけと言っていいと思います。

もっと言えば、これは単に一人の人間が、健康で百十五歳まで生きることではないと思います。自分だけが百十五歳まで元気でいても、自分の連れ合いも子供もとっくに亡くなって、周りの者から粗末にされるというようなことでは、決してたすかっているとは言い難い。「めづらしたすけ」というのは、ある意味では陽気ぐらしの世の一つのありよう、表現と言えるように思います。

第十七号の五十二番、五十三番にも、「たすけでもあしきなをするまてやない　めづらしたすけをもているから」「このたすけどふゆう事にをもうかな　やますしなすによハりなきよに」と、めづらしたすけは、悪《あ》しきを治すだけじゃないと仰しゃる。不思議なたすけ、命がないところを親神様のご守護によって奇跡的にたすかったと言っても、言わば元へ戻った、悪しきが治っただけなんですね、極端に言えば。

かんろだいを据える

にち／＼に神の心のせきこみを
そばなるものハなんとをもてる　三　101

親神は子供達をひたすらたすけてやりたいという上から、たすけ一条の道を推し進めることを急き込んでいるが、それを側《そば》にいる者は何と思っているか。

上たるをこわいとをもていすみいる
神のせきこみこわみないぞや　三 102

上に立つ者を恐れていずんでいる。意気消沈している。しかし、親神の急き込んでいることだから、決して怖いようなことはない、と励まされています。

むねあしくこれをやまいとをもうなよ
神のせきこみつかゑたるゆへ　三 103

胸が悪い、胸が支《つか》えて気分が悪いというような症状を病と思ってはならない。病気というものはないと、『おふでさき』の中では何遍も仰しゃっています。それは、親神の急き込んでいる思いが通じていない、支えているためだ。そのお急き込みに応えていない状況が、胸の支えとして現れているということです。

たん／＼と神の心とゆうものわ
ふしぎあらハしたすけせきこむ　三 104

親神の思惑は、だんだんと不思議を現してたすけを急ぐことである。先ほど不思議の意味に触れましたが、人間の思案では計り知れない、不思議な事柄を現して世のたすけを急き込む。百一番から百四番までのお歌には、いずれも急き込むという言葉があります。非常にお急ぎになっているもどかしい思いのほどがうかがえます。

このふしきなんの事やとをもている
ほこりはろふてそふぢしたてる　三 105

前歌の不思議の意味を、人々の心のほこりを払って、一掃して、胸の掃除、屋敷の掃除を仕上げるためのものだ、と仰しゃいます。

あとなるにはやくはしらをいれたなら
これでこのよのさだめつくなり　三 106

掃除をした後に、早々に柱、かんろだいを据えたならば、それで「このよのさだめつく」この世が落ちつく、決まりがつく。第三号の十三番に、「はしらさいしいかりいれた事ならば　このよたしかにをさまりがつく」というお歌もあります。

このはなしはやくみへたる事ならば
いかなものでもみなとくしんせ　三 107

今までしてきた一連の話の内容が、早々と実現してきたならば、どんな者でも皆なるほどと得心せよ。

いまゝでハしよこためしとゆへあれど
かんろふだいもなんの事やら　三 108

「しよこためし」、証拠による験証です。今までから神の言うことを証拠によって実証する、験証すると言ってきたが、お前達はかんろだいと聞いても、それがどういうものかよく分からないだろう。かんろだいを建てることによって、この世の定めをつける、この世の治まりをつける。また、それを証拠によって、確かな事実によって実証すると仰しゃっているけれども、それがまだ現実になってきていない段階では、いったい何のことやらというような気分でいたということです。

自由自在を顕す

このものを四ねんいせんにむかいとり
神がだきしめこれがしよこや　三 109

これは註釈を見ますと、「このもの」というのは秀司様の庶子お秀様で、明治三年の陰暦三月に迎い取られたとあります。第一号で、「このこ共二ねん三ねんしこもふと　ゆうていれども神のてはなれ（一　60）」と仰しゃったお秀様のことです。

明治三年から数えて、明治七年は四年と言うよりも、三、四、五、六、七と数えで言うと五年になるのですが、細かいことを言えば、『おふでさき』の第三号が執筆された明治七年の一月は、陰暦で言いますと明治六年の十二月、あるいは十一月なのです。そういうことで、この者を四年以前にと仰しゃっている。陽暦では、既に明治七年になっていますけれども、陰暦ではまだ明治六年ですから数えて四年です。『おふでさき』の中では、基本的には数えで仰しゃっています。お秀を四年以前に迎え取って、その魂を今日まで親神が抱きしめていた、これが証拠だ。

しんぢつにはやくかやするもよふたて

神のせきこみこれがたい一 三 110

このお秀様を早くこの世に帰す段取りを何よりもお急き込みになっている。「しんぢつに」という言葉に、あるべき姿でという思召がこもっています。四年以前に迎え取り、その魂を抱きしめていたお秀を、言わば教祖の嫡孫として帰す。秀司様、まつゑ様のお子さんとしてこの世に帰す。こうした不思議は親神様ならではのことでありまして、それをこれが証拠やと仰しゃっています。

これまでハぢうよじざいとまゝとけど 三 111
なにもみへたる事わなけれど

これまでから親神の働きは自由自在であると、しばしば言ってきたけれども、実際にそれが目に見える形で現れることがなかった。

これからハいかなはなしもときをいて 三 112
それみゑたならじうよぢざいや

この辺り、見えるという言葉が再々出てきます。これまで、これからと、対比して仰しゃっている。今後は、どんな話もあらかじめ説いておいて、それが実現したならば、これが親神の自由自在の働きの証《あかし》、証拠である。まだ、見えていないことをあらかじめ説いておいて、それが実現したならば、なるほど親神様のお働きは自由自在だなと得心できる。

いまゝでの事ハなんにもゆてくれな 三 113
廿六日にはじめかけるで

これまでは、神の自由自在の働きが、はっきりと目に見える形で現れるまでに至らなかった。そのことについては何も言ってくれるな。「廿六《にじゅうろく》日にはじめかけるで」二十六日というのは立教ゆかりの日です。今も月々の月次祭、大祭をお勤め下さっている日柄、理のある日柄です。この二十六日に、親神の働き、神意の顕《あらわ》れと言うべき事柄を始め出すとの仰せです。

具体的には、註釈にもあります翌明治八年の陰暦五月二十六日のぢば定めが、まず思い浮かびます。第三号のテーマは柱を入れるということですから、柱を入れるためには、その柱を据える、かんろだいを据える地点を定める必要があるわけです。しかし、それに留《とど》まらず、より一般的に二十六日という日は、親神様のお働きが顕れ出す理のある日だと仰しゃっているように思われます。

これからハせかいの心いさめかけ　三 114
にほんをさめるもよふするぞや

世界の心、世界の人々の心を、「いさめかけ」、勇ませてかかるということです。これからは世界中の人々の心を勇ませてかかって、「にほん」親神の思召をわきまえている者達の領分を、あるべき姿にする段取りをする。

にんけんの心とゆうハあざのふて　三 115
みへたる事をばかりゆうなり

「あざのふて」は、註に、浅はかとあります。これも辞書にはないような言葉です。人間というのは実に浅はかなもので、目に見えたことばかりを言う。

これからハない事ばかりといてをく
これからさきをたしかみていよ　三 116

これからは親神はもっぱら無いこと、存在しないことをあらかじめ説いておく。これから先をしっかりと見ていよ。必ずそれが実現してくる。人間はもっぱら目に見えることを話題にしているが、親神は、見えないことや未《いま》だ無いことを説くと仰しゃる。見えないこと、無いことを説いておいて、それが実現してくるというのは、結局、理を仰しゃっているということなんですね。理というのは「事」と対になる概念です。事柄・事象を、背後にあって支配している理・ことわり・道理・原理。理は目に見えないものです。その理の働き、支配があって、目に見える事象が起こってくる。親神様は、見えない理の話をなさって、それが、やがて目に見える形で現れてくる。ですから、単に無いことを仰しゃっている、見えないことを仰しゃっているというのではなくて、それは理に則って説いておられるということです。

どのよふな事もたん／＼ゆいかける
みへたる事ハさらにゆハんで　三 117

親神はどんなことも順次話をしかけるが、人間のように、目に見えていることは決して言わない。

このよふをはじめた神のしんばしら
はやくつけたい神の一ぢよ　三 118

「このよふをはじめた神のしんばしら」、これはかんろだいのことです。この世人間を創めた神は、元のぢばに、その証拠とも言うべきかんろだいを早く据えたい、それが親神の一筋の思いである。

めへにめん神のゆう事なす事を

たん〳〵きいてしやんしてみよ 三 119

目に見えない親神の言うことやすること、働きをだんだん聞いて、よく思案してみよ。これは教祖のお口を通して聞くということです。親神様は目には見えないけれども、教祖は目の前におられて、説いて聞かせて下さる。筆に記してお教え下さる。それをよく聞いて思案するように。

上の専横が残念

いまのみち上のまゝやとをもている

心ちがうで神のまゝなり 三 120

お前達は、現在の道の状況は、お上、上に立つ者の思うまま、言いなりになっていると思っているが、それは思い違いである。親神の思惑通りの道である。

上たるハせかいぢうをまゝにする

神のざんねんこれをしらんか 三 121

上に立つ者は世界中を恣にしている。それを親神は残念に、実に遺憾に思っている。これが分からんか。

これまでハよろづせかいハ上のまゝ
もふこれからハもんくかハるぞ
三 122

従来は万事、世上のことは皆、上に立つ者の思いのままになってきたけれども、もうこれからは、「もんくかハる」、「もんく」というのは文章の中の語句という意味ですが、それが「かハる」とは、事態が変わる、様子が変わることです。もうこれからは様子が一変するぞ、と仰しゃる。

このよふをはじめてからハなにもかも
といてきかした事ハないので
三 123

この世初まり以来、何もかもを説いて聞かしたことはない。これは、全く説いていないということではないんですね。十のものならば、九つまでは教えてあると仰しゃっている。ですから、知恵の仕込み、文字の仕込みをし、いろいろと修理肥の教えも遣わしてはきたけれども、全てを説いて聞かしたという訳ではない。残るだめの一点、元の親、さらには、人間生活の目標である陽気ぐらし、こうした根本は教えておられません。

上たるハせかいぢううをハがまゝに
をもているのハ心ちかうで
三 124

上に立つ者達は、世界中をわが思いのままにできると思っているが、それはとんでもない心得違いである。

高山にそだつる木もたにそこに

そたつる木もみなをなじ事 三 125
にんけんハみな〳〵神のかしものや
神のぢうよふこれをしらんか 三 126

高山に育つ木、すなわち支配層の人々も、谷底に育つ木、下層にあえぐ人々も皆同じなんだ。親神の目から見ればということですね。その、なぜ同じかという根拠を、人間は誰も彼もその体を親神から借りて、その自由の守護によって生かされていることが分からないのか、と仰しゃる。

第十三号にも、「高山にくらしているもたにそこに　くらしているもをなしたまひい（十三 45）」、「それよりもたん〳〵つかうどふぐわな　みな月日よりかしものなるぞ（十三 46）」と同じような続き具合の箇所があります。

いずれも、かしもの・かりものの理に基づいて、人間には何の高低もないと仰しゃっています。

いちれつハみな〳〵わがみきをつけよ
神がなんどきとこへいくやら 三 127

親神様からお借りしている体に、親神様のご守護を頂戴《ちょうだい》してこその我が身であります。だから、神意に適わないような通り方をしているとなれば、いつ何時《なんどき》神がどこへ行く、どこへでも行って身上に表して戒めるかしれないぞ、誰も彼も皆よく気をつけるように、と注意を喚起しておられます。

よふぼくを寄せる

一寸はなし神の心のせきこみハ
よふぼくよせるもよふばかりを 三 128
たん／＼とをふくたちきもあるけれど
どれがよふほくなるしれまい 三 129

親神が急き込んでいるのは、もっぱらよふぼくを寄せる、すなわち陽気ぐらし世界建設のための人材を寄せる段取りである。

次の「をふくたちき」の、「たちき」というのは、まだ立っている木ですから、そのままでは役に立たない。立ち木を伐採して、それを製材し、加工をしてようやく役に立つようになる。そういう意味では、まだ道の教えをよく知らない人々がいろいろと大勢居るけれども、その中の誰がよふぼくになるかしれない、分からないだろう。下の句の読み方では、「どれがよふほくなるやしれまい」と「や」を補います。

よふぼくも一寸の事でハないほどに
をふくよふきがほしい事から 三 130

よふぼくというのも、ちょっとばかりの数ではなくて、大勢の「よふき」、これもよふぼくの意味です。

その外、「よふ木」、「よふぎ」という表記もあります。数多くのよふぼく、世界の普請の用材、人材がほしい。

にち〳〵によふぼくにてわていりする 三 131
どこがあしきとさらにをもうな

よふぼくというのは用に使う木でありますから、これは手入れをしなければ使えない。そのまま放ったらかしでは、使いものにならない。だから、日々「ていり」手入れをする。枝打ちのためにナタをふるったり、鋸《のこぎり》をあてたりする。これはちょっと痛いということにもなる。そうした場合、どこが悪いのかななどと決して思ってはならない。よふぼくとして使うための「ていり」なのだ。

をなじきもたん〳〵ていりするもあり 三 132
そのまゝこかすきいもあるなり

なかなか、きついことを仰しゃるなあという感じがするお歌です。同じ木であっても、よふぼくに使おうという場合には、だんだんと「ていり」をする。そういうものもある一方で、「そのま、こかす」、用に使わないものについては、手入れをせずに、倒してしまうものもある。度々お手入れを下さるのは、むしろ、目をかけて頂いている証拠ですね。ありがたいと喜ばねばなりません。

いかなるのぢうよじざいのこのためし 三 133
ほかなるとこでさらにせんぞや

どんなご守護も下さる親神様の自由自在のお働き、その「ためし」、験証です。それは他なる所、つまりおぢばの他では決してしない。人間創造の元のぢばだからこそするとの仰せです。

いまゝでもためしとゆうてといたれど
もふこのたびハためしをさめや 三 134

前の歌の「ためし」を受けて、従来から「ためし」ということを説いてきたが、「もふこのたびハためしをさめ」、今度という今度は、最後の「ためし」をする。つまり、この験証によって実証されて、確信に至るという大きな「ためし」です。

百三十五番には、四十番と同じお歌が出てまいります。

たん〳〵となに事にてもこのよふわ
神のからだやしやんしてみよ 三 135

この「たん〳〵と」は、いろいろと、と解釈するほうがよいと前にも申しました。いろいろ、何であれ、この世は神の体であるということに基づいて思案してみよ。四十番では、この後に、「にんけんハみな〳〵神のかしものや　なんとをもふてつこているやら（三 41）」と続くのですが、ここでは、一つおいて百三十七番に、「めへ〳〵のみのうちよりのかりものを　しらずにいてハなにもわからん」とあります。つまり、〝この世は神の体〟ということと、人間〝身の内かりもの〟ということは、密接に関係しているということです。この世の全体は親神様のお体であり、人間の体はその一部を親神様からお借りしている。従って、この世も人間の体も同じ一つの摂理、天理によって、支配されているわけです。それをはっきりとお示し下さっているのが、十全の守護の説き分けです。それぞれの守護の理を人間身の内の何々、世界では何々、という形で説き分けて下さっています。

百三十六番のお歌がその間に挟まっています。

このたびハ神がをもていでゝるから
よろづの事をみなをしへるで　三 136

元の神、実の神が世の表に現れ出ているからして、万事を全て教える、と仰しゃっています。この世は神の体、これは極めて重要な天理教の世界観です。人体はその神の体の一部をお借りしているというのが身体観です。そして、心だけが自分のものです。この二つは対になっています。心一つが我がのもの。『おかきさげ』の表現で言えば、「心一つが我がの理」です。要するに、心だけが自分のもので、体は親神様からの借りもの。その両者を結んでいるのが、心通りの守護ということです。

めへ〳〵のみのうちよりのかりものを
しらずにいてハなにもわからん　三 137

お前達銘々の身の内、体からして借りものだということを知らないでいては何も分からない。この辺りの消息を端的に仰しゃっているおさしづが、「人間というものは、身はかりもの、心一つが我がのもの。たった一つの心より、どんな理も日々出る」（明治22・2・14）です。すなわち、親神様からの借りものである体をはじめ、身辺の一切は、銘々の心通りにご守護下さるということを知らなければ、何も分かりはしないということです。そして、その心づかいについて、この第三号ではいろいろ仰しゃって下さっている。ほこりの話は、その一つの例であります。

しやんせよやまいとゆうてさらになし 三 138
神のみちをせいけんなるぞや

「やまい」は、体に現れてくる障りです。しかし、病気というのは決してないと仰しゃる。それは、「神のみちをせ」、これは道教えの約《つづ》まった形です。迷っている時に道を教えて下さったり、あるいはちょっと間違ったことをしている時に意見をして下さる。それが身上の障りに現れる。これは借りものの身上なればこそであります。親神様がこの体を通して、お知らせ下さる。その意味するところをよく思案するようにとの仰せです。

一寸したるめへのあしくもできものや 三 139
のぼせいたみハ神のてびきや

ここで「てびき」が出てきます。目の具合が悪い、あるいは「できもの」。「のぼせ」、頭がのぼせる。あるいは「いたみ」、どこか痛い。それらは親神が手を引いているのである。ちょっとこのままでは危なっかしいという時に、手を引いて連れて通って下さる。「ていり、みちをせ、いけん、てびき」いろいろな形でお知らせ下さるわけですね。

いまゝでハ高い山やとゆうたとて 三 140
よふほくみへた事ハなけれど

従来、支配層には、よふぼく、親神の用に使う人材が現れたことはないけれども。

このさきハ高山にてもたん／＼と

よふぼくみだすもよふするぞや　三 141

これから先は、支配層においても、次第によふぼく、神の用に使う人材を見出していく用意をする。

いちれつにはやくたすけるこのもよふ　三 142
上下ともに心いさめで

「心いさめで」の「で」は濁点がついていますけれども「て」と読みます。『おふでさき』のローマ字版を見れば、二代真柱様がお読みになっているものを基にした読み方の基準が記されています。「いちれつに」は、全てという意味と隔てなくという両方の意味が含まれた言葉です。世界中の人間を皆、隔てなく早くたすけたいというこの段取り、計画。それについては「上下ともに」、上に立つ者も下層にいる者も共にその心を勇めて、勇ませて、と仰しゃる。勇ませるのがその段取りであるということですね。第一号の八番「いちれつにはやくたすけをいそぐから　せかいの心いさめかゝりて」も同趣旨のお歌です。「たすける」、「たすかる」については、「勇ませる」、「勇む」ことがキーワードだということです。「いさめで」の「で」を「出る」という意味に取るのは、ちょっと無理がある。もし、出る、勇み出よということならば、「いさみで」となるべきところです。

にち〳〵にせかいの心いさむなら　三 143
ものゝりうけハみないさみでる

世界の心、すなわち上に立つ者も下層に位置する者も皆心勇んでくるならば、「ものゝりうけ」農作物のことです、五穀をはじめとする農作物が皆勇み出てくる。どんどんと豊作のご守護を頂戴できる。

なにゝてもたすけ一ちよであるからに
むほんねへをはやくきりたい 三 144

ここは「むほんの」と、「の」を補うところです。神は何についてもたすけ一条、ひたすらたすけてやりたいという思いであるからして、早く「むほん」の根を切りたい。「むほん」内乱、広くは戦争。この人間社会で戦争ほど悲惨なものはありません。「ねへ」ということですからその内乱、戦争の原因となる人間の心づかい、そうした心づかいを根絶したい。

いまのみちほこりだらけであるからに
ほふけをもちてそふぢふしたて 三 145
あとなるハみちハひろくでごもくなし
いくたりなりとつれてとふれよ 三 146

「いまのみち」現在通っている道中は、ほこりだらけであるからして、「ほふけ」箒です、箒を持って掃除をしたてるように。その掃除をした後は、道は「ひろくで」これは「て」と読みます。道は広々として、ゴミもない。何人でも連れて通れよ。

二二の二の五つにはなしかけ
よろついんねんみなときゝかす 三 147

註を見ないと分かりにくいお歌です。「二二の二の五つ」これは明治七年の二月二十二日の夜の五つ刻《どき》のことだという註がついています。その刻限に話をしかけて、「よろついんねん」万事の元のいんねんを全て説いて聞かせる。

高山のせきゝよきいてしんしつの
神のはなしをきいてしやんせ　三 148
にち〳〵に神のはなしをたん〳〵と
きいてたのしめこふきなるぞや　三 149

「高山のせきゝよ」これは註釈を見ますと、神職僧侶等の説教を聞き、また、この道の話も聞いてよく比較して……とあります。

以前、『天理時報』に、「教祖伝の周辺」という記事を早坂元天理大学教授が寄せられたことがあります。その中に、高山の説教を具体的に、明治六年に、大教院が東京に設置されて、大教宣布、つまり、神道を国の教えとして弘《ひろ》める大教宣布が展開された。明治七年には、奈良にも中教院が置かれたとあります。中教院という言葉も『稿本天理教教祖伝』の中に出てまいります。この大教宣布の役割を担ったのが神職僧侶達です。教導職を命じられて、国の教えとしての神道を弘めるために一役買ったということです。

その時の記事には、明治六年の十一月には石上神宮《いそのかみ》で説教があった。大教宣布のための説教があったという史実を挙げられていましたが、「高山のせきゝよ」の具体的な内容にあたるものだと思います。そうしたことが、あちこちで行われた。

そうした説教を聞き、また真実の神の説く話を聞いてよく思案せよ。日々この元の神の話をだんだんと聞いて、何とありがたい結構な教えだと得心し、楽しんで通るように。この親神の話こそ、いついつまでも語り伝えられて、たすけ一条の台となる話である。この辺り、高山の説教と聞き比べてみよと、教祖の話の優越性と申しますか、真実性がよく分かるはずだという親神様ならではの自負がうかがえるところであります。

明治七年の秋には、大和神社に「どういう神で御座る」と、松尾、仲田のご両人を遣って問答を仕掛けられました。当時は、国家神道を徹底するための活動が全国的に展開されていた最中《さなか》です。大和神社というのは官幣大社。神社としても非常に格式が高い。官幣大社の宮司は勅任官待遇《ちょくにんかんたいぐう》を受けていたというほどです。その格式ある大和神社に人を遣って、どういう神でござるかと、まるで挑んでいかれるような姿勢であります。

ついでに言えば、明治七年には、内山の永久寺が、一夜で姿を消したと言われるほどの激しい打ちこわしを受けています。内山の永久寺というのは、石上神宮の南の方にあった西の日光とも言われた大きなお寺です。今は池だけがあって、永久寺跡という石碑が立っています。永久というのは年号ですが、こうした年号をつけたお寺は、大寺、あるいは名刹《めいさつ》、名のあるお寺なんです。国家神道を宣布する一方で、廃仏毀釈《はいぶつきしゃく》、仏教に対しては非常に激しい迫害をした、そういう年です。

そんな時はおとなしくしておればいいようなものですが、そんな時であるからこそ、「どういう神で御座る」と問答を仕掛けておられる。その時持っていかれた第三号、第四号の『おふでさき』の中には、「上」という語が集中的に出てくる。そうしたことを思い合わせますと、これは実に身震いするような感動を覚えます。『おふでさき』と教祖のひながたは表裏一体だと強く感じるところであります。

また、「どういう神で御座る」という問答を仕掛けておられる点について言えば、この第三号、第四号辺りでは、親神様はどういう神様であるか、を仰しゃっているとも言えます。

「このよふのにんけんはじめもとの神（三 15）」あるいは「もとこしらゑた神（三 18）」といった、親神様の一番重要な性格、神格を明らかにしておられる。また、第四号には「こども」という言葉が繰り返し出てきますが、この天理王命という神は人類の親なんだと仰しゃっている。まさにどういう神であるかの基本を示された号でもあるわけです。しかも、第三号、第四号は大和神社での問答よりもかなり前に、その年の春に既に書かれていた。それを持たせて問答に出向かされていることも、親神様ならではという感が致します。

『おふでさき』の第三号は、非常に内容豊富な、全体でもピークの一つと言える号であります。

第四号

第四号の概要

いよいよ往還道が見えかけると切り出され、その根本であるつとめの段取り、すなわち、人衆を寄せ、成人を促し、手を教えるなどと、その進め方を述べられる。また、このよふきづとめ、すなわち、かぐらづとめによって、不思議なたすけが現れ、やがては世界が治まると教示される。

さらに、つとめの段取りであると共に、世界たすけの道のもう一つの側面である布教伝道にふれ、い、い、からとにほんを分けるなどの表現を用いて、親神の教えを世界に行き渡らせることの意義を説き、そのためにも子供の成人と働きを求められる。

こうしたたすけ一条の道の根本の理合いを、元の理の話に基づいて教えると共に、さらに、立教のいんねん、人間はみな等しく親神の子供であること、また、上《かみ》や修理肥の教えと対比しながら、本教がだめの教えである所以《ゆえん》を明かされる。

往還道が見えてある

いまのみちなんのみちやとをもている　四　1

なにかわからんみちであれどども

今日《こんにち》の道はどのような道だと思っているか、今はまだ何かよく分からない道の現状であるけれども。しかし、

このさきハをふくハんみちがみへてある　四　2

もふあこにあるこゝいきたなり

もうこの先には往還道、人々が行き交《か》う広々とした道が、「もふあこにあるこ、いきたなり」というわけですから、目と鼻の先に迫っている。目の前にその往還道が見えている、開けている。

このひがらいつの事やとをもている　四　3

五月五日にたしかでゝくる

註を見ますと、「三昧田《さんまいでん》でお作らせになっていたかぐら面が出来上《あが》って迎えにお出《い》でになったのが、明治七年六月十八日で、陰暦の五月五日にあたる。」と出ています。『稿本天理教教祖伝』には、その夜お面をつけて、かぐら本づとめをなさったという記述もあります。

このお面は、教祖の兄である杏助《きょうすけ》様に依頼して作らせられたものですが、杏助様は二年ほど前に出

直しておられます。ですから、既に完成して前川家に保管されていたということになります。旬を迎えて、そのお面をかぐら本づとめにご使用になったということであります。

往還道に出る日柄は、いつのことだと思っているか。五月五日に確かに出てくるのだ。この「でゝくる」には、かぐら面のお迎え、また本づとめの勤修《ごんしゅう》、さらには人々がお屋敷へやって来るといった意味合いが込められているように思います。

その往還道の根本がつとめであるということが、二番、三番のお歌の流れからもうかがえます。

それよりもをかけはぢまるこれをみよ　四　4
よるひるしれんよふになるぞや

それからは、「をかけ」親神様のおかげ、と言ってお礼参りをする人が続々と出てくる。「よるひるしれんよふになる」、夜となく昼となく、元の屋敷にお礼参りの人々がやって来る。

これは、群衆が大挙して伊勢神宮へお参りをしたお伊勢さんへの御蔭参《おかげまい》りのような状況が、おぢばにも現出するというご予言であります。

たん／＼と六月になる事ならば　四　5
しよこまむりをするとをもへよ

六月になったならば、証拠守りを出す、と仰《おっ》しゃっています。明治七年の陰暦の六月ということですが、教祖が赤衣《あかき》をお召しになったのは、陽暦の十二月（陰暦の十一月）のことですから、まだ先のことです。従って、当初お出しになったお守りは、赤衣のお召し下ろしで作られたものではなく、紙製だったと聞いたことがあります。いずれにせよ、証拠守り、おぢばに帰ってきた証拠にもなるというお守りです。これを既に明治七年の陰暦の六月から出すと仰しゃっています。

それからハたん〳〵ふしんせきこんで
なにかいそがし事になるなり　四 6

「ふしん」というのは中南の門屋の普請です。註にも出ていますが、それからは、だんだんとその普請を急《せ》き込んで、何かとにぎわしくまた忙しいことになってくる。

これからハ神の心ハにち〳〵に
せきこみあるとをもいこそしれ　四 7

今後、親神は日々、たすけ一条の道の段取りを急き込むことになる。それを「をもいこそしれ」しっかり承知せよ。

いかほどのをふくせきこみあるとても
くちでハなにもゆうでないぞや　四 8

どれほど多く急き込むことがあっても、それを口に出してどうこうせよとは言わない。口でどうこう言わないとなると、どのように急き込まれるのかということになりますが、例えば十三番を見ますと、「にち〳〵にみにさハりつくまたきたか　神のまちかねこれをしらすに」とあります。そうした、身上障《さわ》りを通しての急き込みが代表的なものかと思います。

このさきハをふくみへくる人ゞを

はやくしらしてをことをもゑど 四 9
だん〳〵とめつらし人がみへてある

たれがめへにもこれがみゑんか 四 10

これから先、大勢の人々がやって来る。それを早くお前達に知らせてやろうと思っているが、その中には、いろいろと今までにないめずらしい人の姿が、親神の目には見えている。「たれがめへにもこれがみゑんか」お前達は誰の目にもこれが見えないのか。

これからのあとなるはなし山〳〵の 四 11
みちをみていよめづらしきみち

をもしろやをふくの人があつまりて 四 12
天のあたゑとゆうてくるそや

これから後の話が山のようにあるこの道の次第をよく見ていよ。「めづらしきみち」今までにない結構な、素晴らしい道であるぞ。「をもしろや」と、実に楽しい、愉快だと仰しゃる。大勢の人がこの元の屋敷へやって来て、天の与えを頂戴《ちょうだい》したいと言ってくるぞ。

にち〳〵にみにさハりつくまたきたか 四 13
神のまちかねこれをしらすに

毎日毎日、「みにさハりつく」身上にお障りを頂いた。尤《もっと》も頂いたというようなことは分からないわけですから、病気になった、おたすけ頂きたいと言って、またやって来たか。身上のおたすけを願って、お屋敷へ人々が次々とやって来る。そうした人々は自分がたすけて頂きたい一心でありますけれども、親神様のほうから見れば、「神のまちかね」帰って来る、やって来るのを待ちかねていた。その思惑を知らずに人々はやって来る。何ゆえお引き寄せになるかというと、親神様の御用にお使いになるためです。

だん〳〵とつとめのにんぢうてがそろい
これをあいつになにもでかける　四　14

その第一は、つとめ人衆の手を揃《そろ》えることです。そして、「これをあいつに」つとめの人衆が揃い、つとめにかかるのを合図にして、何もかも出かける。全面的に親神様のお働きが顕れる。身上を通してつとめ人衆を引き寄せる。そして、人衆が揃い、つとめにかかると、親神様の働きが何もかも顕著に顕れてくるということです。

よふきづとめ＝かぐらづとめ

にち〳〵の神の心わだん〳〵と
上の心にはやくみせたら　四　15

これは註釈を見ますと「親神の心を、早く上に立つ人々に知らせたら」と、なっています。

上の心に見せるのは何を見せるのか？　註釈にあるように、親神の心を見せるのか、あるいは、前のお歌にある親神の働きを見せるのか。いろいろ検討しましたが、「神の心」を上の心に見せると解釈するのは少し無理があると思います。「神の心わ」は、「神の思いは」と解釈して、ここは、日々親神の思うことは、だんだんと上に立つ者に早く見せたい。何を見せるか。その前のお歌を受けて、親神の働きを見せたらなあ、と解釈したいと思います。

上たるわなにもしらずにとふぢんを
したがう心これがをかしい　四　16

上に立つ者は何も知らないで、「とふぢん」は、「から」の人、つまり、親神様の思召《おぼしめし》をわきまえていない者達です。上に立つ者が何も知らずに、「から」の者達に従っているのがおかしい、こっけいだ。変だ。

にち〳〵に神の心のせきこみハ
とふぢんころりこれをまつなり　四　17

日々、神が急き込んでいるのは、「とふぢんころり」、註釈には、親神の教えを知らない者達がすっきりと心を入れ替えることと、「ころり」を、ころっと心を入れ替えるというように解しています。これを「ころり」はコレラで、コレラが流行《はや》る旬を待っていると解する注釈書もありますが、「とふぢん」も親神様の子供ですから、これは考えにくい。

いまゝでのうしのさきみちをもてみよ
上たるところみなきをつけよ　四　18

「うしのさきみち」は、牛疫と註にありますが、それが流行して牛が多く死んだ翌年に疫病が大流行した。牛の疫病が一つの前触れになって、それが人の世にも及んで、大変な事態になったとあります。解釈に苦心するところですが、やはり、註釈にあるように、「ころり」を「とふじん」がころっと変わると言いますか、全面的に心を入れ替えると解して、これを待つという解釈を採りたいと思います。「これら」というのは、『おふでさき』に一例、「せかいにハこれらとゆうていろけれど　月日さんねんしらす事なり（十四　22）」というお歌があります。「ころり」は、「いまゝでとみちがころりとかハるでな（十五　46）」というお歌があります。そうしたことを併せ検討してみると、ここは、親神様の思召をわきまえない者達が、ころっと、すっかり心を入れ替えるのを待つと解釈するのが順当だと思います。

実際には、親神様の思召をわきまえない者達が、自分からころっと心を入れ替えるということは、なかなか難しいと思いますが、思召に適《かな》わない通り方をしていると、非常に厳しいお知らせを頂いて、心を入れ替えざるを得ないようになる。しかし、そうした大きな出来事、ふしについては、必ず前触れがある。いきなり大きなふし、事情を見せられるのではなくて、「うしのさきみち」に相当するような前兆があるぞ、との仰せだと思います。上に立つ者達は、「とふぢん」の言うがままになっているけれども、その「とふぢん」がすっかり心を入れ替えなければならないような事態がやって来るぞ。それについては、その先触れ、予兆があるから、上に立つ者は皆気をつけよ。よく注意を払って、それを手がかりに、従来からの自分達の心の持ち方、通り方、これを改める用意をせよ、との仰せかと思います。

これさいかみなみへきたる事ならば
せかいの心みないさみくる　四 19

これというのは、親神様の仰しゃっていることです。これが皆現実のものとなってきたならば、世界の心、世界中の人々の心が自《おの》ずと勇み立ってくる。

なにゝてもせかいの心いさむなら
神の心もみないさむなり　四 20

世界中の人々の心が勇んでくれば、神の心もまた勇む。このように神と人間とが親子であり、お互いに響き合う間柄にあることが、天理教の教えの非常に重要な性格です。人が勇めば神も勇む。神が勇めば、ご守護もどんどんと現れてくる。だから、おつとめは親神様にお勇み頂けるように勤めることが大切です。そうすれば、ご守護もどんどんと頂戴できる。そうしたこととももつながっています。

けふの日ハいかなるみちとをもうかな
めづらし事がみゑてくるぞや　四 21
だん〳〵になにかの事もみへてくる
いかなるみちもみなたのしめよ　四 22

今日の道の次第をどういう道だと思っているか。「めづらし事」今までに聞いたことのないようなありがたい事柄が見えてくるぞ。
だんだんにどんなことも見えてくる。現実のものになってくる。現れてきたどのような道の次第も全て楽しめ。楽しむように。

にち〳〵によふきづとめのてがつけば
神のたのしゆみいかほとの事　四 23

そうしたことの根底には、おつとめの勤修があるということです。「よふきづとめ」の「てがつけば」、手振りが身につけば、手振りを修得したならば、「神のたのしゆみいかほとの事」。おつとめがしっかり勤められることで親神様がお勇みになり、ご守護もどんどんと現れてくる。それを親神様も楽しみになさっている。どれほどの楽しみであろうか、と仰しゃっています。「よふきづとめ」ということですから、おつとめは陽気に勤めることが大切です。

はや〳〵とつとめのにんぢうまちかねる
そばな心わなにをふもうや　四 24

早くつとめの人衆が揃うことを親神は待ちかねている。しかし、側《そば》にいる者達は、その親神の思いが分からずに、いったい何を考えているのか。非常にもどかしいお気持ちですね。

いかなるのやまいとゆうてないけれど
みにさわりつく神のよふむき　四 25
よふむきもなにの事やら一寸しれん

神のをもわくやま〳〵の事 四26

『おふでさき』では、病というものはないと何度も仰しゃっています。先ほど、「みにさハりつくまたきたか（四 13）」というお歌がありましたが、ここでは、病というようなものはないのだけれども、身に障りが付いたのは、実は親神のほうに用向きがあって引き寄せた、との仰せです。身に障りが付くというようなお歌、例えば、「心のほこりみにさハりつく（五 9）」という場合には、ほこりの心づかいが身上の障りとして現れるということです。ここでは、用があるから身上に知らせたということです。

この場合は、まずつとめ人衆として引き寄せるための身上障りです。

その用向きがいったい何であるかということは、ちょっとお前達には分からないだろう。そこには神の思惑が、「やま〳〵」というわけですから、山のように込められている。

なにもかも神のをもハくなにゝても 四27
みなといたなら心いさむで

だん〳〵になにもをもハくときゝれば 四28
みのうちよりもすゝやかになる

たすけ一条の用に使おうと引き寄せた親神の思惑を何もかも皆説き聞かせたならば、心が勇むぞ。人間のほうでは、お手入れを頂いた、お叱《しか》り頂いたと思っているかもしれないけれども、御用にお使い頂く上から、身上を通してお引き寄せ頂いたとなれば、心が明るく勇んできます。「なにもをもハくときゝれば」、親神様の思惑を何もかも説き切るというのは、親神様が言いたいだけ一方的に仰しゃるというのではないと思うんです。説き切るという表現は、聞くほうもそれをしっかりと受け止めて、十分得心するからこそできるのだと思います。そうすると、その身上の障りも「すゝやか」すっきりとおたすけ頂けるということです。

またさきのよふきづとめをまちかねる
なんの事ならかぐらつとめや　四 29

先では、人衆が揃い、手も揃い、「よふきづとめ」が勤められるのを神は待ちかねている。その「よふきづとめ」とは、何のことかというと、「かぐらづとめ」だ。ここで「よふきづとめ」と仰しゃっているのが、第一号に出てきた「かぐらづとめ」と同じものだということを明示されているわけです。

かぐらを漢字では、「神楽」と書いたりしますが、かぐらという言葉は「神坐《かむくら》」の転訛《てんか》したものとされています。

「神坐」は、神様のおわす所、いらっしゃる所。ですから、神様の所で勤めるのが「かぐらづとめ」。「神楽」だと神様にお楽しみ頂く、お勇み頂くというようにも理解できますが、これらは矛盾しません。その「かぐらづとめ」と明るく勇んで勤める「よふきづとめ」が同じものだと仰しゃっている。おつとめの四つの呼称と言ったりしますが、『おふでさき』には、「かぐらづとめ」、「よふきづとめ」、「たすけづとめ」、「かんろだいのつとめ」という順序で登場します。その中でも「よふきづとめ」という表現が一番多く出てきます。

真実にたすける

せかいぢうをふくの人であるけれど
神の心をしりたものなし 四 30

世界には大勢の人間がいるけれど、親神の心を知っている者はない。

このたびハ神の心のしんぢつを
なにかいさいをみなをしゑるで 四 31

この度は、親神がこの世の表に現れて、「神の心のしんぢつ」神の思いの本当のところを何もかも詳しく細かしく皆教えるぞ。

なにゝても神一ちよをしりたなら
からにまけそな事ハないぞや 四 32

神一条というのは、親神様の思いにひたすら沿って通る信仰姿勢です。そうした生き方を知ったならば、会得《えとく》したならば、何につけても、「から」親神の教えをわきまえない者達に負けそうなはずがない。決して負けはしない。

このさきハからとにほんをすみやかに
だん／＼ハけるもよふばかりを 四 33

これさいかはやくわかりた事ならば 四 34
神のざんねんはれる事なり

「からとにほん」、第二号辺りから出てきている表現です。これをだんだんとすっきり仕分けをする段取りをもっぱらする。

この「からとにほん」の仕分けさえ早々に付いたならば、神の残念、もどかしい思いが晴れるのだ。

しんぢつの神のざんねんはれたなら 四 35
せかいの心みないさみでる

「しんぢつの神」、親神の残念が晴れたならば、世界中の人間の心も皆勇み立ってくる。先ほどは、世界の心が勇めば神も勇むとありましたが、ここでは神の残念が晴れたなら世界の心も勇むと仰しゃっています。これも一つの響き合う形です。逆に親神様に残念の思いをお掛けしているようでは、人々の心も、いずまざるを得ないということになるでしょう。

だん／＼とせかいぢうをしんぢつに 四 36
たすけるもよふはかりするぞや

これからだんだんと世界中の人間を真実にたすける。ただ単にたすけると仰しゃっているのでなくて、真実にたすける段取りをもっぱらするぞ、と仰しゃって、

そのゝちハやまずしなすによハらすに 四 37
心したいにいつまでもいよ

病まず死なず弱らずという表現は、すでに第三号にありましたが、そこでは「めづらしたすけ」と仰しゃっていました。ここでは「しんぢつにたすける」と仰しゃる。

第三号では、さらに百十五歳定命《じょうみょう》とも仰しゃいますが、ここでは「心したいにいつまでもいよ」とあります。百十五歳定命と整合するのかなという気のするところですが、ここでは「心したいにいつまでもいよ」とあります。百十五歳定命と整合するのかなという気のするところですが、ひとつ考えてみて下さい。この真実のたすけが成就した暁《あかつき》には、病気にならない、若死にしない、年を取っても弱らない。そして、心次第にいつまでもいることができる。そうした世の中になってくる。

またさきハねんけんたちた事ならば
としをよるめハさらにないぞや　　四　38

さらにその先は、「ねんけんたちた」それ相応の年限が経《た》った暁には、全く年を寄らない、老化しないようになるぞ。この頃アンチエイジングというようなことが言われるようですが、皆さん方にも関心がおありでしょう。老化しないのは、実に結構な話のように思いますね。しかし、私は百十五歳定命ということのほうが、納得しやすい。いつまでもいるというようなことは困ったもんだと思うんです。と共に、いつまでもいたいというような欲の深い人は、決して長生きできないと思います。心のほこりがすっきりと払われた人は、百十五歳ぐらいになったら、もう十分置いて頂いた、また、新しい体をお借りしてこの世に生まれ変わってきたい、と十分に満足して出直していけるのじゃないかという気がします。今、いろんなことを考えて寿命を延ばそうとしていますが、私は邪道じゃないかと思います。いずれにせよ百十五歳定命となると、それから先はどうなるんですか、という質問が必ず出てくる。その点では、心次第にいつまでもいよ、と仰しゃっているよと言うと、安心してくれるのです。しかし、実際には、そういうあつかましい人は百十五歳までも生きることができないという仕掛けであります。

思案をし、心を定めよ

いまゝでハなにの事でもしれなんだ
これからさきハみなをしゑるで 四 39

今までは何事についてもお前達は知らなかった。これから先は全て教えるぞ。

いまてハなみなの心とうちなるの
心かをふいちがいなれども 四 40

「いまてハ」は、現状ではということです。「みなの心」皆の心の範囲はどこまでかということですが、『おふでさき』の用例では、ほぼ信仰者を仰しゃっている。信仰者以外の場合は、大体「せかい」です。「うちもせかいも」というような表現になってくる。ですから、「みなの心とうちなるの」という場合の「みな」は、「うち」に対して、より広い範囲の信者一般を指していると思われます。「うち」は内々、狭く言えば屋敷内。その心が大いに違っている。つまり、皆の心と内々の者の心が大いに違っているということです。それはどういうことか。これを註釈もそうですし、『おふでさき講義』あるいは『おふでさき通訳』もなかなか苦心して解釈しています。基本的には註釈にあるように、現状では、内の者の心と皆の者の心とが大きく違っているが、でいいと思います。しかし、

あすにちハなんでもたのみかけるでな
神のいぢよにつかねばならん　四　41

「あすにちハ」明日からは、「なんでも」どうでも「たのみかける」頼んでおくからと仰しゃって、「神のいぢよ」これは「いちじょう」ではなく、「いいじょう」言い条と読みます。神の言うところにつき従う。つまり、現状では、皆の心と内々の者の心とが大きく違っているけれども、しかし、これから先はどうでも頼むから、神の言う通りにせよ。

この註のところには、「当時は未《いま》だ本教草創の時であって、内の者も皆の者も、親神様のたすけ一条、つとめ一条をお急き込みになる真意を十分了解する事が出来ず」、つまり内の者も皆の者も親神様の思いと違っているというような説明になっています。その前の四十、四十一番の解釈では、内の者の心と皆の者の心とが違っているとありまして、少し食い違っています。

四十番のお歌を素直に取れば、内々の者と皆の心とが食い違っているという解釈になると思います。しかし、それというのも結局は、親神様の仰しゃる通りにしないからそういう姿が出てくると考えると、その間の一見矛盾しているような説明も理解できるように思います。現在は、皆の心と内々の心が大きく食い違っているけれども、しかし、これからは、神の言うようにしてくれ、頼んでおくぞ、と仰しゃっている。そうすれば皆の心と内なる者の心の隔たりも自ずと埋まってくるということです。

にち〳〵にみにさハりつくとくしんせ
心ちがいを神がしらする 四 42

めへ〳〵のみのうちよりもしやんして
心さだめて神にもたれよ 四 43

日々身に障りがつく。それを自分の心違い、心づかいの誤りを親神様が知らせて下さっているんだと得心せよ、と仰しゃる。そして、その「めへ〳〵のみのうち」、銘々の身の内に見せられたところ、身上障りから思案をして、心を定めて神にもたれるようにせよ。

ですから、身上の障りを見せられた時には、その障りを手がかりに心違いがないか反省し、よく思案をして思召に沿う心を定めて、神にもたれるように、との仰せです。

なにゝても神のをもわくふかくある
そばなるものハそれをしらすに 四 44

何であれ、現れてきた姿には、この場合は身の内の障りになるでしょう、いずれも神の深い思惑が込められている。ところが、「そばなるもの」教祖の側にいる者達でさえ、それを知らずにいる。どんなことでも見えてきた姿、特に身上、事情にお知らせを頂いた時には、それを軽く受け流してはいけません。重く受け止めて、そこに込められた親神様の思惑をよく思案することが大切です。

けふまでハなによのみちもみへねども
はやくみゑるでしやんさだめよ 四 45

このみちをはやくしらそとをもへども
さとりがのふてこれがむつかし 四 46

今日までは、どのような道も見えない、歩むべき道が一向に見えてこないけれども、これからは「はやくみゑるで」すぐにもその道が見えてくるから、よく思案をし、心を定めるように。親神は「このみち」歩むべき確かな道を早く教えてやろうと思っているけれども、お前達に悟りがないので、それが難しい。

たん〳〵とふでにしらしてあるけれど
さとりないのが神のざんねん 四 47

だんだんと『おふでさき』をもって知らせてあるけれども、お前達に悟りとれないのが実に残念だ、もどかしい。

ですから、親神様が知らせてやろうとお思いになっても、『おふでさき』に述べられた神意を悟りとることがなければ知らせようがない。

なにゝても神のゆう事しかときけ
みなめゑめの心しだいや 四 48

何についても、親神の言うことをしっかりと聞けよ。「みなめゑめの心しだいや」親神は、全て銘々の心通りに守護する。各自の心づかいを受け取って、それに応じた守護、親神の働きを顕す、ということです。

しんぢつに心いさんでしやんして
神にもたれてよふきづとめを　四 49

第四号では、おつとめについて、人衆を寄せる、かぐら面を迎えに出る、手をつけるといったことを仰しゃっていますが、ここではおつとめをする心組みを、「しんぢつに心いさんで」心の底から勇んで、そして「しやんして」よく思案をして、そこには親神様の思召を悟りとり、また心を定めてということが言外にあります。「神にもたれて」、すなわち、身も心も親神様に委《ゆだ》ねて「よふきづとめ」を勤めるように。もたれるには、我を捨て、全幅の信頼を置かなければもたれられません。

このはなしなにの事やとをもうなよ
こゑ一ぢよのはなしなるぞや　四 50

この話はいったい何の話だろうなどと思うなよ、これは実は肥の件の話なのだ。「こゑ一ぢよ」、「一ぢよ」一条には、件という意味もあります。肥の件というのは、『おふでさき』の中では肥のつとめ、肥のさづけのことです。肥のさづけは既にお渡し下さっていますが、肥のつとめは明治八年に教えられます。しかし、両方を含めての仰せと解していいと思います。

こへやとてなにがきくとハをもうなよ
心のまことしんぢつがきく　四 51

肥のつとめ、肥のさづけによって実りのご守護を頂戴する。いったい何が効くのか。そのために神前に供えた糠《ぬか》や灰や土が効くのではありません。心の誠真実が効くのだ。心の誠真実が効いて、実りのご守護を頂戴できるということであります。

当時の農民にとっては、肥料代が大きな負担だったと言われています。ですから、農家は皆、肥料代に無関心ではいられない。農民にとっては非常に切実な問題です。一下り目にまず、「正月こゑのさづけは　やれめづらしい」と出てきますのも、肥は農民の大きな関心事だったからでしょう。

しんぢつの心みさだめついたなら
いかなしゆごふもするとをもゑよ　四　52

お前達の真実の心さえ見定めがついたならば、どんな守護、どんな親神の働きも顕すと承知せよ。ですから、これは肥の話ばかりじゃない。親神様は真実の心を見定めて、どんなご守護もお見せ下さるのであります。

子供可愛い親心

しかときけよろつの事をみなをしへ
どこにへだてわさらにないぞや　四　53

よく聞けよ。神は「よろつの事」万事を皆教えるのだ。万事を教えてたすけるということです。それについては、どこにも隔ては決してない。全て平等である。

どのよふなところの人がでゝきても

みないんねんのものであるから 四 54

たとえ、どんな所の人がやって来ても、「みないんねんのものである」、これは元のいんねんという意味でお使いになっています。元のいんねん、人間は皆、元のぢばで、親神様によって宿し込まれた神の子、お互いは兄弟姉妹であります。皆、等しく元のいんねんによって繋《つな》がる者同士だから隔てはない。

にんけんをはじめだしたるやしきなり
そのいんねんであまくたりたで 四 55

ここ、ぢばは人間を創《はじ》め出した元の屋敷である。その元のいんねんによって、この度親神が天降《あまくだ》った。この世の表に現れ出た。重要なお歌です。元の屋敷に天降って、元初まりの思召である陽気ぐらしの世へと立て替えるべく、このたすけ一条の道をお開き下さった。その元のぢばを囲んで、元初まりの親神様のお働きを手振りに表すかぐらづとめを勤めて、陽気ぐらし世界への立て替えを祈念するのであります。

このさきハせかいぢうを一れつに
たすけしゆごふをみなをしゑるで 四 56

陽気ぐらしを見たいと思召《おぼしめ》して、この世人間をお創め下さったわけですから、これから先は、世界中の人間を、「一れつに」皆隔てなく、「たすけしゆごふ」たすける守護を全て教えるぞ、と仰しゃる。世界中の人間をたすける親神様の守護を教えるということは、必然的にその親神様のお働き、ご守護をいかにすれば頂戴できるかを教えることになります。

だん〳〵とよろづたすけをみなをしへ
からとにほんをわけるばかりや 四 57

だんだんと順を追って、「よろづたすけ」あらゆるたすけの道筋、いかにすればおたすけ頂けるかを全て教えて、「からとにほん」、親神の教えをわきまえない者達とわきまえている者達の仕分けをするのである。

にち〳〵にからとにほんをわけるみち
神のせきこみこれが一ぢよ 四 58

「からとにほん」を仕分けする道を、親神はひたすら急き込んでいる。

このみちをはやくわけたる事ならば
あとのよろづハ神のまゝなり 四 59

この道によって速やかに「からとにほん」の仕分けをしたならば、その後は、万事「神のまゝ」親神の思惑通りになる。

けふの日ハなにかめづらしはじめだし
よろづいんねんみなついてくる 四 60

今日という日は、何かめずらしい、今までにない結構なことを始め出す。めずらしいこととは何か。たすけ一条の道であります。「よろづいんねん」というのは、万事の元のいんねん。よろづいさいの元のいんねんという意味です。いろんないんねんということではありません。よろづいさいの元のいんねんによって、人々は悉《ことごと》くこの道についてくるようになる。

いんねんもをふくの人であるからに
とこにへだてハあるとをもうな 四 61

よろづいんねんによって皆ついてくると言っても、大勢の人間であるから、どこかに隔てはあるだろうなどと思ってはならない。決してどこにも隔てはない。

というのは、

このよふを初た神の事ならば
せかい一れつみなわがこなり 四 62

この世人間を創めた神だからして、世界中の人間は皆等しく我が子である。

いちれつのこともがかハいそれゆへに
いろ〳〵心つくしきるなり 四 63

その世界中の子供は皆同じようにかわいい。かわいいがゆえに、いろいろと心を尽くし切るのである。

このこともなにもをしへてはや〳〵と
神の心のせきこみをみよ 四 64

このかわいい子供に何もかも教えて、早々と、と大層急いでおられます。何を急がれるのか、この後に出てくる出世ということもあるでしょう。早くたすけてやりたい、早く成人させてやりたい、そうしたことが「はや〳〵と」の後に続くところです。それを親神は急き込んでいることを知れ。

だん〳〵とこどものしゆせまちかねる

神のをもわくこればかりなり 四 65

「しゆせ」という言葉は、今は立身出世というような意味合いで使っていますが、辞書を見ますと、最初に「諸仏が衆生済度《しゅじょうさいど》のためこの世に出現すること」とありまして、諸々《もろもろ》の仏が人々をたすけるために現実世界に出現すること、というのが元々の意味です。そこから人間について言う場合には、「世俗を捨てて仏道に入ること」となる。そういう元々の意味合いから解釈させてもらうと分かりやすい。世俗を離れて仏道に入るというのは、天理教の場合には、世俗的な欲望を離れて親神様の思召に沿って生きるということになるでしょうか。言い換えれば、澄み切った心で神一条、たすけ一条につとめることと言えるでしょう。また、その境地に近づく歩みが成人です。親神はそれを待ちかねている。親神の思惑は、子供達が心を澄まし、親神の思いに沿い切って、たすけ一条に立ち働くことである。

この辺り、「こども」という言葉が繰り返し出てきますが、第四号は、「こども」という語が一番多く出てくる号です。その「こども」と言う時に、「このよふを初た神の事ならば　せかい一れつみなわがこなり」と、元の理に基づいて仰しゃっていることを忘れてはなりません。

こどもさいはやくをもていだしたなら

からをにほんのぢいにするなり 四 66

子供さえ早く「をもていだしたなら」は、先のお歌で言えば「しゆせ」ということでしょう。表に出るという表現からすれば、親神の思いが分かり、その思いを体して、世界たすけの上に立ち働くようになったならば、「からをにほんのぢいにするなり」神意をわきまえない者達にも親神の教えを行きわたらせ、神意に適うよう教化する、との仰せです。

しんぢつにこどもの心しかとせよ
神の心ハせくばかりやで 四 67

だからして、お前達子供よ、本当にしっかりせよ。親神はひたすらそれを急いでいるのだ。

にち／＼に神のせきこみこのなやみ
はやくたすけるもよふしてくれ 四 68

親神様は日々こうしたことをお急き込みになっている。「このなやみ」の「なやみ」はいったい何かということですが、註釈では神の悩みという解釈をとっています。親神様の悩みというのは変な気もするけれども、神様にも残念や立腹があるわけですから、思い煩うという解釈も可能だと思います。悩ましいほどに急き込んでおられるということでしょう。「たすける」は、世界をたすける、あるいはよろづたすけの上に働くことで、早くその段取りをしてくれということです。

親神は日々、子供達が成人して、人々を教化し、神意に適う世へと立て替えるよう急き込み、心を砕いている。早く人をたすけ、世界をたすける段取りをしてもらいたい。

往還道、本道を急き込む

うちなるハ上をふもふていづみいる
こわみないぞや神のうけやい 四 69

「上」お上《かみ》です。屋敷内の者達は、公権力、官憲を慮《おもんぱか》って、官憲の取り締まりを恐れて、萎縮《いしゅく》している。しかし、決して恐ろしいことはない、親神が保証する、引き受けて守護するから、と励ましておられます。

いまゝでとみちがかわりてあるほどに
はやくせきこみをふくハんのみち 四 70

このみちハいつの事やとをもている
はやくてゝみよもふいまの事 四 71

これまでと道の様子が変わっている、と仰しゃる。お道が新しい段階に入っていると告げて、親神は早く「をふくハんのみち」往還道、広々とした道に進み出ることを急いでいると、ひるみがちなお側の人達に自覚を促しておられます。

お前達は、そんな広々とした道に出るのは、いったいいつのことかと思っている。早く進み出るように、今にも往還道に出る旬が来た、と叱咤《しった》されています。

事実、明治七年は、本教の歴史の上で画期的と言ってよい事柄がいくつもあった年です。まず、陰暦の五月五日には、初めてかぐら面をつけてのおつとめが勤められます。六月には証拠守り。そして秋には、大和《おやまと》神社へ問答を仕掛けられたことが発端となって、教祖の最初の御苦労と言ってよい県庁による召喚、山村御殿への呼び出しがあります。教祖ご自身は毅然《きぜん》と上に対峙《たいじ》されるだけでなく、赤衣をお召しになって月日のやしろたる理を闡明《せんめい》され、初めて身上たすけのためのさづけの理をお渡しになるなど、顕著にたすけ一条の道を推し進められます。

だん〳〵とふでにしらしてあるほどに
はやく心にさとりとるよふ　四　72

「だん〳〵と」順を追って、筆先をもって知らせてあるからして、早く親神の思いを悟り取ってもらいたい。

これさいかはやくさとりがついたなら
みのうちなやみすゞやかになる　四　73

『おふでさき』にお述べになっている神意さえ悟り取れたなら、身上の悩みもすっきりする、と身上障りを通しての思案、悟りを促しておられます。

つとめても初てをどりまたかぐら
一寸のほそみちつけてあれども　四　74

この道が陽気ぐらしへと向かう広々とした往還道になるためには、つとめの勤修が欠かせません。そのつとめを、まずてをどり、そしてかぐらと教え始めて、まだ細いながらも道をつけかけてきたが、と仰しゃいます。

史実を振り返りますと、てをどりは慶応三年の正月から八月までかけて、一下り目から十二下り目までのお歌を、続いて三年かけて手振りをお教え下さいました。さらに、明治三年に「よろづよ」を教えて、てをどりの初めに加えられました。

かぐらは、現在では、元のぢばを囲んで、十人のつとめ人衆がかぐら面を着用して勤められますが、その第一節の地歌の原型「あしきはらひたすけたまへ　てんりわうのみこと」は、慶応二年秋にお教え頂きました。その後、明治三年に「ちよとはなし」、明治八年に第三節の元になる「あしきはらひたすけたまへ　いちれつすますかんろだい」のお歌と手振りをお教え下さり、さらに、今日の形に整えられるのは明治十五年、いわゆる模様替えに伴ってであります。

このお歌をお記しになったのは、初めてお面をつけてのおつとめが勤められようかという時点であることを思い合わせますと、おつとめ全体が整うにはまだまだと言わざるを得ない段階です。それを細道にたとえておられます。しかし、それはやがて往還道へと続く確かな道であります。

だん〳〵とくさがしこりてみちしれす
はやくほんみちつけるもよふを　四　75

そのせっかくつけた細道も、人が通らなければ、次第に草が「しこりて」はびこって、どこが道やら分からないあり様だ。たすけ一条の道の根本の手立てであるつとめをしっかり身につけて、早く「ほんみち」本道、本当の道を確立する段取りをするように、との仰せです。その背景には、おつとめを習ったり、稽古《けいこ》したりすることが十分でない、疎《おろそ》かになっているとのご懸念がうかがえます。

にち〳〵に心いさんでせきこめよ
はやくほんみちつけた事なら　四 76

しんぢつにこのほんみちがついたなら
すへハたのもしよふきづくめや　四 77

だからして、日々急げよと促しておられる。何をかと言えば、おつとめの稽古をし、身につけ、しっかりとおつとめを勤めることであります。それも「心いさんで」と仰しゃって、仕方なく、おどおどというのではなく、元気よく、進んでといった勇んだ気分で取り組んでくれよと仰せになっています。そして、つとめを根本とする本道がしっかりとついたならば、やがては頼もしい陽気づくめの世になる。陽気づくめは「なにもかもよふき（七 94）」と仰せになっていますように、誰も彼もが、いつも晴れやかで活気に溢《あふ》れた世の状《さま》です。

元を教えて分からせる

村かたハなをもたすけをせへている
はやくしやんをしてくれるよふ　四 78

「村かた」村人達についてはなお一層、「たすけをせへている」、親神はそのたすけを急いでいる。だから早く思案をしてもらいたい。

せかいぢう神のたあにハみなわがこ
一れつハみなをやとをもゑよ 四 79

「神のたあにハ」というのは、神にとってはという意味です。大和の方言です。世界中の人間は親神にとっては皆我が子である。だからして、人間は皆、親神を「をや」と思え、と仰しゃる。

せかいぢうせきゝよとしてはちめかけ
といてきかするきゝにいくなり 四 80

「せきゝよ（説教）」は、宗教の教義を説いて人を導くことです。世界中のあちこちで、諸々の修理肥の教えを創始し、その教えを説いて聞かせている。それを人々が聞きに行く。

いかほどにみゑたる事をゆうたとて
もとをしらねばハかるめハなし 四 81

そうした修理肥の教えが、どれほど目に見えていることを言い立てたところで、「もと」根本を知らなければ、「ハかるめハなし」分かるはずがない。「め」はない、可能性はないということです。お道の教えの大きな特徴は、元を教えてたすけるということですが、ここにもそれがうかがえます。修理肥の教え、さらには学問といったものは、目に見えることをあれこれと言い立てるけれども、その根本、元についてては知らない。だから、本当に分かるということはない。

だん／＼とない事ばかりゆてをいて　四82
それでたならばこれがまことや

いろいろと「ない事」、まだないこと、見えてないこと、あるいはまだ知られていないこと、そうしたことを言っておいて、それが出た、実現する、現実のものとなってきたならば、これこそ「まこと」真実である。予言や予測が実現、実証されると、それでこそ真実の神の言葉だと納得する。

一れつに神にもたれるこのこども　四83
はやくをもていでるもよふせよ

しんぢつにをもてゞよふとをもうなら　四84
心しづめてしんをたづねよ

「をもていでる」という言葉が二首続けて出てきます。「をもていでる」というのは、六十五番の子供の出世、続く六十六番の表へ出すという表現からしますと、単に中から表に出るというだけではなくて、をやの思いが分かり成人をして、世の表に出て働く、をやの思いを叶えるべく世界たすけの上に立ち働くといった意味です。ですから、親神にもたれるお前達道の子よ、早くをやの思いを体して、世界たすけの上に働きに出る段取りをせよ。本当に世の表に出ての働きをしようと思うならば、心を落ち着けて「しん」芯、核心、神髄、教えの神髄を求めよ。

このこどもしんぢつよりもむねのうち　四85
みさだめつけばいかなもよふも

この道の子達の胸の内、すなわち心根のほどを心底《しんそこ》から見定めたならば、親神はどんな段取りもする。「みさだめつけば」は、ただ程度を見るというのではなく、胸の内の誠真実、成人のほどを見極めて、よしと判断したならばということです。

にち〱に神の心わせきこめど
こどもの心わかりないので 四 86

こどもでも一寸の人でハないからに
をふくのむねがさらにハからん 四 87

親神は日々世界たすけを急き込んでいるが、その思いが子供には分からないので、思うように進まない、もどかしい。

子供と言っても、ちょっとばかりの数でない、大勢の子供であるからして、その胸を澄まし、をやの思いを分からせることは、全くもって難しい。

「分かる」という言葉について、第一号で少し詳しくお話ししました。「分かる」は「澄む」と深く関わっていると申しました。混沌《こんとん》とした泥水状態が上澄みと泥に分離する。分かれる。そうした混沌としたものがはっきりとした形をとってくることを分かると言うのだと由来を話しました。

つとめは世界中のたすけ道

いまゝでハがくもんなぞとゆうたとて 四 88
みゑてない事さらにしろまい

学問などと威張っているが、というニュアンスです。「みゑてない事」、見えてないことには、未来という意味で見えてないことや、未知という意味で見えてないこと、さらには、事象の奥にある理という見えないものといったものが考えられます。従来は、学問などと言ったところで、目に見えてないことは全く知らない。

このさきハみへてない事だん〳〵と 四 89
よろづの事をみなといてをく

これから先、その見えてないこと、学問の知らないことをだんだんと万事皆説いておく。

これからハこのよはじめてないつとめ 四 90
だん〳〵をしへてをつけるなり

これからは、この世初まり以来ない、誰も知らないつとめをだんだんと教えて、「て」、手振りをつける。

このつとめせかいぢうのたすけみち

をしでもものをゆハす事なり 四 91

この辺り、おつとめのありがたさと申しますか、おつとめによってもたらされる利益《りやく》、ご守護を具体的にお教え下さっています。このつとめは世界中の人間をたすけあげる道である。その具体例を挙げて、「をしでも」、「をし」は今では差別用語とされていますが、口のきけない者に物を言わせるほどの不思議なたすけを顕《あらわ》すものである。

以前、韓国の布教所長さんで、耳の聞こえない人のおたすけを頼まれた時に、このお歌に出会って、それから毎月のようにおぢばに帰って、教祖殿でお手直しを受けては、おつとめを教え、おさづけを取り次ぐことを続けているうちに、ある時、太鼓の音が聞こえるようになったという話を聞かせてもらったことがあります。その方は今は教会長になっています。このお歌に出会って、不思議なおたすけを頂かれた。そういうエピソードもあるお歌です。

にち〳〵につとめのにんぢうしかとせよ

心しづめてはやくてをつけ 四 92

つとめ人衆、つとめに与《あずか》る者達よ、しっかりせよ。「心しづめて」心を落ち着けて、早く手振りを身につけるようにせよ。世界中のたすけ道であるつとめの人衆の任務は非常に重いものがあります。

このつとめなにの事やとをもている

せかいをさめてたすけばかりを 四 93

九十一番では不思議なたすけの例を挙げておられましたが、このお歌では、このつとめによって世界を治めてたすけると仰しゃる。治めるというのは乱れている事物を安定させる、あるいはあるべき姿にするという意味です。ですから、このつとめは、世の乱れを治めてあるべき姿にするというたすけけをもたらすものである。

このみちがたしかみゑたる事ならば

やまいのねゑわきれてしまうで 四 94

「このみち」、先ほどありました世界中のたすけ道。つとめによるこのたすけ道が、「たしかみゑたる」はっきりと現れる、確立されたならば、「やまいのねゑ」病気の根、元が切れてしまう。病が治るだけでなく、病の根、病をもたらす人々の心のありようが、すっかり切り替わる。病の原因が根絶されるというわけです。つとめによるたすけは、単に病気が治るというだけではなくて、病の根を切るたすけです。

しんぢつの心しだいにいづかたも

いかなしゆごふもせんとゆハんで 四 95

誠真実の心があれば、「いづかた」誰であれ、どんな守護もしないとは言わない。真実の心さえあれば、誰であれどんな守護もする。

いまのみち神のせきこみうちなるハ

あんぢないぞやしかとみていよ 四 96

「いまのみち」今言っているところの道。親神が急き込んでいるところのつとめによるたすけ道。それを内の者達は何か不安に思っているが、決して心配はないぞ。よく見ていよ。

これまでとみちがかわるとゆうてある
神ハちごふた事ハゆハんで 四 97

これまでと道の様子が変わると言ってあるだろう。親神は決して間違ったことは言わない。

このさきハ神の心のせきこみを
くちでハどふむゆうにゆハれん 四 98

これから先、親神が急き込んでいるところの道の次第を、お前達に伝えようと思うけれども、口ではどうも言うに言えない。言い難いものがある。

いかほどにむつかし事とゆふたとて
とかすにいてハわかるめハなし 四 99

「いかほどにむつかし」言葉にすることが難しいというよりも、むしろ分からせることが難しいから言葉にならないということです。どれほど分からせることが難しくても、言わなければ分かる「め」、可能性はない。こうしたことは一般的にも言えそうな気がします。ここでは「とかすにいてハわかるめハなし」難しいことであっても、言わなければ分かりはしないのだから、あえて説く、ということです。

にち〳〵に神のをもわくだん〳〵と
といてをくぞやこれきいてくれ 四 100

日々親神の思惑をだんだんと説いておくから、よく聞いてもらいたい。

このみちハなにかむつかしめつらしい
みちであるぞやたしかみていよ 四 101

「このみちハなにかむつかしめつらしい」このたすけ道、つとめによるたすけ道はなかなか難しい、決して容易な道ではない。しかし、「めつらしい」、これまでにないありがたい結構な道である。これから先をよく見ていよ。「たしかみていよ」と、困難な道ではあるが、先では必ず結構を見せると請け合っておられます。

このみちをとふりぬけたらそのさきハ
からハにほんのぢいにしてある 四 102

からのぢをにほんぢいにしたならば
これまつだいのいきどふりなり 四 103

このたすけ道を通り切ったら、貫徹したならば、その先は「から」、親神の教えをわきまえない者達、及びその領分も、「にほんのぢい」というわけですから、親神の教えを行き渡らせる。わきまえさせる。つまり、世界中に親神様の教えが行き渡るようにする。「からのぢをにほんのぢいに」と「の」を補って読みます。親神様の教えを知らない者達にも教えを伝えて、それを心に治めさせたならば、「これまつだいのいきどふりなり」、「いきどふり」というのは解釈の難しいところですが、例えば『おさしづ』を見ますと、こういうお言葉があります。

人間は一代、生き通りとは言えまい。心は末代生き通りと言えば楽しみ。（明治33・2・12　補遺）

『おさしづ』のこの用例では、「いきどふり」は、「生き通し」あるいは「不滅」といった意味です。従って、そうした世になれば、末代不滅、いついつまでも滅びることはない。

上下《かみしも》共に胸の内を分ける

このよふを納も上天もかみ
上と神との心わけるで　四　104

第三号、第四号は明治七年、大和《おやまと》神社での問答に際して持って行かれた号で、その中に「上」という言葉が集中的に出ていると申しました。それがここでもうかがえます。上に立つ者、為政者、上層といった意味合いです。この世を治めている者を「上」と言う。「天もかみ」、天におわすのも、これは神様のほうの「神」である。その「上と神との心」上に立つ者、為政者の心と、親神の心との仕分けをする。区別をはっきりさせる。

だん〳〵とみゑん事をばゆてをいて
さきでみゑたらこれが神やで　四　105

いろいろと未だ目に見えていないことをあらかじめ言っておいて、それが先で現れてきたならば、これが「神」の言葉、親神ならではのことである。

いかほどにみゑたる事をゆうたとて
さきでみゑねはわかりあるまい　四　106

先ほど、学問は見えたことを言うという話がありましたが、目に見えていることをどれほど並べ立てても、その言うところのことが、将来、先で実現してこないということになれば、本当に分かっているとは言えないだろう。

科学の世界では、予言性ということが真理の一つの基準です。予言をしてそれが実現する、検証できることが真理性の基準ですが、ここでもそれに通ずるようなことを仰しゃっています。なぜ未だ目に見えてないことを前もって予言して、それが実現、実証されるかと言うと、それは理が分かっているからです。理が分かっているから確かな予言ができる。理というのは物事の背後にあってその事象を支配している原理です。ですから、いつ、こういうことが起こるということを当て物のように予言するのとは全く違う。理が分かっているから、こういうことが起こってくる、こういうことになるよ、と確信を以《もっ》て言える。それが親神様の仰しゃる予言であります。

これからハせかいぢうのむねのうち
上下ともにわけてみせるで　四　107

今後は世界中の人々の胸の内を上下によらず、上層にあるものも下層にあるものも、隔てなく分けてみせる。その胸の内を仕分けし、分けて分からせる。

これをみよせかいもうちもへたてない

むねのうちよりそふぢするぞや 四 108

この分けるということに関連して、そうじをすると仰しゃる。百七番では「上下ともに」、ここでは「せかいもうちも」道の内も道の外、世間も、とあります。そうした「内外」というような隔てなく胸のそうじをするのだ。よく見ていよ。そのそうじをするについては、

このそふぢむつかし事であるけれど

やまいとゆうわないとゆてをく 四 109

この簡単にはいかない胸のそうじをする手がかりとして、心づかいを身上に表すが、それは決して病ではない。身上に表してもらわなければ、なかなかそうじできないというニュアンスがあります。身上に表されてもできない人も多そうです。分けて分からせるに際し、まず身上に表して胸のそうじをする。これは単なる病ではなく、親神のメッセージと受け止め、心のほこりを払うように、との仰せです。

どのよふないたみなやみもでけものや

ねつもくだりもみなほこりやで 四 110

体のどこそこが痛い、苦しい、あるいはできもの、また、熱が出る、下痢をする。「みなほこりやで」皆銘々の心のほこりの為《な》せる業《わざ》だ。

次に、上への働きかけに言及されます。

このよふを初てからになにもかも

上ゑをしへた事ハあるまい　四 111

このたびハなにかよろづを上たるゑ

しらしてをいた事であるなら　四 112

この世初まり以来、何もかもを上に立つ者、支配層に向かって教えるということはなかった。しかし、この度はどんなことも皆、万事、上の者に知らせる。上に知らせておいたならば、と次のお歌に続いていきます。

それからハなかにハしやんするもあろ

みなよりよふてはなししたなら　四 113

上に知らせておいたならば、その上の者の中には、それについて思案をする者があるだろう。また、その上に立つ者達が皆寄り合って話をしたならば、

そのなかにしんぢつ心たのもしい

をもてしやんをするものもある　四 114

その中には、本当に心頼もしく、教祖の仰しゃっていることを信頼できると受け止めて、思案をする者もあるだろう。先ほど触れました大和神社への問答は、この年の秋です。この第四号は四月にお書きになっていますが、秋に大和神社に出向いて「どういう神で御座る」と尋ねさせられた。それが結局石上《いそのかみ》神宮へ、その氏子に不届きなことをさせたということで伝わる。さらには県庁へと伝わっていく。そして、山村御殿へ呼び出されて、お手振りを見せられたり、教えの一端をお説きになったりな

さる。そうした「上」に教えられた教祖のひながた、史実が背景にしっかりとあるわけですね。おふでさきとひながたは表裏一体だと三代真柱様がよく仰しゃいましたが、そんなことを思い浮かべながら味わいたいところです。

このみちを上ゑとふりた事ならば
神のぢうよふすぐにあらわす　四 115

このたすけ道を上までつけ通したならば、親神の自由《じゅうよう》の働きをただちに顕す。

上へつけ通すというところに、この道は上からつけるのではなくて、ご逸話「二八　道は下から」にありますように、下から上へつけ通すというニュアンスが出ています。上からつけたのでは、下の者は近寄り難い。下からつければ、上の者も下の者も皆ついてくることができると仰しゃっています。

このよふを初た神のぢうよふを
みせたる事ハさらにないので　四 116

この世を創造した神だから、万事思いのままにできる。しかし、これまでは、その自由自在《じゅうようじざい》の働きを目に見える形で顕すということが全くなかった。従って、

なにゝてもしらんあいだハそのまゝや
神のぢうよふしらしたるなら　四 117

どんなことであれ、知らなければそのままで変わりようがない。しかし、親神の自由の働きを知らせたならば、

これきいてみな一れつわしやんせよ
なにかよろつハ心しだいや　四 118

親神の自由の働きを知らせたならば、それを聞いて、誰も彼も皆よく思案せよ。「なにかよろつハ」どんなことも全ては心次第だということを。百三十二番のお歌には、「心しだいにいかなぢうよふ」と、心次第にどんなご守護も頂けるとあります。百十八番のお歌については、どんなことも全て心次第、心通りに守護する、との仰せです。

けふの日ハなにがみへるやないけれど
六月をみよみなでかけるで　四 119

「けふの日ハ」、今日の時点ではまだ、何かこれといったことが見えるというわけではないが、「六月をみよ」、明治七年の陰暦の六月は、陽暦の七月乃至《ないし》八月です。この第四号は陽暦の四月のご執筆ですから、これもご予言です。「みなでかけるで」、親神の働きが一斉に顕れてくる。第四号の五番には「たん／＼と六月になる事ならば　しよこまむりをするとをもへよ」、証拠守りという言葉がありました。

元初まり以来の守護

いまゝでハ高い山やとゆうている

たにそこにてハしけんばかりを　四120
これからわ高山にてもたにそこも
もとはじまりをゆうてきかする　四121

「高い山」支配層です。他方、谷底にあえぐ者達がいる。今までは高山の者がおごっている一方で、谷底の者達は「しける」しょげた元気のない状態にある。これは「湿気る」からきていると思われます。湿っぽい、陰うつな状態である。しかし、今後は、親神が「高山にてもたにそこも」高山、谷底の隔てなく、元初まりの話を言って聞かせる。元初まりに遡《さかのぼ》れば高山も谷底も等しく神の子供、何ら隔てはない。そうした根本に基づく仰せです。

このよふのはぢまりだしハとろのうみ
そのなかよりもどぢよばかりや　四122
このどぢよなにの事やとをもている
これにんけんのたねであるそや　四123

「このよふのはぢまりだし」この世の元初まりは泥の海であった。その中に、「どちよ」どじょうがうごめいているばかりであった。このどじょうは何のことかと言うと、これは人間のたねである。元初まりの話は、この世の元初まりは泥の海、で始まります。その中に「どちよばかり」とあるけれども、よく見澄ましてみると「うを」と「み」、また、ほかなるものも見えてあると『おふでさき』では仰しゃっていて、そうした道具衆となるものも混じっている。その「うを」に「しやち」を仕込み、

「月様」が入り込まれる。「み」に「かめ」を仕込み、「日様」が入り込まれる。そして、「どぢよ」をお食べになって、これを人間のたねとなされた。

このものを神がひきあけくてしもて
だん／＼しゆごふにんけんとなし　四 124

ですから、「どぢよ」が人間になったというわけではありません。それら道具衆を寄せ「うを」と「み」に仕込み、「月様、日様」、すなわち親神様が入り込んで、お食べになった「どぢよ」をたね、素材として、だんだんの守護によって、やがて人間となるべき命を宿し込まれたということです。

それよりも神のしゆことゆうものわ
なみたいていな事でないぞや　四 125
このはなし一寸の事やとをもうなよ
せかい一れつたすけたいから　四 126

その元初まりの宿し込み以来の親神の守護、これは並大抵なことではないぞ。この話というのはちょっとばかりの、何でもないような話ではない。「せかい一れつたすけたいから」ここが大切なところです。この元の理の話、元初まりの話というのは、世界一れつをたすけるための、たすけの理話だ、ということです。元を教えてたすけるという元の中心は、元の理の話、元初まりの話です。これはたすけの理話であり、また、おつとめの理合いをお教え下さったお話でもある。結局、これは一つのことなんですね。

にち〳〵に神の心のしんぢつわ
ふかいをもわくあるとをもへよ　四 127

日々、親神の心の真実には、深い思惑があると承知せよ。元初まりの話についても、決しておとぎ話、荒唐無稽《こうとうむけい》な話をなさっているのではありません。容易には分からないかもしれないけれども、その奥には世界一れつをたすけたいという親神の深い思惑がある、との仰せです。

明治七年、大和神社での問答の後やって来た石上神宮の神官とのやりとりの中に、学問にない九億九万年の話をするという条《くだり》があります。最初、大和神社で「どういう神で御座る」と尋ねると、神官は祭神の由緒来歴をいろいろ言い立てるわけです。しかし、この天理王命という神様は、そんな具合に語り伝えられているような何千年どころの話じゃない。九億九万年以上昔の、元初まり以来の話をなさっているわけであります。

この第四号では「神」と「上」、「高山」と「谷底」、また「にほん」と「から」といった対比が繰り返し出てきます。

心次第に自由の守護

いまゝでハにほんかからにしたごふて
まゝにしられた神のざんねん　四 128

今までは、「から」親神の教えをわきまえない者達が、「にほん」教えをわきまえた者達を恣《ほしいまま》にしてきた。また、「にほん」の者は「から」の者に追従してきた。それが親神の残念に思うところだ。

このかやし神のはたらきこれをみよ
いかなものでもまねわでけまい　四 129

この残念に対する返しとして顕す親神の働き、これを見よ。どんなものでもそれを真似《まね》ることはできないだろう。

いかほどのごふてきたるとゆうたとて
神がしりぞくこれかないまい　四 130

「ごふてき」剛敵、強敵、手ごわい敵対者です。流れから言えば、これは「から」につながっていると思われます。権勢をふるう強者というニュアンスがあります。どんなに手強い敵対者であっても、「神がしりぞく」親神の守護が退いてしまったならば、どうにもならないだろう。

なにゝてもみな一れつハこのどふり
神がぢうよふするとをもゑよ　四 131

何であれ全ては皆この道理である。親神が自由自在の働きをするということを承知せよ。だから、決して心配はないということが言外に含まれています。

しやんせよハかいとしよりよハきでも
心しだいにいかなぢうよふ　四 132

よく思案せよ。年若い、あるいは老人、また力の弱い者であっても、「心しだいに」その心の真実を親神が受け取りさえすれば、どんな自由の働きもする。「ハかいとしよりよハき」は「ごふてき」の反対です。一言で言えば弱者です。そうした者であっても、親神様がお働き下されば怖いものはない。

いまゝでもをなぢくらしていたるとも

神のぢうよふしりたものなし　四　133

「をなぢくらしていたる」今までも同じく、親神の十全なる守護のもとに暮らしていたのだが、その神の自由の働きを知っている者がいなかった。

これからハよろづの事をみなとくで

心ちがいのないよふにせよ　四　134

これからは万事を全て説く。「心ちがいのないよふに」知らない間はやむを得ない点もあるだろうが、万事を聞いたからには、親神の思い、天の理に反するような心づかい、通り方をしてはならない。

親神様のご守護は、昔も今も変わりありません。しかし、そのご守護について知っている者がいなかった。親神様のお話、思召を聞かせて頂いて、初めてご守護頂いているありがたさが分かる。また、どうすれば、ご守護、お働きを頂戴できるかということも分かる。また、どういったことが、思召に背くことになるのか、ご守護が頂けないということになるのか、それも分かるということです。

第五号

第五号の概要

「親神は銘々の心通りに守護する」とご守護のありようを述べ、具体的な例として、心のほこりから来る身上の障《さわ》り、さらに、往還道をつけるための身上を通しての人衆の引き寄せ、仕込みにふれ、全て親神によるつとめ完成の段取りであると教えられる。

これが世の立て替えの根本の道、末代のこふきであると仰せになり、そのためにも元初まり以来の真実を教え、自由自在の働きを顕《あらわ》して、世界一れつの心を澄み切らせると宣《の》べられる。この働きとは、「心受け取り次第返しを」するということである。

そのためにも、頼もしい道へと続く元初まりの根を掘り切る積極的な求道を求められ、第六号元の理の話へと続いていく。

神がそれぞれ見分け

いまゝでハぎうばとゆうハまゝあれど
あとさきしれた事ハあるまい　五　1

第五号、冒頭のお歌から「ぎうば」と非常に険しい言葉が出てまいります。牛馬の道に堕《お》ちるということは従来から言ってきたけれども、「あとさき」の「あと」は前世、前生、「さき」は来世のことです、前世がどうであったか、また、来世どうなるかが分かるということはなかっただろう。

前世と現世、そして来世をつなぐのがいんねんと申せましょう。

このたびハさきなる事を此よから
しらしてをくでみにさハりみよ　五　2

しかし、この度は「さきなる事」来世のことを今世から知らせておくから、「みにさハりみよ」身上に表れた障りを通して悟るように、と仰《おっ》しゃいます。身上の障りを通して、各自が銘々のいんねんを悟り取り、心の向きを正し、運命を切り換えるようにということです。

このよふハいかほどハがみをもふても
神のりいふくこれハかなハん　五　3

「このよふ」この世は親神様がご支配下さる世界でありますから、どれほど我が身によかれと思って計らいをしても、神の立腹、親神の思いに背くような、親神に腹立たしい思いをさせるようなことでは、とても敵《かな》うものではない。思うようになりはしない。

めへ〳〵にハがみしやんハいらんもの　五 4
神がそれ〳〵みわけするぞや

前の歌に「ハがみをもふても」とありますが、その「ハがみしやん」です。お前達が銘々に我が身のことを考える必要はない。親神がそれぞれ皆見分けをする。そして、各自にふさわしい与えをする、守護をするということです。

一やしきをなじくらしているうちに　五 5
神もほとけもあるとをもへよ

これはなかなか解釈の難しいお歌です。一つの屋敷に同じく暮らしているうちに、「神もほとけもあるとをもへよ」、註釈を見ますと、「その心は銘々に違っていて、一様ではない。」とあります。つまり、神と仏は違うものの対比の例だと見做《みな》しているわけです。

普通は「神も仏もない」とか、「神も仏もあるものか」と言ったりするものです。そのように考えれば、「神もほとけもあるとをもへよ」は、神も仏もないなどと思ってはならない、と解釈するのが自然だと思います。続く一連のお歌を読み進めば、この解釈が適切だということが分かるでしょう。

これをみていかなものでもとくしんせ　五 6
善とあくとをわけてみせるで

このはなしみな一れつハしやんせよ　五 7
をなじ心わさらにあるまい

をやこでもふう〳〵のなかもきよたいも　五 8
みなめへ〳〵に心ちがうで

八番で、親子夫婦兄弟といった一つ屋根の下に暮らす者でも、その心は皆一人ひとり違う、と仰しゃる。それに先立つ七番では、「をなじ心わさらにあるまい」、六番で、「善とあくとをわけてみせる」とある。つまり、同じ屋根の下に暮らしている者であっても、心は皆違う。神がそれぞれの心を見分けして、その心通りに守護し、善と悪との仕分けをするということです。そのように解釈しますと、五番に戻って、同じ屋根の下に暮らしている者であっても、その心は皆一人ひとり違う。親神はそれぞれの心づかいに応じた守護、返しをするとなります。ですから、一つの家に住まう者それぞれに、異なる心通りの守護、返しが現れてくるのを見て、「神もほとけもあるとをもへよ」は、なるほど神も仏もあるものだと得心せよとなります。神も仏もないというのは、不条理なことについて言うんですね。一つ家に住む者であっても、それぞれの心づかいに応じた返し、守護が顕れるのを見て、なるほど神も仏もあるものだ、不条理はないと得心せよ、と仰しゃっています。

せかいぢうどこのものとハゆハんでな　五 9
心のほこりみにさハりつく

八番までのお歌に続いて、世界中のどこの誰であっても、心のほこりが身の障りとなって現れる、と原則をお示しになっています。ですから、当然一つ屋敷に暮らしている者も、ほこりを積んでいる者と積んでいない者とでは、その身上をはじめとするご守護のありように相違が出てくるということになります。

みのうちのなやむ事をばしやんして 五 10
神にもたれる心しやんせ

「みのうちのなやむ事」その身上の障りについて反省、思案して、そこに込められた神意を悟り、そして、親神にもたれる心になるよう思案してもらいたい。「神にもたれる心」というのは、先ほどありました「ハがみしやん」「ハがみをもふても」の反対の心です。身上の悩みの原因である自己中心的な心づかいを反省して、我を去り、親神様の思召《おぼしめし》に沿い切る心になってもらいたいと仰しゃっています。

どのよふなむつかし事とゆうたとて 五 11
神のぢうよふはやくみせたい

「どのよふなむつかし事」ここでは身上の障りかと思いますが、事情についても言えると思います。どんな難しい身上であっても、「神のぢうよふ」親神の自由自在《じゅうようじざい》の働きを顕して、早くたすけてやりたい。

いまゝでハ神のぢうよふしんぢつを 五 12
しりたるものさらにないので

今までは親神の自由自在の働き、その真実を知っている者が誰もいなかったので。この「しりたるものさらにないので」は、「しりたるものは」と「は」を補って読みます。『おふでさき』の外冊《げさつ》に「は」が入っているものがあることから、「は」を補うのが良いということです。その難しいことの例として、

これからハいかなむつかしやまいでも　五13
心したいになをらんでなし

これからはどんな難病でも、お前達の心次第で治らないことはない。さらに、踏み込んで、

しんぢつの心を神がうけとれば　五14
いかなぢうよふしてみせるてな

その心次第をもっとはっきりと、真実の心と仰しゃっています。お前達の真実の心を親神が受け取れば、どんな自由自在の働きも顕してみせる。

こらほどの神のしんぢつこのはなし　五15
そばなるものハはやくさとれよ

これほどの神の真実、言わば究極の真実であるこの話。神の真実というのは、ひたすらたすけてやりたい親神様の親心です。その親心からするこの話を側《そば》の者は早く悟り取ってくれよ。

これさいかはやくさとりがついたなら　五16
なにゝついてもみなこのどふり

これさえ早く悟り取れたならば、どんなことについても皆同じ道理である。心のほこりの積み重ねは

身の障りばかりでなく、場合によっては事情にも現れるでありましょう。身上だけでなく、どんなこんがらがった事情や災難も、そこに込められた親神様の思召を思案し悟り取って、お受け取り頂ける真実を以《もっ》てお応えするならば、必ずたすけると仰しゃっているのであります。

往還道の急き込み

けふまでハなによの事もせかねとも
もふせきこむでをふくハんのみち　五　17

今日までは、何についても急ぐ、急《せ》かせるということはなかったけれども、もうこれからは、往還の道を急き込む。往還の道に出る段取りを急き込む。この往還の道の根本はつとめです。

このみちハせかいなみとハをもうなよ
これまつだいのこふきはぢまり　五　18

この往還道というのは、世間によくあるような類《たぐい》のものではない。「こふき」は、末代までも語り伝えられて、たすけ一条の台となる話、また、書き物です。この往還道は、末代まで語り伝えられてたすけ一条の台となる話の始まりである。

このにんぢうとこにあるとハゆハんでな
みのうちさハりみなくるであろ　五　19

「このにんぢう」突き詰めて言えばつとめ人衆になると思います。往還道の根本はつとめです。その往還道のために必要な人衆は、どこに居るというようなことは言わない。しかし、それぞれ身の内に障りを見せられて、皆この屋敷に引き寄せられる。

このさハりてびきいけんもりいふくも
みなめへ／＼にしやんしてみよ 五 20

この身の内障り、その意味合いを、「てびき」「いけん」「りいふく」と仰しゃっています。身上の障りにもいろんな意味合いがあります。このほかにも「ていれ」、あるいは「ざんねん」「よふむき」「せきこみ」とあります。ここでは「てびき」、手を引いて連れて通って下さる。また「いけん」、間違っていると注意して下さる。あるいは「りいふく」、親神様に腹立たしいほどの思いをおかけしている。その身上障りに込められた様々な意味合いを銘々によく思案してみよ。

このはなしなんとをもふてきいている
かハいあまりてくどく事なり 五 21

この話をいったい何と思って聞いているか。子供達をたすけてやりたい、その子供かわいいあまりに口説いているのだ。「くどく」は、繰り返し言うことです。

どのよふにいけんりいふくゆうたとて
これたすけんとさらにゆハんで 五 22

どれほど厳しく意見、注意をしても、あるいは「りいふく」、立腹の現れとも言うべき厳しい身上を見せても、だからと言ってたすけないとは決して言わない。親神様はたすけてやりたいという親心から、かわいいあまりに見せられることでありますから、たすけんと言わんどころか、たすけんがための「いけんりいふく」です。

にんけんのハがこのいけんをもてみよ

はらのたつのもかハいゆへから 五 23

人間が自分の子供に意見をする、注意をする場合を考えてみよ。腹が立つのも子供かわいい親心ゆえのことであろう。

しやんして心さためてついてこい

すゑハたのもしみちがあるぞや 五 24

「しやんして」は、身上障りに込められた意味合い、をやの思いをよく思案し悟り取って、思召に適う心を定めてついて来い。そうすれば「すゑハたのもし」、やがては頼もしい道があるぞ。

いまゝでハ心ちがいわありたとて

ひがきたらんてみゆるしていた 五 25

今までは、心づかいの間違いがあっても、まだその時が来ていないということで見許す、大目に見ていた。しかし、

このたびハなんでもかでもむねのうち

そふちをするでみなしよちせよ 五 26

このように、「いま、で」「このたび」「これから」といった対比が再々出てきます。今までとこの度の違い、転換を明示されています。この度は、どうでもこうでも「むねのうち」すなわち心のほこりをそうじする。皆よく承知せよ。

むねのうちそふぢをするとゆうのもな
神のをもハくふかくあるから 五 27

お前達の胸の内、心のほこりをそうじするというのも、親神の深い思惑があってのことである。

このそふぢすきやかしたてせん事に
むねのしんぢつわかりないから 五 28

この胸の内のそうじをすっきりと、「したて」仕上げる、やり遂げないことには、「むねのしんぢつ」親神の胸の真実、真実の思いが分からないからだ。

親神様の思召を分からせてもらう、悟らせてもらうためには、我が胸のそうじをすることが欠かせません。ほこりだらけの心でいては、親神様の思召は分からない。

この心しんからわかりついたなら
このよはぢまりてをつけるなり 五 29

この心は、親神様のお心です。親神の心が心底から分かったならば。「このよはぢまりて」は、この世の元初まりにおける親神様のお働きの理合いを手振りに表すところのつとめの「手」手振りです。この世初まりの理を受けるつとめの手振りを教える。ですから、胸のそうじをして、親の思いを知らしめ、分からせて、そして元初まりの理を受けるつとめの手を教えるという順序であります。

心通りの返し

ちかみちもよくもこふまんないよふに
たゞ一すぢのほんみちにでよ　五　30

一本しかない本道、本当の道、正しい道に出よ。それについては近道、よく、こうまんのないように、と仰しゃる。これは逆に言うと、本道に出るための心構えを示して下さっているとも言える。それは手抜きのできない順序を一つひとつ踏んでこそ到達できる道である。また、よくを道連れにしたり、高慢な心で以て通れる道ではない。愚直に、よくを忘れて、低い心で通り抜いて、それ以外にない、唯一の本当の道に出るように。

このみちについたるならばいつまでも
これにいほんのこふきなるのや　五　31

「このみち」というのは本道です。この本道に到達したならば、これはいつまでも「にいほんのこふき」、親神の教えをわきまえた者達にとって、末代までも語り伝えられて、たすけ一条の台となる話となるのだ。

にほんにもこふきがでけた事ならば

なんでもからをまゝにするなり 五 32

親神の教えをわきまえた者達に、たすけ一条の台となる話、書き物ができたならば、「から」親神の教えをわきまえない者達を「まゝにする」思いのままにすることができる。恣《ほしいまま》にするというような意味ではなくて、そうした者達をも、親神様の思い通りにする、教化するとの仰せです。

このよふをはぢめてからのしんぢつを 五 33
またいまゝでハゆうた事なし

この世初まり以来の真実を、まだ今までは言ったことがない。

このはなしむつかし事であるけれど 五 34
ゆハずにいればたれもしらんで

この世初まり以来の真実の話というのは難しい、決して分かりやすい話ではないけれども、しかし、それを説かずにいたならば、誰も知ることができない。だから、あえて言う。難しい話ではあるけれども、言わなければならない。

たん／＼とどのよな事もゆてきかす 五 35
心しづめてしかときくなり

だんだんと順を追って、どんなことも言って聞かせる。心を静めてしっかりと聞き取るように。

いまゝでハいかなるほふとゆうたとて 五 36
もふこれからハほふハきかんで

「ほふ」法は、密教などの修法《しゅほう》、祈禱《きとう》のことです。そうした修理肥の教えの中で生まれてきた一つの祈りの作法です。註釈を見ますと、「いろいろの法や術などが行われていたが、もうこれからは、そのようなものはなくなってしまう。」とあります。今までは、どのような法であると称して、その効験を謳《うた》ってきたが、もうこれからは法は効かない、役に立たなくなるぞ。

これまでハゑださきにてわほふなぞと
をしへてあれどさきをみていよ　五 37

「ゑださき」枝先は、後に出てくる「元」あるいは「根」に対比されるものです。「ゑださき」先々では、法あるいは術といったことを教えているけれども、将来を見ていよ、そうしたものは廃《すた》れていく。

にほんにハいまヽでなにもしらいでも
これからさきのみちをたのしゆめ　五 38

「にほん」親神の教えをわきまえている者達は、今までは何も知らなくとも、これから先は楽しみなことになってくる。これまでの法や術から、親神様のお教え下さるたすけ一条の道への転換です。

ほふやとてたれがするとハをもうなよ
このよ初た神のなす事　五 39

法や術と言うけれども、誰がするとは思うな。それもまた、外《ほか》でもないこの世創《はじ》めた神がすることである。少し分かりにくい感じもするところです。法や術に現れる不思議をいったい誰がしているのか。

行者《ぎょうじゃ》がしている、あるいは鬼神が見せているなどといろいろに思うことでしょう。それも全てこの世創めた親神のしていることである。その意味では、修理肥の教えの上に現れた親神様のお働きの例と言ってもいいと思います。だめの教えが開かれる以前にも親神様のご守護は世界に行き渡っているわけですから、それを様々な修理肥の教えを通して、それなりに時所に応じてお見せ下されたということではないでしょうか。

どのよふなむつかし事とゆうたとて
神がしんちつうけとりたなら　五　40

どんな難しい事柄、病気であろうと、事情であろうと、親神が心の真実を受け取ったならばたすける。それがこの道のたすけなのだと、これまでの法や術との違いを仰しゃっています。これまでの法や術は、それぞれの修験者《しゅげんじゃ》、行者などの法力、修行をして身につけた力、魔力や神通力と言った神秘的な力に拠《よ》っていた面が強いかと思いますが、教祖が教えて下さったのは、親神様が願う者の真実を受け取って、どんな難しい身上であれ事情であれ、たすけるという道です。

いまゝでハからやにほんとゆうたれど
これからさきハにほんばかりや　五　41

従来は「から」「にほん」というように、区別をして話をしてきた。しかし、これから先は「にほん」ばかりになる。つまり、そうした区別が不要になる。「から」の者も親神様の教えをわきまえて、「にほん」の者ばかりになっていくということです。

ゑださきハをふきにみへてあかんもの　五42
かまへばをれるさきをみていよ
もとなるハちいさいよふでねがえらい　五43
とのよな事も元をしるなり

一本の木にたとえての話です。枝先というのは大きい、つまり、かさ高くて盛んなように見えているけれども、「あかんもの」頼りないものだ。「かまへばをれる」力を加えれば折れてしまう。先でどうなるか見ていよ。これから枝先は廃れていくというニュアンスが感じられます。それとの対比で、元というのは小さい目立たないものだが、その根の力は偉大である。従って、何についても元を知ることが大切だ。根があっての枝先だということです。我々はついつい目につく枝先、花が咲いたり実がなったりする枝先に目を奪われるけれども、目立たない、根、元の偉大さ、重要性を知ることが大切です。
ぢつやとてほふがへらいとをもうなよ
こゝろのまことこれがしんぢつ　五44
この「ぢつ」は「術」です。術や法が偉い、その威力はあらたかなものだなどと思ってはならない。「こゝろのまことこれがしんぢつ」、法や術と違って、この道の教えでは、心の誠が真の術である。真の手段である。「しんぢつ」には、真実と真の術がかかっているかと思います。従来の法や術のなすところと、お道のおたすけの対比をはっきりとお示しになっている。四十番にも「神がしんちつうけとりたなら」とありました。願う者の誠、真実をお受け取り頂いて親神様のお働きを頂戴《ちょうだい》するのがお道のたすけです。ここに拝み祈禱の信心との違いがはっきり出ています。

にんけんハあざないものであるからに
めづらし事をほふなぞとゆう 五 45

「あざない」は、浅はかなという意味です。人間というのは浅はかなものだから、目新しい事を見せられると、「ほふなぞとゆう」法の力と言って驚いたり、心を惑わされたりする。

いまゝでハ神があらハれでたるとて
まだしんぢつをしりたものなし 五 46

このさきハどのよな事もしんじつを
をしへてをいた事であるなら 五 47

それからハ神のはたらきなにもかも
ぢうよじざいをしてみせるでな 五 48

今までは親神が世の表に現れていると言っても、未だ、真実を知っている者はなかった。これから先は何事につけても真実を教えておいたなら、と仰しゃる。その上で、親神の働きを何もかも自由自在に顕して見せる。やはり、親神様から真実、天の理を聞かせてもらってこそ、親神様のお働きの意味合いが分かるわけです。その理合いを聞かせてもらって、親神様のお働きの顕れ方や頂き方が分かる。天理に沿う心づかい、通り方をすることで、自由自在のご守護を頂戴できるようになる。

しんぢつの神のはたらきしかけたら
せかい一れつ心すみきる　五　49

四十八番に「神のはたらき」「ぢうよじざいをしてみせる」と仰しゃって、親神の真実の働きを顕しかけたならば、世界中の人間の心が澄み切ってくる。その過程を具体的に考えてみると、真実を教えられて、例えば、本来の全きご守護を頂けなくしているのが、ほこりの心づかいであると知り、胸のそうじに努めることによって、人々の心が澄んでくる。また、親神様の思召に適《かな》う心づかいに努めることによって、自由のご守護に与《あずか》ることができる。その相互媒介的な作用で人々の心は一層澄み、遂には澄み切るに至るということでしょう。

はたらきもいかなる事とをもうかな
心うけとりしだいかやしを　五　50

親神様の働きがどういうものかを仰しゃっています。親神の働きというのは「心うけとりしだいかやしを」することである。「しだい」には、すぐにという意味と共に、それに応じてという意味があります。銘々の心を受け取り次第に、銘々の心通りに返しをする。これは『おふでさき』全体を通して繰り返し仰せになっています。親神様のお働きの端的な表現、それは心通りの守護ということです。

このかやしなにの事やとをもうかな
みちのりせんりへだてありても　五　51

親神の働き、すなわち心次第の返しは、どのようなものだと思うか。たとえ、千里隔たっていようとも、遥《はる》か遠方の者であっても、その心を受け取って、心通りに返しをする。

この事ハなにをゆうてもをもふても 五 52
うけとりしだいすぐにかやしを

心次第の返しについてさらに具体的に、何を言っても、あるいは何を思っても、それがそのまま親神の所に届く。そして、その受け取った心通りに直ちに返しをする。それが神の働きだと仰しゃる。ちょっと窮屈な気がしないでもない。うっかり変なことを思うこともできないなという気がします。それはともかく、そうした天の理法が貫かれている、貫徹しているということです。疎《おろそ》かに言葉を使ったり、あるいは、良からぬことを思ったりということも慎まなければなりません。

このかやしなんの事やとをもうなよ 五 53
せんあくともにみなかやすてな

この返しというのは、いったい何のことかなどと思うな。返しというと、仕返しという言葉からの連想もあって、どちらかというと否定的なものを考えがちですが、はっきりと善悪共に返す、と仰しゃっています。良いことも悪いことも全て銘々の心通りに、それに応じた返しをする。

よき事をゆうてもあしきをもふても 五 54
そのまゝすぐにかやす事なり

さらに詳しく、良いことを言っても、あるいは悪いことを思っても、そのまますぐに心通りに返す。

この事をみへきたならば一れつわ

どんなものでもみなすみわたる　五 55

そうした厳然とした返しが目に見える形で現れてきたならば、その現れた姿を手がかりにして、誰もが胸のそうじに努める、人々の心が皆澄んでくる。善悪共に心通りに現れてくることが周知されたならば、誰もが皆、心通りの守護ということを手がかりに胸のそうじをし、思召に適う心づかい、行いに努めるということです。

心を澄まし、真実を見よ

けふの日ハなにがみへるやないけれど
八月をみよみなみへるでな　五 56

『おふでさき』第五号は、明治七年の五月からのご執筆と表紙に書かれていますが、明治七年という年は、お道の歴史の上で重要な事柄がいろいろとあった年です。この辺りはこれから始まる教祖の御苦労についてのご予言と思われるところです。しかし、その調子には悲観的な様子はうかがえません。今日現在は何が見えるということはないけれども、八月になると皆現れてくる。八月に何があったかという史実ははっきりしないのですが、しかし、この年の秋、大和《おやまと》神社でのいわゆる神祇《じんぎ》問答、すなわち、松尾、仲田のご両人を大和神社へ遣《や》って、「どういう神で御座る」と問答をさせておられます。それが註のところに詳しく出ています。大和神社は、当時の官幣大社ですから格式の高い神社です。

戦艦大和は大和神社の分霊を祀《まつ》っていたというほどです。しかも廃仏毀釈《はいぶつきしゃく》、国家神道を弘《ひろ》める上から、仏教をはじめとする他の諸宗派に対する弾圧を加えている時代に、あえて問答を仕掛けさせられた。教祖の、権威、権勢をものともしないと申しますか、世情を超越したお姿に、身の引き締まるような思いに打たれるところであります。

みへるのもなにの事やらしれまいな
高い山からをふくハんのみち　五　57

この神祇問答がきっかけになって、県庁から召喚され、教祖は山村御殿に出向かれます。以後、十数度に及ぶ警察、監獄などへの御苦労の始まりです。しかし、このお歌にはそうした教祖の御苦労の予言というような悲壮な調子はなくて、「高い山から」支配層から、「をふくハんのみち」広々と人々が行き交《か》う道、頼もしい道が見えてくる、と仰せになっています。

このみちをつけよふとてにしこしらへ
そばなるものハなにもしらすに　五　58

この往還の道をつけようと、親神のほうではそのためのこしらえを、準備、段取りをしてきた。決して災難が降りかかってきたというようなことではない。まさに、「しこしらへ」という言葉に、こちらから仕掛けるというニュアンスがこもっていますね。しかし、側の者はそうしたことを何も知らない。そこに込められた親神の思惑を知らずにいる。それをさらに具体的に、

このとこへよびにくるのもでゝくるも

神のをもハくあるからの事 五 59

ここへ、この屋敷へ「よびにくる」呼び出し、召喚にやって来る。「で丶くる」出向いて取り締まりに来る。そうしたことも全て親神の思惑があってさせていることだ。そこには人間の思案を超えた思召があります。高山へのにをいがけということもあるでしょう。お道を世に出すということもあるでしょう。こちらから積極的に働き掛ける姿勢がうかがえます。

その事をなにもしらすにそばなるハ
せかいなみなる事をふもをて 五 60

そうしたことを何も知らないで、神の思惑を何も知らずに、側の者達は世間並みのことを考えている。

なに丶てもせかいなみとハをもうなよ
なにかめつらしみちがあるぞや 五 61

どんなことであれ、世間普通にあることのように思っていてはならない。「めつらしみち」今までにない結構な道が見えてくるのだ。

だん〳〵とこのよはぢめてひハたてど
たれかしんぢつしりたものなし 五 62

この世初まり以来、相当な年限が経っているが、誰一人として、真実を知っている者はない。

いかほどに神の心わせゑたとて
みなの心ハまたう丶かりと 五 63

親神の心がどれほど急いていても、人間達は皆それに気付かず、まだ呑気《のんき》に構えている。

はや／＼としやんしてみてせきこめよ
ねへほるもよふなんでしてでん　五 64

このよふのしんぢつねへのほりかたを
しりたるものハさらにないので　五 65

このねへをしんぢつほりた事ならば
ま事たのもしみちになるのに　五 66

先ほど、枝先との対比で根という表現が出てまいりました。根本、元です。早く思案をして急げ、と仰しゃる。何を急ぐのか。根を掘る、すなわち根本、元を究めると申しますか、根本を明らかにする、会得《えとく》する段取りをなぜしないのか、と強い口調で詰問《きつもん》しておられます。この世の真実の根、この世界の本当の根っこ、本元を究める、明らかにする方法を知っている者は誰もいない。この根本を本当に究めたならば、探求し、会得したならば、「ま事たのもし」誠に頼もしい、実に将来が楽しみな道になるのに。このように根を掘ることの重要性を重ねて仰しゃって、それが第六号の元初まりの話の本論へと続いていきます。

このみちをほりきりとふりぬけたなら
上下ともに心いさむに　五 67

「ほりきりとふり」、この世の根本を究め尽くし、またこの頼もしい道を通り切ったならば、「上下」

上に立つ者も、下層の者も共に心が勇んでくる。親神様は、上、あるいは下の一方の者だけが勇むことを望んでおられるのではありません。上に立つ者も下層にある者も、共に心が勇んでくる道をおつけ下さるのです。この世の根本に立ち返れば、元来上下の隔てはありません。皆同じ魂を持つ親神様の子供です。そのために欠かせない、この世の根を掘ることをお求めになっています。

これからハなんでもせかい一れつを
いさめるもよふばかりするそや　五 68

これからはどうでも世界中の人間を全て勇ませる段取りをするぞ。「上下ともに心いさむ」に応じる表現です。

だん〳〵となに事にてもにほんにハ
しらん事をわないとゆうよに　五 69

「にほん」親神の教えをわきまえている者達には、いろいろとどんなことも知らないことはないというようにしてやろう。全て教える。

なにもかもせかいぢうゝへをしへたい
神のをもわくふかくあるのに　五 70

何もかも世界中の人間に教えたい。そこには親神の深い思惑があるのに。

それしらすせかいぢうゝハ一れつに
なんどあぶなきよふにをもふて　五 71

子がうかがえます。

然《しか》るに、そうした親神の深い思惑を知らないで、世界中の人間は皆、「なんど」何か危ないことのように思っている。教祖の仰しゃっていることを何か危険なことのように思い、警戒心を抱いている様子がうかがえます。

とのよふな事でも神のゆう事や
なんのあぶなき事があるそや　五　72

何であれ、親神の言うことには、決して危ないことはない。『おさしづ』には、「難儀さそう不自由さそうという神は無い。」、あるいは「難儀さそう不自由さそうという親は無い。」といったお言葉が何度も出てきます。親神様の仰しゃることに、危険なことがあるはずがありません。

なにもかもよろづの事をだん〳〵と
ゆうていながらわかりたるなし　五　73

どんなことも万事を、「だん〳〵と」順を追って、「ゆうていながら」、註釈では「世間では」と、人が言っているような形になっていますが、私は親神様が仰しゃっているのではないかと思います。人間が何もかも万事を言うのは不可能ですし、先立つお歌の流れからも、神が主語だと考えます。何もかも万事を順を追って説いているけれども、分かっている者はない。

これからハどふぞしんぢつむねのうち
はやくすますもよふしてくれ　五　74

これからは、どうかお前達の胸の内を早く本当に澄ます段取りをしてもらいたい。

せかいぢうをふくの人てあるからに
これすまするがむつかしい事　五 75

世界中には大勢の人がいる。だからして、その胸の内を全て澄ますのは難しいことだ。

いかほどにむつかし事とゆうたとて
わが心よりしんちつをみよ　五 76

しかし、それがどれほど難しかろうと、「わが心よりしんちつをみよ」各自が自分の心を澄まして、真実を見るようにせよ。

この心すむしわかりた事ならば
そのまゝみゑる事であるなり　五 77

心が澄み、をやの思いが分かったならば、直ちに真実が見えるようになる。

この世の元初まりの根を掘る

にち〳〵に神のしんぢつはたらきを
しりたるものハさらにあるまい　五 78

日々の親神の真実の働きを知っている者は誰もないだろう。

なにゝても神のぢうよとゆうものハ

めづらし事をしてみせるでな 五79

何についても親神の自由の働きというものは、「めづらし事」今までに見たことも聞いたこともないような目覚ましいことをして見せる。

とのよふなめつらし事とゆうたとて 五80
神のする事なす事はかり

どんなにめずらしいこと、と言っても全て親神がしていることである。

いまゝでハなによの事もしれなんだ 五81
一寸みへかけたほそいみちすじ

今までは何も分からない、混沌《こんとん》とした状況だった。「一寸みへかけた」ようやく細い道筋が見えかけてきた。

このみちをだん／＼しといいくならば 五82
なんてもむこにみへるほんみち

この一筋の細い道を段々と、「しといいく」あとを追っていくことです、慕ってたどっていくならば、必ず向こうに、その先に本道が見えてくる。

これまでにとふりてきたるみちすぢハ 五83
からもにほんもわかりないので

これまで通ってきた道筋は、「から」と「にほん」の仕分けのない、言わば混然とした道中だった。

このさきハなんぼからやとゆうたとて 五 84
にほんがまけるためしないそや

「から」は、親神様の思召をわきまえない人達として、第二号辺りから出てまいりました。しかし、これから先は、その「から」に「にほん」親神の教えをわきまえた者達が負けることは決してない。それをしのいでいく、凌駕《りょうが》していくということです。

このよふのもとはじまりのねをほらそ 五 85
ちからあるならほりきりてみよ

先ほど、この世の根とあったところをもう一歩踏み込んで、「このよふのもとはじまりのね」とあります。この世の根は、元の理の話に行き着くということですね。そういう意味でも元の理は、天理教の教えの体系の根底をなすと言うことができる非常に重要な教理です。それは元初まりにおける親神様のお働きを手振りに表して勤めるかぐらづとめが、たすけ一条の道の根本だということともつながっています。その、この世の元初まりの根本の真実を究めさせよう、会得させよう。お前達に力、その力量があるならば、それをやり切ってみよ。究め尽くしてみよ、と仰しゃっています。

このねへをほりきりさいかしたるなら 五 86
どのよなものもかなうものなし

この元初まりの根を究めさえしたならば、どんな者もこれには太刀打ちできない。

しかときけくちでゆうてもをもふても

どこでゆうてもをもふたるとて　五 87

そのまゝにかやしとゆうハこの事や

神がしりぞくみなしよちせよ　五 88

よく聞け。口で何を言っても、あるいは心で思っても、また、どこで言ってもどこで思っても、そのまま心通りに返しをする。「神がしりぞく」、先に「どのよなものもかなうものなし」と仰しゃっている敵対する者、このたすけ一条の道の邪魔立てをする者については、「神がしりぞく」親神の守護が退《ひ》いてしまう、そのことをよく承知せよと仰しゃっています。

第六号

第六号の概要

冒頭で「この世治める真実の道」と、本教信仰の目指すところを簡潔に示し、その根本的な手立てが、陽気づとめの勤修《ごんしゅう》にあるとして、神意に適《かな》うつとめ人衆の揃《そろ》うことを急ぐと共に、つとめの理話である元の理の話の本論を展開される。これに先立ち、月日の呼称を用い始められる。

さらに、立教の由来を教え、赤衣《あかき》の理について述べられる。また、元初まり以来の親神の苦心を知らず、あまつさえ高山が権勢を恣《ほしいまま》にする現実社会のありようを嘆き、これを転じて、親神の思惑通りの世に立て替えること、及び、かやしとしての天変地異や銘々の身上などにも言及される。一方、身上たすけのためのさづけの理を教えると共に、どんなかやしも一れつ我が子を案ずるがゆえであると、真実の心になりさえすれば、必ずたすけると請け合われる。

この世治める真実の道

このたびハめづらし事をゆいかける
心しづめてこれきいてくれ　六　1

この度は、めずらしい、今までに聞いたことのないような話をしかける。心を静めてよく聞いてもらいたい。「めづらし事」今までに聞いたことのない、しかもありがたい話。元の理の話を展開されるについての予告をなさっています。

なに事も神のする事ゆう事や
そばにしんパいかける事なし　六　2

どんなことも全て親神のすること、言うことであるからには、決して、周囲の者に心配をかけるようなことはない。裏を返せば、人間の常識では、懸念される話題とも取れるところです。実際、元の理の話は、明治以来、天理教を取り締まる、弾圧する上での最大の口実になったわけです。昭和二十年の終戦まで表立って説くことができなかった。別席のお話では、元の理の話が前半部に入っていますが、これは戦後に付け加わったものです。戦前の別席には元の理の話はありません。それは、日本神話と相容《あいい》れない独自の創世説話であるがゆえに、公然と説けなかったということです。しかし、親神様は心配をかけることはないと仰《おっ》しゃっています。

このはなしどふどしんぢつ一れつわ
心しづめてしよちしてくれ　六 3

これからするめずらしい話を、どうか皆、よく心を静めて、聞き取り承知してもらいたい。ここまでが一つの前置きです。

このみちハどふゆう事にをもうかな
このよをさめるしんぢつのみち　六 4

「このみち」この信仰、このたすけ一条の道をお前達はどういうものだと思っているか。「をさめる」というのは、混乱している事物を安定した状態にする、あるべき姿にすることです。この世界をあるべき姿にする真実の道なのだ。このお歌は、『天理教教典』の第十章の最後を締めくくっているお歌です。

上たるの火と水とをわけたなら
ひとりをさまるよふきづくめに　六 5

この火水わけるとゆうハこのところ
よふきづとめをするとをもゑよ　六 6

「上」は上層、支配層。「火と水」、親神様のご守護の最も基本的なもの、代表的なものです。「火」というのは十全の守護で言えば、をもたりのみこと、「水」は、くにとこたちのみこと。つまり、月日の理に対応するご守護です。それを分ける、仕分けをする。註釈には、「火と水とを分けるとは、混とんを分明にして、親神様の御守護を悟らせるの意。」とあります。

二代真柱様は、火と水のご守護について、風呂のたとえを用いてお聞かせ下さいました。火と水がそれぞれの分を守ってと申しますか、互いに隔てられ、ほど良く調和してこそ気持ち良く風呂を楽しむことができる。けれども、釜の底が抜けたとなれば、紛乱状態、灰《はい》神楽《かぐら》が立つことになると仰しゃっています。そういう意味では、火と水という親神様の基本的なご守護がごちゃまぜになっていると申しますか、無秩序な状態を、それぞれが分を守って、本来の調和のとれたお働きを頂けるような姿にしたいということです。この火と水の仕分けができたならば、自《おの》ずと陽気づくめに治まってくる。「づくめ」というのは、何もかもという意味ですね。自ずと何もかも陽気な姿に治まってくる。「上たるの」とあるところに、明治政府の要職を務めた人達が、士族層の不満を背景に相次いで内乱を起こすという不穏な政情がうかがえます。

「この火水」、すなわち親神様の基本的なご守護が混沌《こんとん》とした状態を分明にするには、「このところ」ここぢばで、よふきづとめをすることだと承知せよ。ぢばでよふきづとめをすることによって、混沌たる世の様が、あるべき姿、陽気づくめの世の姿へと立て替わっていくと仰しゃる。おつとめの大切さを改めてお示し下さっています。

このよふをはじめかけたもをなぢ事
めづらし事をしてみせるでな　六 7
このよふをはじめてからにないつとめ

またはじめかけたしかをさめる　六 8

この二首のお歌は、元初まり、泥海の中から人間世界をお創《はじ》め下された理合いと、天保九年、親神様がこの世の表にお現れになり、たすけ一条の道をお開き下されて、陽気ぐらし世界の実現に向けての歩みを始める立教の理合いとが、同じものである、一つのものであることをお示し下さっているお歌だと言えます。

　この世を創めかけたのも同じこととは、何と同じか。この火水が混沌とした世の姿を陽気づくめにするということは、この世を創めた、すなわち、泥海の中から人間世界を創めかけた理合いと同じことだと仰しゃる。「めづらし事」今までに聞いたこともないようなことをしてみせるとは、泥海の中から人間世界をお創め下されたように、泥海のような混沌とした世の中を陽気づくめの世に立て替えていくことであります。

「このよふをはじめてからにないつとめ」この世を創めて以来今までなかったつとめ、その元初まりの理を戴《いただ》くつとめによって。「また」というのは、元初まりの時に人間世界をお創め下され、今また泥海のような世の中を陽気ぐらしへと立て替えていくことを指します。「はじめかけ」は、つとめを根本とするたすけ一条の道によって、陽気ぐらしへと世の立て替えを始めかけるということです。そしてこの世を確かに、しっかりと治める。乱れを平定してあるべき姿にする。

月日の呼称を用いられる

このよふの月日の心しんぢつを
しりたるものわさらにあるまい　六 9

初めて「月日」という親神様の呼称が出てくるお歌です。親神様は『おふでさき』の中で、自らの呼び名を、最初は「神」と称され、第六号の九番、このお歌で「月日」を用い始められ、さらに第十四号で「もふけふからハなまいかゑるで（十四 29）」と仰しゃって、「をや」という呼称をお使いになっています。ですから、この「月日」は親神様という意味です。この世を創めかけた親神の心の真実のほどを知っている者は誰もあるまい。

これまでハいかなる神とゆうたとて
めゑにみへんとゆうていたなり　六 10

このたびわとのよな神もしんぢつに
あらハれだしてはなしするなり　六 11

親神様のことを「月日」と言い換えられた直後の十番、十一番で出てくる「神」は、これは親神様のことではなく、従来からの神、諸々《もろもろ》の神という意味です。

十番は、これまではどんな神も目に見えないものだと言っていた。その点で申しますと、月、日は目で見ることができます。また、その整然とした運行は天の摂理の典型であり、暦の基にもなっている。人間の暮らしのリズムにもなっています。「月日」と呼称をお換えになったその直後に、従来、神は目に見えないものだと言ってきた、と仰しゃっている。まずここに大きな違いがあるわけです。

十一番のどのような神、これは従来からある諸々の神という意味です。「しんぢつに　あらハれだして」、「あらハれだして」というところの解釈が分かれるところですが、註釈を見ますと、「この度は、よく分かるように表へ現れて話をするのである。」と少し分かりにくい表現になっています。なぜか。「あらわれる」というのは自動詞です。「だす」は他動詞。これが組み合わさったような言葉が「あらわれだして」という表現なんです。これは他にも例があります。

例えば第十二号の百七十三番「このたびハどんな事でもすきやかに　あらわれだしてみなしてみせる」、あるいは第十四号の六十九番には「これをはなあらハれだすとゆうのもな　めゑめゑのくちでみなゆいかける」とあります。そうした用例から考えますと、これは、はっきりと分かるようにする、明らかにするという意味だと考えられます。ですから、この度は、従来目に見えないと言っていたどんな神も本当のところを明らかにして話をする、となります。神は目に見えないというような、よく分からないものではないということでもあると思います。

いまからハなにをゆうてもをもふても
そのまゝみへるこれがふしぎや　六 12

今後は、どんなことを口に出しても、あるいは心で思っても、その通りに現れてくる。これが不思議である。心通りの姿が見えてくると仰しゃいます。

なにもかもあきをあいづにみへかける
よふきづとめにはやくかゝれよ 六 13

この「あき」は、麦の秋、麦秋《ばくしゅう》です。麦の取り入れ時です。これは註にありますように、翌明治八年陰暦五月二十六日のかんろだいのぢば定めの予言とも考えられます。陰暦の五月二十六日は陽暦で申しますと六月二十九日、ちょうど麦の収穫時期です。この麦の秋を合図として何もかも見え始める、目に見えて事態が進展する、道の次第が整ってくる。それにつけても、よふきづとめに早く取りかかるように、と促しておられます。

せかいぢうをふくくらするそのうちわ
一れつハみなもやのごとくや 六 14

世界中には大勢の人間が暮らしている。「そのうち」は、その胸の内です。その胸の内は、誰も彼も皆一様に「もやのごとく」混沌としていると申しますか、曇っている、濁っていて先が見えない。

にち〳〵にすむしわかりしむねのうち
せゑぢんしたいみへてくるぞや 六 15

このみちがたしかみへたる事ならば
このさきたしかたのしゆでいよ 六 16

靄《もや》のごとく混沌とした胸の内が澄み、分かるようになってくる。つまり、成人するということです。

日々、心が澄み、をやの思いが分かり、成人するにつれて見えてくる。真実が見えるようになってくる。このお歌にも、胸の内、すなわち心が澄むことが、親神様の思いが分かるための大切な前提だということがうかがえます。

十六番の「このみちがたしかみへたる」の「このみち」は、歩むべき正しい道筋です。これは成人次第に見えてくるものです。歩むべき道筋がはっきりと見えてきたならば、「このさきたしかたのしゆでいよ」これから先を、確信を持って楽しんで通れよ、との仰せです。

本道に急ぎ出る

たん／＼と心いさんでせきこめよ
はやくほんみちいそぎでるぞや 六 17

私達人間に対して、「心いさんでせきこめよ」勇み心で急ぐようにと仰しゃる。「こむ」というわけですから、ただ単に急ぐだけではなくて、切迫感があります。「はやくほんみちいそぎでるぞや」これは親神様の思いです。早く本道に急いで出るぞと強く促しておられます。「ほんみち」という言葉は、おつとめに関わっていると以前にも申しましたが、次のお歌にさっそく、

しんぢつのつとめの人ぢう十人の
心を神がうけとりたなら 六 18

と、おつとめへの言及があります。「しんぢつのつとめの人ぢう」は、真実のとありますから、親神様の思召《おぼしめし》に適うつとめ人衆十人です。十人とはかぐら面を着けておつとめを勤める十人のかぐら人衆です。その真実の心を親神が受け取ったならば。

それからハどのよな事もたん〳〵と
神のをもわくみなときゝかす 六 19

それからは、どんなことも順次親神の思惑を全て説いて聞かせる。

にち〳〵に神の心わせゑたとて
人ぢう十人そろいなけねば 六 20

しかし、どれほど親神が急いでも、その十人のつとめ人衆が揃わなければどうにもならない。

さらに続けて、

十人のなかに三人かたうでわ
火水風ともしりそくとしれ 六 21

前のお歌に、「人ぢう十人そろいなけねば」と仰しゃっていますが、十人のつとめ人衆が揃わない、あるいはその心が親神様の思召に適わない例を挙げておられます。「十人のなかに三人かたうで」とは、十人の中の三人、片腕とも頼むべき重要な人物です。その人達に関して、「火水風ともしりそくとしれ」。「火水風」は、親神様の主要なご守護の端的な表現です。親神の守護が退《ひ》いてしまうと承知せよ、との仰せです。註には、この片腕というのは、松尾市兵衛、乾勘兵衛、北野勘兵衛の三人で、その出直しを見て、この歌に思い当たったという、とあります。しかし、その三人の方が片腕に相当する人達か、また、何が足りなかったなどと言い出すと、話が横道に逸《そ》れてしまいかねません。肝心なことは、かぐらづとめの十人の人衆が揃わなかったり、その心が親神様の思召に適わなかったりすれば、主立った三人の者達の上に、火水風、親神様のご守護が退いてしまうというような厳しいお仕込みがあるということだと思います。この「しりぞく」という言葉は、ほとんどが、「神がしりぞく」、あるいは「をやがしりぞく」「月日しりぞく」というような使われ方で、親神様が退いてしまう、親神様のご守護が退いてしまうという意味です。唯一ニュアンスが異なるのは、「みよだいなりとすぐにしりぞく（十五　88）」という用例があります。

しかし、

どのよふな事でも神のする事や
これをやまいとさらにをもうな　六　22

どんな厳しい事態、主として身上に表してのお知らせですが、それもまた親神のすることである。単なる病気などと決して思ってはならない。

なにもかもしんぢつ神のぢふよふを
しらしたいからしてみせるでな　六　23

それというのも、全て親神の自由の働きをお前達に知らせてやりたいからして見せていることである。

これまでハいかなるみちをとふりても

ひがきたらんでいづみいたなり 六 24

これまではどんな道を通っても、「ひ」というのは、その時、旬ということです。その旬がまだ来ないのでいずんでいた。これは誰がいずんでいたのか。註釈では、「じっくりしていた」と親神様がいずんでいたというような解釈になっていますが、人々が、と解釈することもできそうなところです。

このさきハどのよな事もたん／＼と
ほんしんぢつをゆうてきかする 六 25

その前のお歌で、これまでは「ひがきたらん」と仰しゃって、これから先は、どんなこともだんだん順を追って、「ほんしんぢつ」真実という言葉に「ほん」とついているわけですから、言わば究極の真実を説いて聞かせる。

いまゝでハいかなる神も山／＼に
をがみきとふとゆうたなれども 六 26

このもとをしりたるものかあるならば
たづねいてみよ神がゆるする 六 27

第三号には、「たすけでもをかみきとふでいくでなし　うかがいたて、いくでなければど（三 45）」というお歌がありますが、ここでも、従来「いかなる神」どんな神もたくさんあって、それぞれに「をがみきとふ」拝んだり、祈禱《きとう》したりしてたすけると言ってきたが。第三号のお歌に「をかみきとふでいくてなし」と仰しゃっているように、そうした拝み祈禱でたすけるという神と親神様とは、はっきりと違うと仰しゃっています。

この二十六、二十七番の註釈では、どんな神もたくさんあって、拝み祈禱をすれば利益《りやく》があると言っていたが、なぜ拝み祈禱によって利益があるかという根本の理を知っている者はない、という解釈になっています。ですから、「このもと」拝み祈禱によるたすけの元を知っている者があるならば「たづねいてみよ」という解釈です。

私は「このもと」は、二十五番で「ほんしんぢつ」と仰しゃっている、この本真実に相当する「元の理」ではないかと思っています。どんな信仰であれ、なぜ拝み祈禱によってたすかるかというぐらいのことは、その教えなりに説いていると思われますから、そういう意味では、その人達としてはそれなりに知っていると思う。しかし、そういう人達であっても、この世の本真実、元の理を中心とする根本となりますと誰も知らない、ということではないかと、私は解釈しています。

その根本の真実を知っている者があるならば、訪ねて行ってみよ。親神が許す。

またさきハとのよな事もたん〳〵と
ほんみちつけた事であるなら　六　28

また先では、どんなこともだんだんと順を追って説いて聞かせる。「ほんみち」本当の道、すなわちつとめを根本とするたすけ一条の道をつけたならば。

元の理の本論

二十九番から五十四番、いわゆる元の理の話がまとまって出てくるところです。元の理の話は、『教典』の第三章に述べられていますが、そうした元初まりのお話の核になっているのは、『おふでさき』に記されたところであり、それも第六号に、その最も重要な部分が登場します。

いまゝてにない事ばかりゆいかけて
よろづたすけのつとめをしへる 六 29

もっぱら今までに聞いたこともない話をしかけて、「よろづたすけのつとめ」、あらゆるたすけのためのつとめを教える。今までに聞いたことのない話というのは、元初まりの話です。すなわち、元の理の話は、つとめの理話ということであります。

このつとめ十人にんぢうそのなかに
もとはぢまりのをやがいるなり 六 30

『おふでさき』の中で、「つとめ」と言う時には、かぐらづとめを指しておられます。その十人のつとめ人衆の中に、「もとはぢまりのをや」、元初まりの時の親、すなわち月日親神がいる。神名で申しますと、くにとこたちのみこと、をもたりのみこと。かぐらづとめでは、北、南で、それぞれ真柱様と奥様が元初まりの親の理を頂いてお勤めになっています。

その元初まりの親が、

いざなぎといざなみいとをひきよせて　六 31
にんけんはぢめしゆごをしゑた

「いざなぎ」男雛型《ひながた》、「いざなみ」女雛型となる二つの道具衆を引き寄せて、「にんけんはぢめ」人間創造の守護を教えた。

このもとハどろうみなかにうをとみと
それひきだしてふう〳〵はちめた　六 32

このよふの元はじまりハとろのうみ
そのなかよりもどぢよばかりや　六 33

この元はというと、泥海の中にいる「うをとみ」を引き出して夫婦の雛型とした。「この世の元初まりは泥の海でありました」というのが、別席での元の理の話の導入部分です。その中に「どぢよ」ばかりがいた。それが元初まり以前の状態であります。

しかし、よく見ると、

そのうちにうをとみいとがまちりいる
よくみすませばにんけんのかを　六 34

その「どぢよ」ばかりかと見えたその中に「うをとみい」が混じっている。「うを」というのは、普通は魚という字を当てます。「みい」は巳、蛇です。「よくみすませばにんけんのかを」、その「うを」

と「み」は、既に人間の顔をしていたのか、少しく議論になるところです。その「うを」と「み」をよく見つめると人間の顔をしていたと言うより、そこにやがて創《つく》り出される人間の顔のイメージが浮かんできたというような意味合いかと思います。

それをみてをもいついたハしんぢつの
月日の心ばかりなるそや 六 35

「うを」と「み」を見出し、そこに人間の顔を見た。そして、人間を創り、その陽気ぐらしを見て共に楽しみたい、と思いついた。それはまさに「しんぢつの月日の心」、親神様の切なる思いと申しますか、親神の真実の思いである。

このものにどふくをよせてたん〳〵と
しゆこふをしゑた事であるなら 六 36

この「うを」と「み」に道具を寄せて、順次親神の守護を教えたならば。「うを」にしやちを仕込んで、そこに月様が入り込まれる。「み」にかめを仕込んで日様が入り込まれる。そして元初まりの宿し込みをなさるわけであります。「どふくをよせてたん〳〵と」は、その辺りの事情を仰しゃっています。

このどふくくにさづちいと月よみと
これみのうちゑしこみたるなら 六 37

元の理のお話では、「うを」と「み」は出てきますけれども、かめであるとかしやちであるとかといった道具衆の名前は出てまいりません。その守護の理を表す神名だけが出てくる。すなわち、「み」に、くにさづち、「うを」に月よみを仕込む。元初まりの話では、他の六つの道具衆、かめやしやち、うなぎ、かれい、くろぐつな、ふぐといった道具衆は、食べて心味わいをお試しになっていますが、「うを」と「み」はお食べになっていない。その「うを」と「み」に道具をお仕込みになる。

さらに、

くもよみとかしこねへとをふとのべ
たいしよく天とよせた事なら　六　38

残る親神様の十全の守護の理に相当する神名を「くもよみ」「かしこねへ」「をふとのべ」「たいしよく天」と列挙して、それぞれの守護の理を担う道具衆をお引き寄せになる。いわゆる十柱の神名の中の、いざなぎ、いざなみが最初に登場して、次いで、くにさづち、月よみ、くもよみ、かしこね、をふとのべ、たいしよく天と、いわゆる十全のご守護のそれぞれに対応する神名の八つが出てきています。にも拘《かか》わらず、くにとこたち、をもたりという一番肝心な神名は、第十六号になって初めて登場します。しかし、先の三十番のお歌に、既に「十人にんぢうそのなかに　もとはぢまりのをやがいるなり」と、親神の理を受けるものがいると仰しゃっていますから、これで十人のつとめ人衆に対応する、月日親神と八つの道具衆は全て揃っていると言えますが、月日に相当する神名はまだお明かしになっていません。

それからハたしかせかいを初よと
神のそふだんしまりついたり　六　39

こうした道具衆を引き寄せて、いよいよ人間世界を創めようと、「神のそふだん」月日親神の相談がまとまった。

これからわ神のしゆごとゆうものハ
なみたいていな事でないそや　六　40

そのように道具衆を引き寄せ、人間を創造するという相談はまとまったが、それから後の親神の守護は並大抵なことではなかった。

いまゝてにない事ばかりはちめるわ
なにをゆうのもむつかしき事　六　41

泥海の中から、それまで存在しないこの世人間をお創めになるわけですから、これは実に困難な大事業であります。また、それを「なにをゆうのも」言葉に言い表すのも容易じゃない。それをどういうふうに表現するかとなると、今我々が使っている語彙《ごい》を使って表現するしかないわけですね。ですから、混沌たる泥海の中に、魚がいたのか、蛇がいたのか、しゃちがいたのか、亀がいたのか、と言うと、今日我々が知っているそれらの生き物がいたとは考えにくい。元の理の話には虫、鳥、畜類と八千八度の生《うま》れ変《かわ》り……とありますが、その虫よりずっと高等な脊椎動物、魚類や爬虫類《はちゆうるい》が元初まりの時点でいたとは考えられない。しかし今までにないことを創めた様子を、現在あるものを使って表現するとなれば、そのご守護の理をよく表す、しかも皆が慣れ親しんでいるものを使って表現せざるを得ない、ということになると思います。一つの象徴的表現と言っていいと思います。二十九番から五十一番の総註では、「このお話は、親神様の御神意を詩的な表現でお諭し下されているのであるから……」とあります。

このよふをはちめかけたるしんぢつを
たれかしりたるものハあるまい　六　42

この世人間を創め出した真実を知っている者は誰もないだろう。

これからハとのよな事もたん／＼と
ゆうてきかするうそとをもうな　六　43

これからはどんなことも順次言って聞かせるが、決して嘘《うそ》などと思ってはならない。

にんけんをはぢめかけたハうをとみと
これなわしろとたねにはじめて　六　44

いざなぎのみこと、いざなみのみことは、それぞれ元初まりの男雛型、女雛型、そして、種の理、苗代の理とお教え頂きます。「うを」と「み」に、それぞれ道具を仕込んで男雛型・種、女雛型・苗代として、人間を創めかけた。さらに、

このものに月日たいない入こんで
たん／＼しゆごをしゑこんだで　六　45

先ほども申しましたように、「うを」にしやちを仕込んで月様が入り込まれ、「み」にかめを仕込んで日様が入り込まれ、人間創造の守護を教えられた。そして、

このこかす九をく九まんに九せん人
九百九十に九人なるそや 六 46

九億九万九千九百九十九人の子数を宿し込んだ。

この人を三か三よさにやどしこみ
三ねん三月とゝまりていた 六 47

この九億九万九千九百九十九人の子数を「三か三よさ」三日三夜《さんにちさんや》かけて宿し込んだ。そして、いざなみのみことは、「三ねん三月」元のぢばに留《とど》まっていた。

それよりもむまれたしたハ五分からや
五分五分としてせへぢんをした 六 48

三日三夜かかって宿し込まれ、三年三月ぢばに留まった後、生まれ出た時は、皆一様に五分《ぶ》であった。そして五分五分と成人していった。『教典』には、この最初に五分から生まれた者達が、九十九年経《た》って三寸まで成人して皆出直してしまい、父親なるいざなぎのみことも身をお隠しになった、とありますが、そうした内容はお歌の中にはありません。そんなことを補いながら読ませて頂くといいと思います。

このものに一どをしゑたこのしゆごふ
をなぢたいない三どやどりた 六 49

いざなぎのみことは身をお隠しになるけれども、一度お教え下さったその理によって、さらに元の子数がいざなみのみことの胎内に宿る。そして五分から生まれ、九十九年経って、三寸五分まで成人してまたもや出直す。さらにまた三度目の宿し込みをなさる。それを、「をなぢたいない三どやどりた」と仰せになっています。

このよふのしんぢつの神月日なり
あとなるわみなどふくなるそや　六 50

にんけんをはぢめよふとてたん〳〵と
よせてつこふたこれに神なを　六 51

この世の真実の神は、月日親神である。後のものは皆道具である、とはっきり仰しゃっています。人間を創造するに当たって順次引き寄せて使った、その道具衆の働きの理に神名を授けた、と仰しゃって、月日親神との区別を明示されているのは非常に重要な点です。今日では十柱の神名ということを言わないのは、そうした十柱の神々がおられるということではなく、月日親神様の広大無辺なご守護の、言わば角目角目に神名をつけて分かりやすく覚えやすいようにお説き下さっているからです。ですから、いざなぎ、いざなみ、くにさづち、月よみ、くもよみ、かしこね、たいしよく天、をふとのべは、道具衆に対応する守護の理に授けた神名だとはっきり区別をつけておられる。また、そうした紛らわしさ、誤解を避ける意味でも、くにとこたち、をもたりという最も重要な月、日に対応する神名が、ここには出ていないと言っていいと思われます。

いざなぎといざなみいとが一の神

これてしよこの大じんくゝなり

これは非常に問題になるお歌であります。父の『おふでさき講義』を見ますと、ここで延々と話をしています。それほど戦前に弾圧を受けた時の思い出が強烈なものとしてあるのでしょう。大変解釈が難しい。「てしよこの大じんくゝ」となっていますが、これは天照皇太神宮《てんしょうこうたいじんぐう》という漢字を当てるということになっています。天照大御神《あまてらすおおみかみ》をお祀《まつ》りする伊勢神宮の内宮《ないくう》を指すそうです。註釈を見ますと、「いざなぎのみことと、いざなみのみことは、人間創造の一の神であって、諾冊二尊《だくさくにそん》からお生まれになった天照大御神は、天照皇太神宮にお鎮まりになる」という解釈になっています。またその後に、「いざなぎのみことと、いざなみのみこと（これはひらがなで書いてありますから、お道で言ういざなぎのみこと、いざなみのみこと）は、父性神及び母性神として宇宙神であり宗教神であるが、この理は我が国にては伊弉諾尊《いざなぎのみこと》、伊弉冊尊《いざなみのみこと》である。諾冊二尊の御子神、天照大御神は天照皇太神宮にお祀り申し上げる」と、念の入った註がついています。

父が戦時中に、文部省、これは宗教関係を管轄している省ですが、そこでいろいろと尋問を受けた。その時最後に言われたのが、天理王命と天照大御神はどちらが偉いかという質問です。これは非常に厳しい質問です。また実際、キリストと天皇とどちらが偉いかと言われて、キリストと答えて迫害を受けた例もあるそうです。これに対して「天理王命は宗教神である。天照大御神は皇室の先祖。歴史神だ」というような回答をして、難を免《まぬが》れたと言うとちょっと表現が悪いんですが、その違いをうまく説明したと、父は『おふでさき講義』の中で述べています。

私は、このお歌はもっぱら日本神話の神々について仰せになったもので、「いざなぎといざなみいとが一の神」は、伊弉諾尊と伊弉冊尊は、高天原《たかまがはら》の主神にして皇室の祖神である天照大御神の父神、母神、その意味での一の神だと解します。下の句は、この御子神天照大御神が祀られているのが天照皇太神宮である、となります。天理教で言ういざなぎ、いざなみは何よりも道具であって神ではない。その前の歌に「しんぢつの神月日なり」とあって、親神様以外の神名というのは皆、寄せて使った道具につけた名前に過ぎない、と仰しゃっているわけですから。一方、日本神話では、伊弉諾尊と伊弉冊尊は、天照大御神をお産みになった父神、母神という神様としているわけです。従って、日本神話で言われる伊弉諾尊と伊弉冊尊と、本教で言ういざなぎのみこと、いざなみのみことは全く別のものです。

さらに言えば、お道の教えでは、いざなぎのみことといざなみのみことのそれぞれに月様、日様が入り込んで宿し込まれ、やがて産みおろされたのは、九億九万九千九百九十九の僅《わず》か五分の生命です。これも諸冊二尊の御子神として、天照皇太神宮（伊勢神宮の内宮）に祀られている天照大御神とは大違いです。紛らわしいと感じる人もあるでしょうが、むしろ双方の相違をはっきりさせておられるというのが私の見解です。この辺りは考えに考えたところですが、一つ参考にして頂いたらと思います。

またさきハなにかたん〱とくけれど
いまゝてしらん事ばかりやで　六 53
このさきハなにをゆうてもにんけんを

はぢめかけたる事ばかりやで 六 54

また先では、いろいろどんなことも話をするけれども、お前達が今まで知らないことばかりである。これから先はどんな話をしても、「にんけんを　はぢめかけたる事ばかり」つまり、もっぱら元初まりの話をする、ということです。このお道の教えは、元を教えてたすけるところに真骨頂があるわけですが、その核心は元の理のお話です。

月日のやしろたる理を闡明《せんめい》

これから先は人間を創めかけた話ばかりをする、という前置きに続くお歌です。

このよふをはぢめだしたるやしきなり
にんけんはじめもとのをやなり 六 55

この屋敷、ここぢばは、この世人間を創め出したところである。すなわち、ぢば、屋敷のいんねんであります。そして教祖は、人間を創め出した時の元の親、元初まりの母親のいんねんある魂の者である。教祖魂のいんねんです。

月日よりそれをみすましあまくだり
なにかよろづをしらしたいから 六 56

そのぢば屋敷のいんねん、さらに元初まりの母親、教祖の魂のいんねんを見澄まして、月日親神が天《あま》降《くだ》った。それというのも、どんなことも万事を知らせたいからである。

しんぢつに月日の心をもうにわ
めへ〳〵のやしろもろた事なら　六 57

月日親神が真に望んでいることは、銘々の社《やしろ》をもらい受けることである。これは註釈に、「銘々の社をもらい受けつとめ人衆がそろうて来たならば、」と記されていますが、その上から申しますと、銘々の社は、元初まりの道具衆の理を受けるつとめ人衆ということになると思います。そうしたつとめ人衆が揃うことをお望みになっている。

それよりもぢうよぢざいにいつなりと
をもうまゝなるはなしゝよもの　六 58

それからは、自由自在《じゅうようじざい》に何時《なんどき》なりと、思いのままに話をする。

いまゝでも月日のやしろしいかりと
もろてあれどもいづみいたなり　六 59

「月日のやしろ」は、教祖以外にはありません。従来から既に、月日のやしろはしっかりともらい受けてあるが、しかし、まだ銘々の社をもらうところまではいっていない。つとめの人衆が揃うまでには至っていない。だから「いづみいた」。註釈によると、とかく控え気味であった。それはまた当然人間の側にも映るわけでありまして、人々もまた、勇むことができなかった。

このたびハたしかをもていあらハれて

なにかよろつをみなゆてきかす 六60

いまゝでハみすのうぢらにいたるから
なによの事もみへてなけれど 六61

前のお歌に「いづみいたなり」とありましたが、この度は今までと違って、「たしかをもていあらハれて」はっきりと表に姿を現して、どんなことも万事言って聞かせる。次のお歌では、今までは言わば、御簾《みす》の内らに居たから、註釈には、それまでは黒い紋付を教祖がお召しになっていたことを指しているとありますが、はっきりと月日のやしろである理をお示しになるまでにはなっていなかった。だから、どんなことも目に見えてこない。現れてこなかったけれども。

このたびハあかいところいでたるから
とのよな事もすぐにみゑるで 六62

この度は明るい所へ出たから、どんなこともすぐに見える、現れる。「あかいところ」には、大和神社の一件から山村御殿への召喚に至る経緯をはじめ、赤衣をお召しになったことに象徴される積極的な姿勢がうかがえます。続いて、

このあかいきものをなんとをもている
なかに月日がこもりいるそや 六63

教祖が赤衣をお召しになったことを表すお歌です。この赤い着物を何と思っているか、「なかに月日がこもりいるそや」と、教祖が月日のやしろにおわす理を闡明《せんめい》されています。赤というのは、月日の

理を表す色です。おつとめの扇の赤い丸を日の丸と言ったりしますが、これはお日様を表しているだけでなくて、月日の理を表しているものです。この少し前には、大和《おやまと》神社へ問答に遣《や》られる。それがきっかけになって山村御殿への召喚を受ける。そして赤衣をお召しになる。また、身上たすけのための四通りのおさづけをお渡しになる、と続くわけですから、「あかいところいでたる」というのは、単に赤衣をお召しになったというだけではなくて、月日のやしろたる理を明らかにし、上《かみ》に対しては毅然《きぜん》とした態度をもって対処されると共に、教内外に、つとめに次ぐたすけ一条の道の手立て、宝であるさづけの理をお渡しになるという、まことに大きな意味が含まれていると言っていいと思います。そうした教祖のひながたの道中におけるご事歴の理合いを明らかにお教え下さっているお歌であります。

いまゝでも月日のまゝであるなれど
ひがきたらんでみゆるしていた　六　64

従来から、月日のままにする、つまり月日が支配する世界であるけれど、「ひがきたらんで」その時が、その旬がまだ来ないので、「みゆるしていた」、高山の横暴、専横を見許していた。

このたびハもふぢうふんにひもきたり
なにかよろづをまゝにするなり　六　65
それしらす高山にてハなにもかも

なんとをもふてまゝにするぞや 六 66

しかし、「このたび」は、この明治七年十二月、もう十分に日が来た。その時が至った。よって「なにかよろづ」どんなことも万事、親神の思いのままにする。

「高山」支配層の者は、そうしたことを知らないで、いったい何と心得て何事も恣にするのか。

なに事もこのところにハにんけんの 六 67
心ハさらにあるとをもうな

「このところ」というのは、しばしば教祖ご自身を指す表現です。この後にも何度も出てきます。日本語の表現では、場所で人を表すことが多い。例えば、「あなた」とか、「そなた」という言い方も場所を表しています。あるいは「こち」とか「そち」、「奥」とか「御台所《みだいどころ》」もそうです。何事につけても、自分（教祖）には人間の心は一切ないと思えよ。人間の心があるなどと決して思ってはならない。月日親神様のお心のみだということです。

どのよふな事をゆうにもふでさきも 六 68
月日の心さしすばかりで

従って、自分、すなわち教祖が、どんなことを言うのも筆を執って書き記すのも、全て「月日の心」月日親神の心からの指図である。

高山ハなにをゆうてもをもうにも 六 69
みなにんけんの心ばかりで

「高山」支配層の者達は、何を言うにしても、また思うにしても、「みなにんけんの心ばかりで」全て人間の思案ばかりで言ったり思ったりしている。

月日よりつけたなまいをとりはらい
このさんねんをなんとをもうぞ　六　70

「月日よりつけたなまい」親神が付けた名前、すなわち天理王命という神名です。命《みこと》は尊称ですから、天理王という神名、それを取り払われた、否定されたのが、実に残念だ。この残念の思いをお前達は何と心得るか。『稿本天理教教祖伝』には、明治七年の項に、十二月二十五日、奈良の中教院から呼び出しを受けて、「天理王という神は無い」と神名を否定された、また、信仰を差し止められたという記述があります。

しんちづの月日りいふくさんねんわ
よいなる事でないとをもゑよ　六　71

真実の神、月日親神の「りいふく」腹立たしい思い、「さんねん」口惜しい思い、これは容易なことではない、並大抵のことではないと承知せよ。

いまゝでハ高い山やとはびかりて
なにかよろづをまゝにしたれど　六　72

これまでは「高い山」支配層が、それをよいことに「はびかる」はびこって、増長して、どんなことも万事、恣にしてきたけれども。

これからハ月日かハりてまゝにする
なにかの事をまねをしてみよ 六 73

これからは高山に代わって月日親神が、思いのままにする。「まゝにする」という場合も、高山がままにするのと、月日親神様がままにするのとでは、全く内容が違います。親神様の場合は、親神の思い通りにする。「なにかの事をまねをしてみよ」何であれ、真似《まね》できるものなら真似てみよ。決してできはしない。

このところなにをゆうにもなす事も
月日のをもう事ばかりやで 六 74

ここにも「このところ」という表現が出てきました。自分、すなわち教祖が言うこと、すること全て、「月日のをもう」月日親神の思いからすることばかりである。

これから八月日の心ざんねんを
はらするもよふばかりするそや 六 75

これからは、月日親神の心に積もる残念を晴らす段取りをもっぱらする。この辺りは史実が背景にあって、神名を取り払われる、あるいは信仰を差し止められるといったことに対する残念と、それを晴らさずには置かないという親神様の強いお気持ちがうかがえるところであります。

このさきハどのよなほこりたつとても
これをやまいとさらにをもうな 六 76

この残念をお晴らしになることが、具体的には、「ほこりたつ」と仰しゃっているような、何か芳《かんば》しくない事態、身上、事情あるいは不時災難というような形で現れてくることかと思われます。これから先、どんな芳しくない事態が起こってきても、それを病気などと決して思うな。「ほこりたつ」は、この場合は身上を通してのお知らせです。

いまゝでも月日さんねん山〱に
つもりてあるをかやしするぞや　　六 77

従来から、月日親神の残念の思いは、山のように積もっている。「かやし」というのは、仕返しではありませんが、それに対する返報をするというご宣言です。山のように積もっている残念に対する返報をする。

いまゝでもかやしとゆうていたれど
なんの事やとをもていたなり　　六 78

これまでから、返しをすると言って話をしてきたけれど、お前達はいったい何のことかというような、いい加減な気持ちで聞いてきた。

しんぢつにかやしとゆうハこの事や
高山ハみなしよちしていよ　　六 79

これがその返しの正体だ。「この事」は、その前の「ほこりたつ」を踏まえた表現です。この場合は、身上を通しての厳しいお知らせです。高山の者、支配層の者達は皆よく承知せよ。

月日の心尽くしを知らない

ここで、再び元の理の話が登場します。

このよふわどろうみなかの事なるし
なかに月日がいたるまでなり 六 80

この世の元初まりと言えば、泥の海であった。その、言わば混沌の中に月日親神が居ただけである。

月日よりしんぢつをもいついたるわ
なんとせかいをはじめかけたら 六 81

月日親神が、「しんぢつをもいついたる」心底《しんそこ》から思いついたのは、どうかして「せかいを」、人間がその中心にあるわけですが、世界を創めかけたら……。さぞかし楽しかろうといった言葉が続くところです。人間世界を創めかけたいものだという親神様の願望であります。

ないせかいはぢめかけるハむつかしい
なんとどふぐをみたすもよふを 六 82

今までにない世界を創めかけるのは実に難しい。「なんとどふぐを」何とかして道具を見出す段取りをしよう。

みすませばなかにどぢよもうをみいも

ほかなるものもみへてあるなり　六　83

そこで泥海の中を見澄ますと、その中に「どぢよ」、さらに、「うを」「みい」も、「ほかなるもの」というわけですから、その他のものも見えている。

そのものをみなひきよせてたんぢやい
にんけんしゆごはぢめかけたら　六　84

そのもの達、「どぢよ」「うを」「みい」さらにその他の道具衆、それらを皆引き寄せてそれぞれに談じ合いをして、「にんけんしゆご」人間創造の守護に着手したなら。この「たんぢやい」というのが、大変興味深いところですね。親神様は神様だから一方的にお命じになってもいいと思われるところですが、道具衆をそれぞれに引き寄せて談じ合いをなさる。人間を創造するについて、まず「うを」と「み」を引き寄せて、その道具になるようにと説得なさる。初めはいやがったという話も伝わっています。それを納得させて道具としてお使いになる。その他のものについても、納得をさせて、食べてその心味わいをお試しになって、それぞれの道具としてお使いになっています。

談じ合いは、お道の信仰において非常に大切な精神だと言えると思います。思い浮かぶのは、立教の時の談じ合い。夫善兵衛様をはじめとするお側《そば》の方々にも、納得をさせて、納得と言うか、半ば強迫的な感じもするのでありますが、「みきを差上《さし》げます。」と自ら申し出ずにはおれないまでに、時間をかけ、手立てを尽くしておられます。また、教祖が現身《うつしみ》をおかくしになる直前、真柱様をはじめとするお側の方々と、実に緊迫した談じ合いがなされています。そうした、神と人、あるいは元初まりで言えば、神と道具衆との間の談じ合い、これらは談じ合いの大切さをお教え下さっているように思います。神様は決して妥協はなさいませんが、時間をかけ、言葉を尽くして、神意を納得できるよう導かれます。

ないせかいはじめよふとてこの月日
たん／＼心つくしたるゆへ　六 85

紋型ないところから、人間世界を創めようと、月日親神が、「たん／＼」順を追い、いろいろ心を尽くしてきたがゆえの現在である。

このみちをしりたるものハさらになし
月日ざんねんなんとをもうぞ　六 86

「このみち」元初まり以来、親神が心を尽くしてきた道中を知っている者が誰もいない。「月日ざんねん」月日親神のこの残念の思いを、何と思っているか。

こらほどにをもてはじめたこのせかい
月日の心なんとざんねん　六 87

これほどに思いを込めて創めたこの世界であるだけに、親神は実に残念でならない。

月日よりたん／＼心つくしきり
そのゆへなるのにんけんである　六 88

月日親神がいろいろと心を尽くし切って、「そのゆへなるの」そのおかげと申しましょうか、その心尽くしがあってこその人間である。

それしらす今のところハ高山ハ
みなはびかりてまゝにしている 六89

そうしたことも知らないで、現状では、高山の者は皆、おごり高ぶって恣にしている。

この月日大一これがさんねんな
どんなかやしをするやしれんで 六90

月日親神としては、これが一番の残念である。これに対して「どんなかやし」どんな返報をするかしれないぞ。

このせかい山ぐゑなそもかみなりも
ぢしんをふかぜ月日りいふく 六91

「山ぐゑ」は山崩れのことです。その「かやし」が具体的に、世界に起こる山崩れ、また落雷、地震、大風といった天変地異として列挙されています。それらは月日親神の立腹の現れである。非常に厳しい返しですね。

どのよふなたいしや高山ゆたんしな
なんとき月日とんでゞるやら 六92

「たいしや」というのは大きい神社です。どんな大社であっても、あるいは支配層であっても、油断するなよ。「なんとき月日とんでゞるやら」いつ何時に親神が飛んで行くか知れないぞ。警告ですね。

大社は、辞書、例えば『広辞苑』には、官幣大社、中社、小社という戦前の神道における格式を表すものだと出ています。おぢば近くにある大和神社は官幣大社、一番格式の高い神社です。石上神宮も、かつては官幣大社とされていました。いずれも格式の高い大社です。「とんでゞる」が、少し解釈の難しいところですが、他の用例を見てみますと、例えば「にち〳〵になにせきこむとゆうならば　月日とびでるもよふばかりを（九　15）」「月日よりとびでるところ一寸はなし　高いところやとふいところい（九　21）」といった具合に、ネガティブな意味では使っておられない。親神様が積極的に働かれるという意味で使われています。これは、ご守護が退いてしまうことじゃないかな、という感じもするのですが、その場合には退くと仰しゃっています。ここでは親神様の積極的なお働きが現れると解釈します。つまりおごり高ぶる大社や高山に対して、親神様が飛んで行って厳しい返しをお与えになるということです。註釈もそのようになっています。

一れつハみな〳〵わがみきをつけよ　六 93
月日ゑんりよわさらにないぞや

お前達みんな誰も彼も、自分の身に気をつけよ。月日親神は決して遠慮はしないぞ。

なにもかもせへいゝバいにことわりて　六 94
それからかゝる月日しことを

「ことわる」という語は、元々は「事割る」からきています。前に、「分ける」「分かる」の話をしましたが、混沌としていたり、正体不明のものを分けたり割ったりしていくことが、物事を理解することの内実だ、という背景があるのです。ここでは、あらかじめ告げてという意味合いが強いところですが、その場合でも、なぜそうかということを説明して納得させる努力を事前に払って、という意味の「ことわり」なのです。「押し売りお断り」という時の「断り」も、ただ拒絶するのではなくて、訳を言って納得をさせて拒否するというのが本来の意味です。

何であれ、前もって精一杯に訳を言った上で、それから月日親神は仕事に掛かる、働きを顕すのだ。つまり、いきなり何も言わずに現したりしないということです。我々、何か厳しいお知らせを頂いた時に、「何でこの私が」とか「何であんなにいい人が」と、何か恨みがましいことを思ったり言ったりしますが、冷静に振り返れば、必ずそれに先立つお知らせがあるはずです。後でそうしたことに思い至ることになりがちですが、前触れの段階で気付き、よく思案し、改めるべきは改める心構えが大切です。

とのよふな事もうらみにをもうなよ
みなめへ／＼のみうらみである　　六 95

従って、どんなことがあっても神を恨みに思うでないぞ。全てお前達銘々の「みうらみ」我が身恨みである。ここでの恨むは、自分を恨めしく思うと言うよりも、よく振り返って反省し、心を入れ替えよとのお諭しです。『みかぐらうた』にも、「なんぎするのもこゝろから　わがみうらみであるほどに（十下り目七ッ）」とあります。

このはなしたん／＼くどきつめてある

これしいかりとき〻わけてくれ 六 96

「くどく」は繰り返し言うこと。「つめる」は、徹底的にというニュアンスです。この話は段階を踏んで、繰り返しとことん説いてきている、これをしっかりと聞き分けてもらいたい。

一れつハみなめへ〳〵のむねしたい 六 97
月日みハけているとをもゑよ

誰であれ皆、「めへ〳〵のむねしたい」各自の胸次第に守護をする。「月日みハけて」月日親神が銘々の胸の内を見分けて、それぞれの心通りに守護していると承知せよ。

月日よりしんぢつ心みさだめて 六 98
うけとりしたいかやしするなり

月日親神が、「しんぢつ心みさだめて」しっかりと銘々の心を見定めて、その受け取ったところに応じて返しをするのである。

いま〻でハなにをゆうてもをもふても 六 99
みなにんけんの心はかりで

これまでお前達は、何を言うにしても思うにしても、全て人間の心、人間思案でもっぱら事を運んできた。

これからハよき事してもあしきでも 六 100
そのま〻すぐにかやしするなり

これからは、お前達が良いことをしても、あるいは悪いことをしても、そのまま直ちにそれに応じた返しをする。

六 101

いまゝでハなにかさとりもありたけど
もふこれからハさとりないぞや

この「さとり」の解釈がちょっと難しい。大きな辞書を見ますと「悟る」という言葉には、「物事の道理を詳《つまび》らかに知る。明らかに理解する。」という意味に続いて、「隠れているものを推し量って知る。察知する。感づく。」という意味があるのです。この「隠れているものを推し量って知る。」というのが、ここではぴったり当てはまるように思います。

つまり、今までは何についても、「さとり」隠れていてよく分からないのでその意味を推し量るということをしてきた。しかし、これからはそのまますぐに返しとして表す、と仰しゃっているわけですから、隠れていて分からないものを推し量る必要はなくて、もうはっきりと目で見ることができる。従って、これまでは本当のところが隠れていてよく分からなかったので、それを推し量る以外になかったけれども、これからはもうそうした必要はない。はっきりと形に表して知らせるから、となります。

いき、てをどりでたすける

このよふのしんぢつのをや月日なり
なにかよろづのしゆこするぞや 六 102

「このよふのしんぢつのをや」、この世の一切のものを生み出し、創り出したのは月日親神である。その親神がどんなことも万事の守護をするのである。

このさきハなにをゆうてもうそハない
みなしんぢつとをもてきゝわけ 六 103

これから先は、どんなことを言っても、嘘、偽りはない。全て真実だと思って聞き、納得するように。もちろんこれまでも教祖の仰しゃることに嘘はないのですが、それがすぐに現れてこないので、信じ切れない、半信半疑だったということでしょう。しかし、先立つ一連のお歌にありましたように、今後はそのまますぐに返すということですから、これからは教祖の仰しゃることはすぐさまにも現れてきて、疑いの余地がありません。

どのよふな事でも月日しんぢつに
をもてはじめた事ばかりやで 六 104

どんなことも月日親神が心底から思って創めたことばかりなのだ。

いまゝでハやまいとゆへばいしやくするり
みなしんバいをしたるなれども　六 105

今までは病気になったと言えば、やれ医者や薬やと言って、皆心配をしたものだけれども。

これからハいたみなやみもてきものも
いきてをどりでみなたすけるで　六 106

これからは、身上に現れた痛み、悩み、あるいはできものといった患いも、「いきてをどり」というのはおさづけですね、全ていきのさづけ、てをどりのさづけによってたすけるぞ。

先ほどの史実との関連で言えば、教祖は山村御殿に十二月二十三日に召喚されておられます。二十四日には、ものだねの歌をお記しになっている。さらに二十五日に、中教院が神名の取り払いと信仰差し止めを申し渡してきた。そして、十二月二十六日に赤衣をお召しになって、四通りの身上たすけのためのおさづけを初めてお渡しになった。すなわち「一に、いきハ仲田、二に、煮たもの松尾、三に、さんざいてをどり辻、四に、しっくりかんろだいてをどり桝井」と四人の方に渡された。その中に山村御殿への御苦労のきっかけになった大和神社での問答に行かれた仲田、松尾のご両人が含まれています。

それまでのおさづけ、肥のさづけ、あるいは扇のさづけ、御幣《ごへい》のさづけは、いずれも戴いた本人が直接ご利益に与《あずか》るものですが、いき、てをどりは人だすけのためのおさづけです。しかし、おかきさげでは、「救《たす》ける理が救かる」と仰せられ、人だすけをする真実をお受け取り頂いて、自らもたすかるとお諭し下さっています。今日我々が頂戴《ちょうだい》しているのは、その中のてをどりのさづけです。てをどりのさづけは、あしきはらひのさづけとも言い、現在真柱様は、お運びの場では、あしきはらひのさづけと仰せになっています。そうした人だすけのための、身上たすけのためのおさづけの理を初めてお渡しになった史実に対応しているお歌です。

このたすけいまゝでしらぬ事なれど
これからさきハためしゝてみよ　六 107

この、いき、てをどりのさづけによるたすけは、今までお前達は知らなかったけれども、これから先は試しをしてみよ。さづけの取り次ぎによって不思議なたすけを現す、との仰せです。

どのよふなむつかしきなるやまいでも
しんぢつなるのいきでたすける　六 108

どんな難しい病、難病であっても、真実のこもるいきのさづけによってたすける。患部に息をかけるというのが、元来のいきのさづけの取り次ぎ方ですが、後にはお息紙という形で、和紙に息をおかけになったものを広く下付下さるという使われ方もしています。

月日よりしんぢつ心みさためて
いかなしゆこふもするとをもゑよ　六 109

月日親神が真実の心を見定めて、どんな守護もすると心得よ。

むまれこふほふそはしかもせんよふに

やますしなすにくらす事なら　六 110

「むまれこふ」、これは「うまれこを」と読みます。この「む」という音と「う」という音は、当時、区別がはっきりしていなかったようです。「むまれこ」生まれたばかりの子供、新生児です。それが、疱瘡《ほうそう》にかかったり、はしかにかかったりすることもなく、「やますしなす」、病気にもならず早死にもせず暮らすことなら、どんなにか嬉《うれ》しかろう、と人々の願いをお汲《く》みになっています。

しかときけいかなぢうよふするとても
月日の心ばかりなるぞや　六 111

よく聞け。どんな自由自在の働きをすると言っても、全て月日親神の心からすることである。従って、親神様のお心に適う心定めと実行が大切です。

信仰差し止めへの返し

いまゝでもたいてくどきもといたれど
まだゆいたらん月日をもわく　六 112

これまでから大抵、「くどき」繰り返し話をすること、繰り返し話をしてきたけれども、まだ月日親神の思惑を十分に説いたとは言えない。

このたびハなにか月日のさんねんを

つもりあるからみなゆうてをく 六 113

この度は、月日親神の何やかやと積もる残念の思いを全て言っておく。

このところたすけ一ぢよとめられて
なんでもかやしせすにいられん 六 114

「このところ」これは教祖がご自分のことを仰しゃるケースが多いと申しました。註釈には、「このぢばに於《おい》て始めかけたたすけ一条の道を、」と、「このところ」をおぢばに結びつけて解釈しています。それが元々の意味です。明治七年十二月、信仰の差し止めを言い渡された。「たすけ一ぢよとめられて」たすけ一条の道を差し止められて、実に残念だ。どうでもそれに対する返しをせずにはおれない。

このかやしたいしや高山とりはらい
みな一れハしよちしていよ 六 115

「たいしや」大きな神社、格式の高い神社、「高山」支配層です。この返しというのは、大社、高山の取り払いだ。お前達は皆、それを承知していよ、と仰しゃって、返しをより具体的に、

このはなしなんとをもふてきいている
てんび火のあめうみわつなみや 六 116

この話をお前達は何と思って聞いているか。「てんび」天の火というわけですから、雷かと思いますが、他のものかもしれない。火の雨は、火山の噴火でしょうか。中には、空襲じゃないかと言う人もある。火の雨が降ってくる、あるいは津波が押し寄せる。そうした大変な事態が出来《しゅったい》する。

こらほどの月日の心しんバいを
せかいぢうハなんとをもてる　六 117

これまでのように高山がおごり高ぶっていると、そうした恐ろしいことになる。こんなにも月日親神は心配しているのに、それを世界中の人間はいったい何と思っているか。

たん／＼とくどきなげきハとくけれど
しんぢつなるの心たすける　六 118

このように「たん／＼」いろいろと口説いたり嘆いたりするけれども、「しんぢつなるの」真実の心の者は、必ずたすける、と仰しゃって、その後に、

どのよふなものも一れつハかこなり
月日の心しんばいをみよ　六 119

「どのよふなもの」というわけですから、そこには、高山も「たいしや」も含まれるでしょう。どんな者であれ皆等しく、親神からすれば我が子である。我が子を思う「月日の心しんばい」、月日親神がどれほど心配しているかを察してもらいたい。そこには、真実の心の者だけをたすけるというのではなく、誰もが皆真実の心になってもらいたいという親心がうかがえます。

心次第に自由の守護

このよふハ一れつハみな月日なり
にんけんハみな月日かしもの 六 120

この世の一切は皆、月日親神が創造し、支配するところである。守護するところである。そして人間の体は皆、月日親神が貸しているものである。

せかいぢうこのしんぢつをしりたなら
ごふきごふよくだすものわない 六 121

すなわち、一切は皆、親神様がご守護下さっていて、人間はその親神様から体をお借りしているという真実を知ったならば、誰も「ごふきごふよく」おごり高ぶった心や、あるいは強欲、甚《はなは》だしい欲の心を使う者はない。

こゝろさいしんぢつよりもわかりたら
なにもこわみもあふなきもない 六 122

この「わかる」には、ただ単に親神様の思いが分かるというだけではなくて、心が澄み切って親神様の思いが分かるというニュアンスがあると思います。お前達人間の心さえ、心底から澄み、親神の思いが分かったならば、決して怖いことも危ないこともない。

月日よりをしゑる事ハみなけして 六 123
あとハにんけん心ばかりで

然《しか》るに、現実には、人間達は月日親神が教えることを「みなけして」打ち消して、否定して、後はもっぱら人間心で思案し、事を運んでいる。

いまゝでもこのよはじめたしんぢつを 六 124
をしへてをことをもたなれども

従来からも、「このよはじめたしんぢつ」この世の元初まりの真実を、お前達に教えておこうと思ったけれども。

月日よりにち〳〵心せきこめど 六 125
こくけんまちているとをもゑよ

教えておきたいと思っても、すぐに教えるわけにいかないんですね。早く教えてやりたいと気が急《せ》くけれども、それを教えるべき刻限、タイミングを待っていると承知せよ。大切なことだからと言って、すぐに教えるというものでもない。それにふさわしい時がある。

このはなしなんとをもふてきいている 六 126
月日をもわくふかいりやくを

この話を、お前達は何と思って聞いているか。月日には思惑があるのだ。どういう思惑か。「ふかいりやく」、「りやく」は、親神様のご守護、お恵みですが、特に「ふかい」と付いている。深いの反対は浅いです。そういう意味で申しますと、親神様は我々に利益を見せてやりたいとお思いになっているのですが、それは単に表面的な、薄っぺらなご利益ではなくて、本質的、根本的な利益だということでしょう。深い利益を頂戴するためには、この元初まりの真実を、然るべき時に聞かせてもらうことが欠かせない。

こればかり人なみやとハをもうなよ
月日のしごとゑらいをもわく　六 127

このことばかりは、世間並みのありふれたことのように思ってはならない。「月日のしごと」月日親神の為《な》さんとしていることには、「ゑらい」大きな思惑があるのだ。

月日よりぢうよちざいとまゝとけと
まだいまゝでわみゑた事なし　六 128

月日親神は自由自在の働きをすると、しばしば説いてきたけれども、まだ今までは、それが見える、現実のものとなるまでに至らなかった。

このたびハぢうよぢざいをしんぢつに
してみせたならこれかまことや　六 129

この度は、その親神の自由自在の働きを真実にする、現実のものとして見せたならば、なるほどこれは本当だ、間違いないと納得できるだろう。

とのよふな事をするのもみな月日

しんぢつよりのたすけ一ぢよ　六 130

どんなことをするのも全て、月日親神の為せる業である。たすけ一条というのは、ひたすらたすけてやりたい親心です。親神は心底からお前達子供をたすけてやりたいという一筋の思いなのだ。

たいないゑやどしこむのも月日なり
むまれだすのも月日せわどり　六 131

子供を母体に宿し込む、妊娠するというのも、月日親神の守護であり、またその子供が生まれ出てくるのも、月日親神の世話取りするところである。この辺り、親神様の自由自在のお働きの一つの例として、「をびや」につながる流れの感じられるところです。そして実際、第七号には「をびや」に関する話が、まとまって出てきます。

このたびハどのよな事もしんぢつに
みなあらわれてしてみせるでな　六 132

この度は、どんなことも、「しんぢつに」は最後の「してみせる」に掛かっています。「あらわれて」あらわれるは、はっきりと表面に出る。明らかになるという意味です。註釈は、「親神が表に現れて」としていますが、文脈的には、親神の自由自在の働きが表面に出るようにして、のほうがふさわしいように思えます。従って、どんなことも、親神の働きを全て実際に表に出るようにして見せる、となります。

これをみていかなものでもとくしんせ

心したいにいかなぢうよふ

その親神の働きが実際に現れてきた姿を見て、どんな者でも、なるほど「心したいに」真実の心次第に、どんな自由自在の守護もなさると得心するように。

六 133

どのよふな事をするのもしんぢつの
心したいにみなしてみせる

六 134

その前の「いかなぢうよふ」を受けて、どんな自由自在の働きを顕すのも、全てお前達の真実の心次第にして見せる、と結んでおられます。

このように第六号は、大変内容豊富な号です。まず、元の理の本論が展開されています。その話をなさるに先立って、神という親神様の呼称を「月日」と改めておられる。明治七年には、様々な重要な出来事がありましたが、それらの史実を背景に味わわせてもらいますと、一層お歌の重みが増すように思います。赤衣をお召しになったこと、あるいは身上たすけのためのさづけの理をお渡し下さるようになったこと、またその背後には官憲の取り締まり、神名の取り払い、あるいは信仰の差し止め、というような史実がある。しかし、それとて、困ったことが起こってきたということではない。教祖が、格式の高い大和神社へ高弟二人を遣られて、「どういう神で御座る」と問答をさせられたことが発端です。ある意味では教祖のほうから、言わば仕掛けられたことです。本教の歴史の上からも一つの大きな展開があったと言える明治七年の十二月にお記しになったのが、この第六号です。『おふでさき』全体の中でも、一つのピークをなしている号であります。

第七号

第七号の概要

号全体のテーマは〝つとめによるたすけ〟である。

まず、立教の由縁、元のいんねんを仰せ出され、元初まりをはじめ、万事を説き聞かすのも、人々の行く手を案じ、たすけてやりたい、さらには陽気づくめに導いてやりたいとの親心からであることを、号全体にわたって繰り返し言明される。

また「今がこの世の初まり」と、世の立て替えの始め出しを宣《の》べられる神意を得心させるべく、自由自在《じゅうようじざい》の働きを顕《あらわ》すと告げて、特に、をびやたすけを引き合いに、よろづたすけのつとめに加えて、それぞれの願い筋のつとめを教えると仰せられる。

結びでは、陽気づくめの語を用いて、陽気ぐらしの世の一つのイメージを提示されると共に、その陽気づくめは、何よりもつとめによってもたらされることを改めて教示して、つとめの段取りと実行を重ねて急《せ》き込まれる。

また、つとめについて「世界たすけのもよふ」とも仰せになり、具体的な運びとしての、つとめを教えるための段取り、また、その担い手たるよふぼくを見出し、丹精する様子などにも言及される。

こうした中で、常に、親神の言葉には人間の心はない、心配はない、信じてもたれよと諭し、励まされて、真実の親への確信を深めるよう促される。

をびやという語がまとまって出てくる号にふさわしく、たまへ様の出生にまつわる思惑を明かされ、これが世の立て替えの第一歩であると、それにつけてもつとめの段取りを急がれる。

怖き危なき道を案じる

月日より三十八ねんいぜんにて
あまくだりたる元のいんねん　七　1

この第七号が書かれたのは明治八年二月ということであります。

『おふでさき』では、年数は、いつも数えで仰《おっ》しゃっています。明治八年は一八七五年、天保九年は一八三八年でありますから、明治八年を含めて一、二と遡《さかのぼ》っていくと三十八年目が天保九年になります。ですから、三十八年以前、すなわち天保九年に、月日親神が天降《あまくだ》ったのは、「元のいんねん」、元初まりに、人間を造りその陽気ぐらしを見たいと、この元のぢばで最初の命を宿し込んだ、そうした元のいんねんがあるからである。

月日よりそのいんねんがあるゆへに
なにかいさいをはなしたいから 七 2

その元のいんねんがあるゆえに、月日親神は「なにかいさい」どんなことも詳しく、細かしく話をしたいのである。人間というのは何のために造られたのか、誰によって造られたのか、いつ、どこで、どのように造られたのか。どうすればたすけてもらえるのか、陽気ぐらしへと導かれるのか。そうしたことを詳しく話してやりたい。

上たるハそれをしらすになに事も
せかいなみやとをもているなり 七 3

上に立つ者達は、そんなことを知らずに、つまり人間を造り出した神が天降っているとは知らないで、どんなことも世界並み、世間によくあるありふれたもののように思っている。

このところ元なるぢばの事ならば
はぢまりだしをしらん事なし 七 4

この屋敷、ここは人間を宿し込んだ元のぢばである。また、それゆえにこの度親神が天降った。だからして、「はぢまりだし」この世人間の初まり出しについて知らないことは何一つない。何でも知っている。この世人間を創《はじ》め出した、造った親なんだから。造り主なんだから。

上たるゑこのしんぢつをはや〳〵と
しらしてやろと月日をもゑど　七　5

上に立つ者達に、「このしんぢつ」初まり出しの真実を早く知らせてやりたいと、月日親神は思っているけれども。

上たるハそれをしらすにめへ〳〵の
わがみしやんをばかりをもをて　七　6

上に立つ者達は、そうしたことを知らないで、「めへ〳〵のわがみしやん」銘々勝手に自分中心の思案ばかりをしている。

月日にハたん〳〵みへるみちすぢに
こわきあふなきみちがあるので　七　7

そのように我が身思案ばかりにふけっていると、やがて怖い危険な道に出くわすことが親神の目には見えている。

月日よりそのみちはやくしらそふと
をもてしんパいしているとこそ　七　8

月日親神は、その「こわきあふなきみち」を早く知らせてやりたいと思って心配をしているということを承知せよ。

にんけんのわが子をもうもをなぢ事

こわきあふなきみちをあんぢる 七 9

人間が自分の子供のことを思うのと同じように、親神はお前達がこれから出会うであろう怖い危険な道中を心配している。

それしらすみな一れハめへ〳〵に 七 10
みなうゝかりとくらしいるなり

「一れ」の後に「つ」を補って読むところです。外冊《げさつ》には、「つ」が入っているものがあります。それを知らないで、人間達は、誰も彼も皆それぞれに、ぼんやりと何の注意も払わずに暮らしている。このままでは、やがて怖いことや危ないことに遭遇するということに少しも気づかないでいる。

このせかいなにかよろづを一れつに 七 11
月日しはいをするとをもゑよ

この世界は、どんなことも万事普《あまね》く、月日親神が支配をしていると承知せよ。

このはなしどふゆう事にをもうかな 七 12
これからさきのみちをみていよ

今言っているこの話を、いったいお前達はどのように思って聞いているか。これから先の道中をよく見ていよ。

どのよふな高い山でも水がつく 七 13
たにそこやとてあふなけわない

高い山に水が浸《っ》くはずがないというようなものですが、親神様は、どんな高い山であっても水が浸く。逆に谷底、ずっと水が浸きやすいはずの谷底でも、決して危ないことはない、とも仰しゃる。非常に逆説的に聞こえます。高い山というのは、支配層、上に立つ者です。そういうところの者であれば、何の心配もないかと言えば決してそんなことはない。逆に谷底に暮らす最下層の者は、さぞかし苦しいことばかりだろうと思うが、そうではない。なぜか？　親神様の思召《おぼしめし》に適《かな》うか適わないかということが、その分かれ目になるわけです。先に、万事は月日が支配をすると仰しゃっているわけですから、親神様の思召に適わなければ、どんな高い山であっても水が浸くというような事態になる。逆に、谷底に暮らす者であっても、思召に適う通り方をしていれば、決して心配はないんだと励ましておられるのであります。

なにもかも月日しはいをするからハ
をふきちいさいゆうでないぞや　　七 14

どんなことも月日親神が支配をしているのであるから、「をふきちいさいゆうでないぞや」決して目に見える形の大小を言うのではないぞ。形の大小ばかりでなく、優劣、貴賤《きせん》なども含まれます。高山、谷底も、その一つの例です。形の大小を言うのではないとなれば、何を言うのか。それは目に見えない理や徳についてでしょう。

よふぼくが欲しい

これまでもなんでもよふ木ほしいから
たいていたづねいたるなれども 七 15

「よふ木《ぎ》」というのは、よふぼくのことです。「よふ木」と「よふぼく」の用例を調べてみますと、意味的には、ほとんど違いはありません。「よふ木」も「よふぼく」も同じ意味でお使いになっていると言えます。これまでからも、どうでもよふぼくが欲しいからして、大抵探し求めてきたけれども。

このたびハたにそこにてハ一寸したる
木いがたあふりみゑてあるなり 七 16

先にも「たにそこ」という言葉が出ていましたが、そうした、言わば最下層の者達の中に、「一寸したる」、頼もしいというニュアンスです。なかなか頼もしい木が「たあふり」たっぷり見えている。「木」とだけ仰しゃっている時は、立ち木です。立っている木のままでは、よふぼくにならない。これに手入れをし、切り出し、細工をして、初めて役に立つようになる。谷底に、頼もしいよふぼくになりそうな人材が、たくさん見えてある。

このきいもたん〳〵月日でいりして
つくりあけたらくにのはしらや 七 17

この末頼もしい木にだんだんと月日親神が、「でいり」、これは「ていり」かと思われるところです。外冊には「て」となっていたりする。しかし、ローマ字版の『おふでさき』では、「でいり」となっていますので、そのように読ませて頂きます。意味的にはそんなに違わないと思います。月日親神が出入りをしてそれを仕上げたならば、やがては国の柱とも言うべき、国を支えるほどの人材になる。

それからハにち〳〵月日みさだめて　七 18
あとのよふ木のもよふばかりを

それからは、日々、月日親神が人材を見定めて、後に続く「よふ木」よふぼくの段取りをする。

それよりもひねた木からたん〳〵と　七 19
ていりひきつけあとのもよふを

それからも「ひねた木」年限を経た木から、だんだんと手入れをし、引き寄せる。さらに、その後の段取りをする。

にち〳〵に月日をもわくふかくある　七 20
をなじところに二ほん三ぼん

日々、月日親神様のお思いになることには深い意味があります。同じ場所に二本三本と頼もしい木があるのも、親神の深い思惑があってのことだ。

この木いもめまつをまつわゆハんでな　七 21
いかなる木いも月日をもわく

このよふぼくたるべき人材については、「めまつをまつ」女松、男松は言わない。男女を問わない。どんな木、人材であれ、よふぼくとして使うについては、全て月日親神の思惑によるのである。

このあといなにのはなしをするならば
よふ木のもよふばかりゆうなり　七 22

この後、どういう話をするかと言うと、もっぱらよふぼくの段取りの話をする。

よふ木でも一寸の事でハないからに
五十六十の人かずがほし　七 23

この「よふ木」よふぼくと言っても、ちょっとばかりの数ではない。五十、六十という、まとまった人数が欲しいのだ。五十、六十というのは、決して多い感じはしません。むしろもっと必要な気がする。今、天理教のよふぼく数は、百万前後かと思います。この数については二代真柱様が『續ひとことはなし』の中で、つとめ人衆とする解釈を提示されています。今日、おさづけの理を戴《いただ》いた人のことをよふぼくと呼んでいますが、それは、『おふでさき』で仰しゃっているよふぼくとはちょっと意味が違うように思われます。

このにんもいつ〳〵までもへらんよふ
まつだいつゝきゝれめなきよふ　七 24

この五十、六十という人数がいついつまでも減らないように、末代まで続いて、そこに切れ目がないようにしたい。

胸を掃除し、真実を出せ

こらほどにをもう月日のしんちつを
みなの心わなにをふもうや 七 25

これほどまでに心を砕いている月日親神の真実を、お前達は皆、いったい何と思っているのか。

どのよふなくどきはなしをするのもな
たすけたいとの一ぢよばかりで 七 26

どんなしつこいまでの話をするのも、一れつ子供をたすけたいとの「一ぢよ」一筋の思いからである。まさに、たすけ一条です。ひたすらたすけてやりたいとの思いから、くどくどと話をするのである。

一れつのむねのうちよりしんぢつに
はやくわかりた事であるなら 七 27

それから八月日よろづのしはいする
なにかよろづのたすけするぞや 七 28

「むねのうちより」心の底から、「わかりた」分かるというのは前にも申しましたが、心が澄んで親神の思いが分かるようになることです。従って、全ての人々の心が早く本当に心の底から澄み切り、親神の思いが分かるようになったなら。

「それから八月日よろづのしはいする」それから後は、親神が万事の支配をする。従来も親神様がご守護下さる世界ですが、人々の心が、ほこりまみれの濁った状態では、心通りの守護という上からも、よろづたすけの実が挙がらないということです。すなわち、その後は、「よろづのたすけ」ありとあらゆるどんなたすけもする。そのためには、やはり究極《だめ》の教えを知らしめ、行き渡らせることが不可欠です。

このたすけはやくりやくをみせたさに
月日の心せくばかりやで 七 29

この「よろづのたすけ」すなわち、ありとあらゆるたすけの上に、早く、「りやく」文字通りに言えばご利益《りやく》です、神の働き、守護を見せてやりたいと、月日親神の心はひたすら急いている。

なにもかもこのせきこみがあるゆへに
むねのうちよりそふぢいそぐで 七 30

何もかも「このせきこみ」早く利益を見せてやりたいと急き込んでいるがゆえに、心の底から掃除することを急ぐのだ。ですから、利益を見せてやりたいと思召《おぼしめ》されても、皆の心がほこりにまみれている状態では、たすけてやることができないということにもなります。胸の掃除が前提になる。

このはなしどこの事やとをもうなよ
みなめへ〳〵のうちのはなしや 七 31

これはいったいどこの話かなどと思ってはならない。「めへ〳〵のうちのはなし」、註釈を見ますと

「自分自身の家に対する親神の諭しである」となっていまして、それは他人事《ひとごと》ではない、お前達銘々の家の話であると解釈しています。しかし、この「うち」を、前のお歌に「むねのうち」、次の三十二番にも「むねのうち」とありますから、銘々の胸の内の話だと解釈することもできると思います。その場合、お前達銘々の胸の掃除を急ぐのだ、となります。

めへ〳〵にむねのうちよりしいかりと
しんちつをだせすぐにみへるで 七 32

銘々に心の底から、しっかりと「しんちつをだせ」と、お前達の真実をはっきりと表せ、と仰しゃる。そうすればすぐに利益が見えるぞ。胸の掃除をする、真実を出す。そこに利益が見えてくる。こういう順序であります。

月日よりこのせきこみがあるゆへに
なにか心わいそがしい事 七 33

胸の掃除をし、早く利益を見せてやりたい、と急き込んでいるがゆえに、月日親神の心は何かと忙しい。

これさいかはやくぢうよふみせたなら
月日の心ひとりいさむに 七 34

親神の自由の働きによる利益、これさえ早く見せることができたならば、月日親神の心は自《おの》ずと勇み立ってくるのに。子供達の胸の掃除ができ、真実を出し、そしてご利益を頂く姿は、親神様もお勇み下さるところとなるのであります。

をびやたすけの試し初め

いまゝでも今がこのよのはじまりと
ゆうてあれどもなんの事やら 七 35

「今がこのよのはじまり」というのは、なかなか味わいのあるお言葉です。我々、この世の初まりと言えば、いわゆる元初まり、九億十万年余り前の元初まりだと承知しているのですが、今がこの世の初まりと仰しゃる。こういうお歌は他にもありまして、例えば「このつとめこれがこのよのはぢまりや　これさいかのた事であるなら（十五　29）」と仰せになっています。つまり、親神様が世の表にお現れになって、たすけ一条の道をお開き下された立教は、まさに、この世の初まり、人間創造の目的である陽気ぐらしへの世の立て替えの出発点だということです。ですから、元初まりと立教とは、その意味で一つ理のものであると言うことができる。これまでから、今がこの世の初まりであると言ってきたけれども、「なんの事やら」お前達はその意味、神意が全く分からないでいた。

このたびのぢうよぢざいでとくしんせ
いまゝでこんな事ハしろまい 七 36

この度の自由自在の守護によって得心せよ。今までお前達はこんなことは知らなかっただろう。こう仰しゃって、次に具体的な話、をびやたすけの話に入っていかれます。

月日よりたいないよりも入こんで
ぢうよぢざいをみなしてみせる 七37

月日親神が胎内に入り込んで自由自在の働きをしてみせる。

こらほどのぢうよぢざいのしんぢつを
はなしするのハいまはじめやで 七38

これほどの親神の自由自在の働きの真実について話をするのは、今が初めてである。

このさきハいつになりてもこのどふり
ぢうよぢざいをはやくしらする 七39

これから先は、いつまでもこれと同じ道理である。自由自在の親神の働きを速やかに知らせる、と仰しゃって、

いまゝてもいかなるみちもとふりたが
をびやたすけのためしはぢめや 七40

『おふでさき』では、ここで「をびや」という言葉が初めて登場します。今までもどんな道中も通ってきたが、「をびやたすけ」を試みるのは初めてである。をびや許しの初めは、嘉永《かえい》七年におはる様が頂かれたをびや許しだと言われています。ですから、このお歌は明治八年に初めてをびや許しをお渡しになったという意味ではありません。七号のテーマは〝つとめによるたすけ〟ですが、をびやづ

とめを勧めてのをびやたすけを試みるのは初めてである。

このたびハをびやたすけのしんぢつを 七41
はやくたすけを月日せけども

この度は、「をびやたすけのしんぢつ」をびやたすけの真実を教えて、早くたすけてやりたいと、月日親神は急いでいるけれども。

一れつハいまゝでしらん事やから 七42
みなぢいくりといづみいるなり

当時世間では、お産は女の大役、あるいは大厄として、お産にまつわる様々な風習、因習がありました。従って、「お産は病気ではない。をびや一切常の通り、腹帯いらず、凭《もた》れ物いらず」などと言われても、なかなかすぐには承服できない。実行できない。誰もが今まで知らないことだから、皆「ぢいくりと」躊躇《ちゅうちょ》し、気が進まない、積極的に試みる気になれない。

しんぢつに心さだめてねがうなら 七43
ちうよぢざいにいまのまあにも

本当に、心底から心を定めて願うならば、自由自在の働きを「いまのまあにも」直ちに顕す。

この事ハたれでもしらぬ事やから 七44
むねがわからん月日さんねん

しかし、こうしたことは今まで誰も知らなかったことだから、「むねがわからん」月日親神の胸が、親神の思いが分からないのが実に残念だ。

この当時は、お産はかなり危険を伴うものだったようです。お産によって命を落とす女性が少なくなかった。従って、をびやたすけは、大きな意義のあるおたすけですし、また、お産は、誰もが母親の胎内から生まれてくるわけですから、関わりのない者はないという類《たぐい》のおたすけです。そうしたことを思い合わせますと、をびやたすけを道あけと仰せになったのも頷《うなず》けます。

たすけ一条急いている

いまゝてハなによの事もみへねども
これからさきハはやくみゑるで 七 45

しんぢつの心あるならなになりと
はやくねがゑよすぐにかなうで 七 46

これまでは、「なによの事」どのようなことも、はっきりと目に見える形では現れてこなかったけれども、これから先は早く見えてくる、現れてくるぞ。従って、お前達に真実の心があるならば、今後はどんなことでも早く願えよ。すぐに叶《かな》うぞ、と仰しゃる。

とのよふな事ハいかんとゆハんてな
たすけ一ぢよせゑているから 七 47

どんなことを願ってはいけないなどとは言わない。何であれ、願いを叶えてやる。それというのも、「たすけ一ぢよ」ひたすらたすけてやりたいと、たすけ一条の道を急いでいるからだ。

こらほどに月日の心せきこめど
そばの心わなんでいづむど 七 48

たすけ一条を急くと仰しゃって、これほどにも月日親神は急いでいるのに、側《そば》の者達の心はどうしていずんでいるのだ。

はや〳〵と心いさんでせきこめよ
月日まちかねこれをしらんか 七 49

早く、心勇んで急げ。月日親神が待ちかねているのが分からないのか。

月日よりぢうよぢざいをしんぢつに
はやくみせたいこれが一ぢよ 七 50

月日親神は、自由自在の働きを早く実際に顕して見せたい、たすけてやりたい。この一筋の思いである。

こらほどにをもう月日のしんぢつを
そばの心わまたせかいなみ 七 51

月日親神は、これほどにもお前達のことを思っているのに、早くたすけてやりたいと思っているのに、その真実のほどを解さずに、側の者達はまだ世間並み、教えを知らない世間一般の者達と同じような気分でいる。

とのよふな事をゆうのもにんけんの
心でわない月日こゝろや 七 52

教祖がどんなことを仰しゃっても、そこには人間の心はいささかも混じっていません。もっぱら月日親神様のお心です。裏を返せば、人間の姿をしておられる教祖の仰しゃることを、全て神様の言葉とはなかなか信じきれない様子がうかがえます。この後も、繰り返し仰しゃっています。

いまゝでハなにをゆうてもにんけんの
こゝろがまぢるよふにをもふて 七 53
しかときけこれから心いれかへて
にんけん心あるとをもうな 七 54
いまゝでハをなじにんけんなるよふに
をもているからなにもハからん 七 55
これからハなにをゆうにもなす事も
にんけんなるとさらにをもうな 七 56

まず、お前達は今まで何を言っても人間の心が混じっているように思っていた。

次いで、よく聞け。これからは心を入れ替えて、教祖《きょうそ》にはいささかも人間の心があると思うな。

これまでは、教祖のことを自分達と同じ人間のように思っているから、「なにもハからん」教祖の言うことの真意が少しも分からないのだ。

今後は、教祖が何を言っても何をしても、決して人間の心からしているなどと思うな。教祖の仰しゃることと、なさることは、全て月日親神様が仰しゃること、なさることだということです。教祖のお心は親神様のお心そのものであると、重ね重ね仰せになっています。

月日出張りをする

いまゝてハひがらもちいときたらんで
なによの事もしかゑいたるで 七 57

これまでは、「ひがら」日柄、旬です、時節がまだ来ないので、どんなことも控えていた。

このさきハとのよな事をゆうにもな
こわみあふなきないとをもゑよ 七 58

これから先は、教祖がどんなことを言っても、決して恐ろしいことや、危険なことはないと思え。安心せよ、信頼せよということです。

これからハ月日でばりをするほどに
どんな事でもかやしゝてやる 七 59

「でばりをする」出張って働く。月日親神様が、出向いてお働きになる。積極的に顕著に、その働きをお顕しになる。「どんな事でもかやしゝてやる」、このお言葉には、高山などの横暴に対する人々の恐れがうかがえます。だから心配はない、親神が守ってやる、返しをするなどと励ましておられます。どんなことに対しても月日親神が返しをしてやる。「かやし」というのは、そうした横暴に対する親神様の一種の返報であります。それは当然、厳しい形を取らざるを得ない。

月日よりこれまでなるのさんねんわ
山〳〵つもりかさなりてある 七 60

月日親神の心には、従来からの残念が山のように積もり重なっている。高山に対する残念の思い、そして、高山を恐れて、教祖の仰せ通りにできない側の者達に対するもどかしさもあるでしょう。

いかほどにざんねんつもりあるとても
どふせこふせわゆうでないそや 七 61

どれほど残念が積もり重なっていても、親神はどうせい、こうせいというような指図はしない。『おかきさげ』の中にも、「どうせこうせこれは言わん、これは言えん。」と仰しゃっていますが、理を諭して、どうせよ、こうせよといった細かい指示はなさらないのが教祖の基本姿勢かと思います。

これからハとのよな高いところでも
このしんぢつをはやくみせたい 七 62

今後はどんなに身分の高い、あるいは上層に位置する者であっても、「このしんぢつ」親神の真実の働き、自由の守護のほどを早く見せてやりたい。

上たるの心すみやかわかりたら
月日ぢうよふはやくするのに 七 63

この分かるという言葉にも、澄むことによって親神様の思いが分かるようになるというニュアンスがあります。「すみやか」という語には、澄み切ったという意味と速いという意味とがありますが、ここでは前者。上に立つ者達の心がすっきりと澄み、親の思いが分かるようになったならば、月日親神の自由の働きを早く顕すのに。

月日よりこのぢうよふをせかへぢうゐ
はやく一れつしらしたるなら 七 64

月日親神が、この自由自在の働きを世界中に早く知らせたらなあ、と願望をお述べになっています。

たまへ様の出生譚《しゅっしょうたん》

この辺り、たまへ様の出生にまつわるお歌が並んでいます。

このたびのはらみているをうちなるわ
なんとをもふてまちているやら 七 65

こればかり人なみやとハをもうなよ
なんでも月日ゑらいをもわく 七 66

「このたびのはらみて」というのは、まつゑ様の懐妊を指しているわけですが、そのまつゑ様の懐妊に関して、内の者達は、どのように思ってその誕生を待っているのやら。「こればかり」ほかならぬこの懐妊、これは決して人並みのことと思ってはならない。そこには月日親神の「ゑらいをもわく」大きな思惑が込められている。

このもとハ六ねんいぜんに三月の
十五日よりむかいとりたで 七 67

この話の元はと言えば、六年以前は明治三年、明治三年の三月十五日に迎え取ったことにある。これは、お秀様の出直しであります。「このこ共二ねん三ねんしこもふと　ゆうていれども神のてはなれ（一 60）」と仰せになった翌年にお出直しになりました。

それからハいまゝて月日しいかりと
だきしめていたはやくみせたい 七 68

その迎え取った日から今まで、月日親神はその魂をしっかりと懐に抱きしめていた。これを「はやくみせたい」早く生まれ変わらせたい。

それしらすうちなるものハなにもかも
せかいなみなるよふにをもふて 七 69

そうした親神の思惑を知らないで、内らの者達は何もかも世間並みのことを思っている。

このはなしどふゆう事にをもうかな

これが大一このよはじまり　七 70

この話をお前達はどういうことだと思っているか。先ほども「今がこのよのはじまり（七 35）」とありました。「これが大一」これが何よりも、元初まりの理を頂いての陽気ぐらしへの世の立て替えの出発点である。すなわち、お秀様を迎え取って、魂のいんねんある夫婦、秀司様とまつゑ様のお子さんとして生まれ出させる。第一号には「なんぼハろてもこれが大一（一 71）」とありました。

またさきのみちのよふだいたん／＼と　七 71
よろづの事をみなといてをく

これから先の道の様子、ありようを、だんだんと万事を全て説いておく。

なわたまへはやくみたいとをもうなら　七 72
月日をしへるてゑをしいかり

お秀様が生まれ変わってこられる時のために、あらかじめ名前を「たまへ」とつけておられます。その誕生を早く見たいと思うならば、「てゑ」は、つとめの手です、つとめの手をしっかりと身につけるように、習い覚えるように。

このはなししんぢつをもう事ならば
こゝろさめてはやくかゝれよ　七 73

この話を真《まこと》に思うならば、真実だと思うならば、「こゝろさめて」心を治めて早くつとめの支度に取り掛かれ。「こゝろさめて」は心定めてと読むのじゃないかという説もあります。『おふでさき』の中には、心を治めるという用例は他にはありません。ここだけが心治めると読んでいる。他は心を定めるです。「こころお」と「ろ」を伸ばして読むのが通例ですが、「さだめて」の「だ」が抜けているという解釈も可能です。しかし、意味的にはそれほど違わないとも言えます。心を治めるというのは、心をあるべき姿にする。つまり、乱れている心を本来の姿にする。これが治めるです。定めるには、もう少し積極的に何かを決意するニュアンスがある。ここでは、心定めをしてつとめの準備にかかるという意味合いになるところです。

このお歌は、明治八年のご執筆ですが、たまへ様の誕生は明治十年です。その間に少し年があいているじゃないかと、不審に思われたりすることもあります。その点に関して申しますと、七十二番のお歌で「はやくみたいとをもうなら　月日をしへるてゑをしいかり」と仰しゃっていますが、今、まつゑ様のお腹《なか》にいる子供さんを「はやくみたい」というのは変な話ですね。これはもう間もなく生まれてくるのは分かっているわけですから、早いも遅いもない。従って、その子はたまへ様ではないということになる。ここは少し思案を要するところです。

切なみなしに早く生ます る

いまゝでハなにをゆうても一れつの
むねもハからんひもきたらいて

七
74

今までは親神が何を言っても、皆の胸が分からない、すなわち先にも申しましたように、胸が澄まずに濁ったままで、をやの思いが分からない。また、「ひもきたらいて」時節も到来していなかった。

たん／＼とむねがわかればひもきたる　七　75
月日の心ゑらいせきこみ

しかし、次第にお前達の心が澄み、をやの思いが分かるようになって、日も、すなわち時も至った。そこで月日親神は「ゑらいせきこみ」強く急き込む。何を急き込まれるのか。先に「はやくかゝれよ」と仰しゃっていたおつとめの準備をすることを急き込んでおられます。

これさいかはやくみへたる事ならば　七　76
どんなものでもかなうものなし

これさえ早く見えたら、「みへたる」の解釈が分かれるところですが、基本は、つとめの勤修《ごんしゅう》による親神様の自由自在のお働きの顕れです。さらに踏み込んで、たまへ様の出生と考えることもできると思います。いずれにせよ、つとめの勤修により親神の自由自在の働きが顕れるようになったならば、どんな者でも敵《かな》う者がないという、頼もしい道の姿になってくる。

月日よりこれをしいかりみせたなら　七　77
あとのしごとハどんな事でも

親神がこれをしっかりと見せる、確かに実現して見せたならば、後はどんなことでも、自由自在に守護する。

いまゝでもをびやほふそのこのゆるし
なんとをもふてみながいたやら 七 78

これまでも、をびや許し、また、ほふその許し、ほふそせんよの守りを渡してきた。しかし、お前達はそれらを何と思っていたか、どのように受け止めていたやら。

このたびハとんな事てもすきやかに
みなしんぢつにゆうてきかする 七 79

この度は、どんなこともすっきりと、全てはっきりとその本当のところを言って聞かせる。

これからハをびやたすけもしいかりと
せつなみなしにはやくむまする 七 80

今後は、をびやたすけの上に自由の守護をしっかりと顕して、「せつなみ」苦痛なしに速やかに出産させる。をびや許し、をびやたすけというのは、万《よろず》たすけの道あけと仰しゃっているように、お道の黎明《れいめい》期に、まず、安産の神様として評判が広がっていったという忘れることのできないおたすけです。それは決して昔話ではなく、今日も通用する話だと思います。

『おふでさき』全体で出てくる「をびや」という言葉は、ほとんどこの第七号にまとまって出ています。そこに、たまへ様の出生にまつわるお歌が登場するわけです。

つとめによるたすけ

第七号は、「つとめによるたすけ」ということが、大きなテーマになっています。つとめ、たすけという語が、『おふでさき』全体の中でも、多く登場する号です。

たん／＼と口でなに事ゆうたとて
月日ゆうよにせねばいかんで 七 81

この「口でなに事ゆう」のは誰か、これは教祖、月日のやしろである教祖です。いろいろと口でどんなことを言っても、この月日親神の言うようにしなければならないぞ。

月日よりなにの事でもしいかりと
ゆうよふにせよちがう事なし 七 82

どんなことでもしっかりと月日親神が言うようにせよ。そうすれば決して間違いはない。

どのよふなたすけするのもみなつとめ
月日ゆうよにたしかするなら 七 83

どんなたすけをするのも、全てつとめによってである。まさに、つとめによるたすけです。「月日ゆうよに」というわけですから、月日親神の言うようにしっかりとつとめをするならば、どんなたすけもする、と請け合って下さっています。

しんぢつの心あるなら月日にも
しかとうけやいたすけするぞや　七 84

お前達に真実の心があるならば、月日親神のほうにも確かに請け合って、引き受けて、たすけをするぞ。

このたびハたすけするのもしんぢつに
うけよてたすけいまがはじめや　七 85

この度、たすけに際して、「しんぢつにうけよて」、前のお歌で、「しかとうけやいたすけする」と仰しゃっているように、本当に請け合って必ずたすけるというのは、今が初めてのことである。

こらほどに月日の心せゑている
そばの心もつとめこしらゑ　七 86

これほどにも、月日親神の心は急《せ》いている。急《いそ》いでいる。だからして側の者達もそれを承知して、つとめの「こしらゑ」、準備を進めてくれるように。

このもよふなにばかりてハないほどに
とんな事でもみなつとめやで　七 87

「このもよふ」は、つとめのもよう、つとめの段取りです。それは「なにばかりてハない」何に限ったことというわけではない。どんなことでも皆つとめによってたすける。

つとめでもをなぢ事てハないほどに

みなそれ〱とてへをふしゑる　七 88

つとめと言っても、全てが同じというわけではない。「それ〱とてへをふしゑる」、それぞれの願い筋に応じたつとめの手振りを教える。十一通りのおつとめのうちの六つは農事に関するものです。すなわち、肥、萠《は》え出、虫払い、雨乞《あまごい》、雨あずけ、みのりの六つ。また、四つが身上に関するもの。をびや、ほふそ、一子、跛《ちんば》。そして、むほんづとめです。

願い筋のつとめ

いまゝてのみちのすがらとゆうものハ
とふゆうみちもしりたものなし　七 89

「すがら」は、初めから終わりまでということです。これまで通ってきた道筋、その一部始終がどんな道中であったかを知っている者はいない。この場合の「みちのすがら」は、元初まり以来と言っていいと思います。

これからハとのよなみちもたん〱と
よろづみちすじみなゆてきかす　七 90

今後は、月日のやしろたる教祖の口を通して、どんな道中も、順次、あらゆる道筋を全て言って聞かせる。

月日よりなにもみちすじきいたなら
このざんねんハむりてあるまい 七 91

月日親神から何もかも道筋の次第を聞いたならば、この親神の残念の思いが無理ではない、もっともだと分かるだろう。

月日よりこの一ぢよをはらしたら
あとのところわよふきづくめや 七 92

「この一ぢよ」というのは、「このざんねん」です。親神の元初まり以来の心づくしを誰も知らないというざんねん、もどかしい思いです。それを晴らしたならば、その後は陽気づくめになる。続くお歌で、陽気づくめとはどういうものかを仰しゃっています。

にち〳〵によふきづくめとゆうのわな
いかなる事やたれもしろまい 七 93

日々に陽気づくめというのは、いったいどういうことか誰も知らないだろう、と仰しゃって、

なにもかもよふきとゆうハみなつとめ
めづらし事をみなをしゑるで 七 94

陽気づくめとは、何もかも陽気ということだと仰しゃる。非常に端的な表現です。誰もが、何を見ても何を聞いても、いつも、どこもかしこも陽気。それは、つとめによってもたらされる。陽気づくめというのは皆、つとめによってもたらされるのである。「めづらし事」今までにないような素晴らし

いことを全て教える。「めづらし事」というのは、つとめに関することであります。

たん〳〵とつとめをしへるこのもよふ 七 95
むねのうちよりみなそふぢする

順を追ってつとめを教えるこの段取りは、まず、胸の掃除、心のほこりをすっきりと掃除する。

あとなるハにち〳〵心いさむでな 七 96
よろづのつとめてへをつけるで

胸の掃除ができたならば、日々心が勇み立ってくる。第三号の初めのほうには、「しんぢつにそふぢをしたるそのゝちハ　神一ぢよで心いさむる（三　3）」とありますが、掃除をすると、日々心が勇んでくると仰しゃる。そうすれば「よろづのつとめ」あらゆるたすけのためのつとめの手振りをつける。これは今日、月次祭、大祭において勤められるおつとめに加えて、十一通りの願い筋のつとめの手振りを教えるということであります。その具体的な例として、

このつとめどふゆう事にをもうかな 七 97
をびやほふそのたすけ一ぢよふ

その「よろづのつとめ」とはどういうことだと思うか、と仰しゃって、具体的な例として、「をびや」安産、また、「ほふそ」疱瘡《ほうそう》せんよう、という願い筋の例を挙げておられます。安産させたい、疱瘡にかからないようにしてやりたいとのたすけ一条のつとめである。

このたすけいかなる事とをもうかな

ほふそせんよのつとめをしへる　七 98

「ほふそ」と、前のお歌で仰しゃっている内容をさらに具体的に、「ほふそせんよのつとめ」と付け加えておられます。疱瘡というのは天然痘《てんねんとう》です。天然痘は当時非常に恐れられた疫病です。今日では絶滅したとされていますが、我々年配の者は皆、その予防接種である種痘を受けたものです。恐ろしい伝染病の代表格です。「ほふそせんよ」というわけですから、疱瘡にかからないように守護をするつとめ、これがほふそのつとめです。以前にこういう質問を受けたことがあります。「ほふそのつとめというのは、疱瘡が治るようにお願いするおつとめなのか、疱瘡にかからないようにお願いするつとめなのか」と。それは『おふでさき』の中にちゃんと書いてあるわけです。

このみちをはやくをしへるこのつとめ　せかい一れつ心すまする　七 99

「このみち」つまり安産や疱瘡にかからないなど、よろづたすけの道を早く教えるつとめです。このつとめによって「せかい一れつ心すまする」、単にさまざまな願いを叶えるだけではなくて、このつとめを通して世界中の人々の心を澄ます。例えば、今日ではほふそのつとめの意義はいったい何かというようなものですが、人々の心が澄み切っていなければ、天然痘は絶滅されたかもしれないけれども、他のいろんな疫病はある、これからも出てくるということであります。やはり、人々の心を澄み切らせることが根本のたすけです。

このはなしどふゆう事にきいている

せかいたすけるもよふばかりを 七 100

この話をどういうことだと思って聞いているか。これは「せかいたすける」、もっぱら世界中の人間をたすける段取りの話である。をびや、ほふそといった身体的な守護にとどまらず、世界中の人々の心を澄まして根本からたすける段取りの話である。

陽気ぐらしのイメージ

どのよふなたすけするのもしんぢつの
をやがいるからみなひきうける 七 101

どんなたすけをするのも、「しんぢつのをやがいる」というのは、人間を造り、守護する本当の親である神が、教祖をやしろとして現れているのだからして、全て引き受けてたすける。

この事をこれをまことにをもうなら
まことしんぢつ心したいや 七 102

「この事」真実の親がいるから、どんなたすけも引き受けてするということを真《まこと》に思う、心の底から信じるならば、誠真実の心次第にどんなたすけもする、と仰しゃいます。教祖が月日のやしろにおわすということを心から信じる、真に思うことが肝心であります。

心さいしんぢつすんだ事ならば

どんな事でもちがう事なし　七 103

心さえ本当に澄んだ、澄み切ったならば、どんなことでも間違いなく、必ず自由の守護をする。

いまゝで八月日いかほどをもふても
そばの心にわかりないので　七 104

今までは、親神がどれほど思っても、側の者達の心に、その思いが分からないのでできなかった。何が？　つとめを教え、よろづのたすけを顕し、世界一れつの心を澄まして、陽気づくめの世へと導くことができなかった。

これからハどのよなつとめをしへるも
にんけんなるの心でわない　七 105

これからどんなつとめを教えるのも、全て人間の心ですることではない。親神様が教えて下さるということです。

月日よりどのよな事もをしゑるで
このよはぢめてない事はかり　七 106

月日親神がどんなことも教える。それは、この世初まり以来、今日まで無かったことばかりである。

にんけんの心てをもうよふな事
月日わなにもゆうてないそや　七 107

「ゆうて」は「ゆうで」と読むようになっています。人間がその心で思うようなことを月日親神は決して言いはしない。

月日にハとのよな事も一れつに
みなにをしへてよふきづくめに 七 108

月日親神はどんなことも万事、世界中の人間皆に教えて、「よふきづくめ」の世の姿にしたいのだ。その万事を教えるという中心、核心は、つとめです。

せかいぢうみな一れつハすみきりて
よふきづくめにくらす事なら 七 109

これは、言わば陽気ぐらしのイメージを表しているお歌の一つだと思います。世界中の人々が皆、その胸の内が澄み切って、「よふきづくめ」に、何もかも陽気という姿で暮らしてくれることなら……。これは親神様の願望です。そして、

月日にもたしか心がいさむなら
にんけんなるもみなをなし事 七 110

このよふのせかいの心いさむなら
月日にんけんをなじ事やで 七 111

この二首は対になっています。月日親神の心が確かに勇むならば、人間もまた同じく心が勇んでくる。また「このよふのせかいの心」世界中の人々の心が勇むならば、「月日にんけんをなじ事やで」月日親神もまた人間達と同じく、共々に勇む。ですから親神様がお勇みになると、人間も勇む。世界中の

人々の心が勇めば、親神様も共々にお勇み下さる。神も人も共に勇む。真実の親子なればこその響き合う間柄です。まさに神人和楽の姿です。「陽気ぐらし」という言葉は『おふでさき』にはありません。『おふでさき』の中では、近い表現としては「よふきづくめ」という言葉が一番多く出てくる。「よふきゆさん」が、第十四号に一回だけ出てきます。そういう意味では、陽気ぐらしのイメージをよく表しているお歌の一つが百九番のお歌かと思います。既に、九十三番、九十四番のお歌で、陽気づくめは、何もかも陽気ということで、それはつとめによってもたらされるとお教え下さっています。

第八号

第八号の概要

まず、官憲の干渉、世の無理解から、たすけづとめができない現状を嘆かれ、この残念を晴らすべく、元初まりの真実をはじめ、万事を教えてよろづたすけの何たるかを教えると、号全体の主題を提示される。

続いて、親神はこの世を創《はじ》めた元の神であり、一れつ人間の親であることから、知らないことはない、また、全ては、かわいい子供をたすけたい親心からすることであると述べて、この世を造り出した真実、本心を教えるとして、ぢばの理、教祖の理を明かされる。

さらに、より具体的なたすけの諸相に話を進め、元のぢば、元の親、元のいんねんあるゆえにどんなたすけも引き受けること、また、親神が一切の善悪を見分けすること、あらゆる身上、事情、災厄の因《もと》が、胸のほこりにあることを教えられる。

そして、この度は、ほこりを払い、残念を晴らしてよろづたすけの段取りをするとして、その象徴とも言うべきかんろだいの建設の順序とその理合いを教示される。

たすけづとめができない

にち〳〵に月日さんねん山〳〵と
つもりてあるをはらしたいから 八 1

親神の胸には、日々残念が山のように積もっている。これを晴らしたいのだ。

このはなし月日をもわくだん〳〵と
なにかよろづのたすけなるのわ 八 2

「このはなし」というのは、月日親神の思惑を「だん〳〵と」順を追って説くものであって、「なにかよろづのたすけなるのわ」よろづたすけの何たるかを述べるものである。

しんちつの心したいにとのよふな
つとめするのもみなたすけやで 八 3

この「とのよふなつとめ」という表現は、第七号の百五番にありました。よろづたすけのつとめに加えての十一通りの願い筋のつとめです。従って、どんなつとめをするのも皆、その真実の心を受け取ってたすけるがためである。

月日にハせかいぢう丶ハみなわが子　たすけたいとの心ばかりで　八　4

月日親神にとっては、世界中の人間は皆我が子である。「たすけたいとの心ばかりで」ひたすらたすけたいとの思いである。この「たすけたいとの心ばかりで」を一言で言えば、たすけ一条です。我が子である世界中の人間をたすけてやりたい、この親神様の親心によって開かれた教えです。『おふでさき』において、このたすけの道筋を、根本の手立てであるつとめの完成に向けて、順序立てて教えて下さっているのであります。然《しか》るに、

そのところさしとめられてさんねんな　まだその丶ちハとりはらいまで　八　5

親神はひたすら我が子をたすけてやりたいという思いから、つとめの段取りを進めているにも拘《かか》わらず、信仰を差し止められた。これが実に残念だ。「まだその、ちハ」まだその上に、「とりはらいまで」、祭具・神具の取り払いということもあるでしょうが、何よりの残念は、第六号に「月日よりつけたなまいをとりはらい　このさんねんをなんとをもうぞ（六　70）」とありましたように、天理王命という神名を取り払われた、否定されたことです。そうなると、「あしきはらひたすけたまへ　てんりわうのみこと」と神名を唱えてするおつとめができなくなってしまいます。それが「あしきはらひたすけたまへ　いちれつすますかんろだい」とおつとめの唱句が変わる一番の理由です。つまり神名を取り払われて、神名を唱えるおつとめができない。それを六番で仰《おっ》しゃっている。

それゆへにたすけづとめがでけんから

月日の心なんとさんねん

八 6

おつとめの四つの呼称と言われたりしますが、「かぐらづとめ」「よふきづとめ」「たすけづとめ」「かんろだいのつとめ」のうち、たすけづとめという語が登場するのは、実はこのお歌一首だけなのです。信仰を差し止められ、神名を取り払われることによって、たすけづとめができない。それが実に残念だ。

おつとめの呼称で言えば、やはり、たすけづとめが、おつとめの目的を一番よく表しています。かぐらづとめの「かぐら」は、神坐《かむくら》（神のおわす場所）の転訛《てんか》だと言われますが、神様の前で、神様にご覧頂きお勇み頂くようにと勤めるところから、また、かぐら面を着用するからということもあるでしょう。よふきづとめは、おつとめの陽気な雰囲気、「そばがいさめバ神もいさむる（一 11）」と仰しゃる、そのおつとめの気分を表す呼称です。また陽気ぐらしへの世の立て替えを目指すという意味もあるでしょう。その意味では、おつとめというのは、陽気ぐらしの一つのミニチュアと言うことができると思うのです。皆が互いにそれぞれの役をしっかりと果たしながら、周囲にも気を配り、全体として調和のとれた陽気な雰囲気、親神様にお勇み頂けるようなおつとめ、これは一つの陽気ぐらしのモデルのようなものではないかと思います。

つとめでも月日たん〳〵てをふしゑ

にんけんなるの心でわない

八 7

そのつとめは、月日親神がだんだんと手振りを教えたものであって、決して人間の心から出たものではない。おつとめは神直々にお教え下さったものです。

とのよふな事をするのもにんけんの
心あるとハさらにをもうな 八 8

どんなことをするについても、そこに人間心があるなどと決して思ってはならない。こうしたお歌は繰り返し出てまいります。やはりなかなか教祖の仰しゃること、なさることを、神様のされることだと丸ごと素直に受け止めるのは容易でなかった様子がうかがえます。

このところいかなはなしも月日なり
どんなもよふもみな月日やで 八 9

「このところ」という語は、教祖を表す場合が多いと申しましたが、ここもまさにそうです。自分(教祖)がするどんな話も皆、月日親神の言葉である。また「どんなもよふ」、どんな段取りも皆、親神のするところである。従って、

いかなるのさハりついてもにんけんの
心わさらにあるとをもうな 八 10

「さハり」は、身上の障《さわ》り、病気です。どんな病気になっても、それを人間的な思惑からしているように思ってはならない。言い換えると、それは理によってなってきた、もしくは親神様の思惑、たすけ一条の道の段取りの上から見せられたということです。

元初まりの真実を教える

このよふをはじめだしたる月日なら
どんな事でもしらぬ事なし　八 11

この世人間を創めかけた月日親神であるから、どんなことでも知らないことはない。何でも知っている。これはやはり一番大きな根拠だと思います。ですから、何でも知っているし、何でもたすけることができる、ということになります。

せかいぢう一れつなるのむねのうち
月日のほふゑみなうつるなり　八 12

世界中の人間の胸の内、心のありようは皆、月日親神のほうに手に取るように映っている。見抜き見通しだということです。

それしらすみなにんけんの心とて
わがみしやんをばかりをもふて　八 13

親神様のほうにみんな映っているということを知らずに、人間の心で、もっぱら「わがみしやん」我が身に良かれと、いろいろと考える。親神様は全て見抜き見通しで、銘々の心通りにご守護下さるのですから、人間の知恵で良かれと計らう必要はありません。

このさきハみなだん〳〵としんぢつの
みちをふしゑる事であるから 八 14

これから先は、全て順次「しんぢつのみち」本当の道、陽気ぐらしへと向かうたすけ一条の道を教える。

このよふのはじまりだしハ月日なり
なにかいさいをみなをしゑかけ 八 15

この世を創め出したのは月日親神である。その親神がどんなことも皆、「いさい」委《くわ》しく細かしく教えかける。

それまでハたれかしりたるものハなし
なにか月日のしやんばかりで 八 16

親神が教祖をやしろに世の表に現れて教え始めるまでは、誰もそれを知っている者はなかった。何もかも月日親神の思案一つからできてきたものである。この世の一切は、全て親神様の思召《おぼしめし》のまにまに生み出されたものであります。

けふまでもなによの事も月日やと
ゆうてあれどもまだわからんで 八 17

従来から、どんなことも全て月日親神のすることだと言ってあるけれども、お前達にはまだ分かっていない。どんなことも皆親神様がなさっている。全て親神様がお造り下され、お守り下され、ご支配下さっている。それが分からない。

しかときけこのよはじめたしんちつと
ゆうてはなしハといてあれども 八18

よく聞けよ、この世人間を創めた真実の話と言って説いてあるけれども。

せかいにハたれかしりたるものハなし
なにをゆうてもハかりがたない 八19

この世界に誰もそれを知っている者がいないからして、親神がいかにこの世創めた真実の話だと説き聞かせても「ハかりがたない」分かり難《がた》い、容易に理解できない。

そのはづやこのよはじめてない事を
たん／＼くどきばかりなるから 八20

それも無理はない。この世初まり以来ない、見たことも聞いたこともない話をいろいろと繰り返し言うのだから、分かりにくいのも無理はない。

このよふのはじまりだしのしんぢつを
しらしてをかん事にをいてわ 八21

しかし、「このよふのはじまりだしのしんぢつ」つまりこの世人間を創め出した真実の話、元初まりの話、元の理の話、これを知らせないことにはどうにもならない。元を教えてたすけると仰しゃっているわけですから。元の核心である元の理の話を知らさないことにはたすけることができない。

いまゝてもたすけ一ぢよとまゝとけど
ほんしんぢつをしらぬ事から 八 22

従来からたすけ一条ということはしばしば説いてきた。お前達をひたすらたすけてやりたいと言ってきた。「ほんしんぢつ」真実の中の真実と言いますか、究極の真実です。それはやはり元初まりの話ということになるわけです。前のお歌「このよふのはじまりだしのしんぢつ」これを「ほんしんぢつ」と、ここで言い換えておられる。しかし、それを知らないからして、よく分からなかった。

どのよふな事でも月日ゆう事や
これしんぢつとをもてきくなら 八 23

どんなことであれ皆、月日親神が言っていることだ。これを真実と思って聞くならば、

どのよふな事もたん〳〵ゆてきかす
これをまことゝをもてきゝハけ 八 24

どんなことも順次言って聞かせる。これを真《まこと》と思って聞き分けてもらいたい。

このよふのほん元なるとゆうのハな
このところよりほかにあるまい 八 25

この世の本元というのは、「このところ」この屋敷、ぢばです。この世の本元はぢば以外にありはしない。これは元の理のお話の一つのポイントです。

このはなしどふゆう事にをもうかな

どふゆはなしもみなしたいから
このよふをはじめだしたるしんぢつを　八　26

みな一れつハしよちせゑねば　八　27

この話をいったいどのように思って聞いているか。親神はどんな話も皆したいのだ。そして重ねて、「このよふをはじめだしたるしんぢつ」と、つまり元初まりの真実、元の理の話を世界中の人間は皆承知しなければならない、と仰せになります。この辺り、元の理の話の重要性を繰り返し仰しゃっています。元の理の話は、つとめの理話であります。なぜおつとめが、ぢばで、そのように勤められるのかを元の理の話によって教えて下さっている。元の理の話は教えの土台部分です。人間創造の目的である陽気ぐらしをはじめ、教えの基本的な内容を少なからず含んでいる重要なお話であります。そうした上からも繰り返し繰り返し、この世を創めた真実の話をお前達に承知させたいと仰しゃっているのであります。

真実よりのたすけ

どのよふなたすけするにも人なみの
よふなる事ハゆうでないから　八　28

どんなたすけをするについても、決して人並み、世間並みのような話はしない。

いまゝてにみへたる事やある事わ
そんな事をハゆうでないそや 八 29

人並み、世間並みの話ではないということを、さらに具体的に、「みへたる事」既に起こったこと、あるいは現にあること、そんなことを言うのではない。そんじょそこらの神とは違う、元の神ならではのたすけをするということです。

これまてにない事ばかりゆてきかし
しんぢつよりのたすけするそや 八 30

「みへたる事」に対して、「これまてにない事」今までに見たことも聞いたこともないような話を言って聞かせて、「しんぢつよりのたすけ」根本からの、心底からの本当のたすけをするのである。上辺のたすけではなく、元を教えて根本からたすけるということです。

このたすけどふゆう事にをもうかな
ほふそせんよのまむりこしらゑ 八 31
またたすけをひやぢうよふいつなりと
のばしなりともはやめなりとも 八 32

その元の神のなさるたすけの具体的な例として、三十一番では「ほふそせんよのまむり」、また三十二番では「をひや」と仰しゃいます。このたすけというのはどういうことであるかと言うと、「ほふそせんよのまむり」、疱瘡《ほうそう》にかからないようにというお守りを、ほふそのつとめをして渡す。もう一つは、をびやたすけ、このをびや許しによるたすけは、出産の時期を延ばすこともできれば早めることもできるという自由《じゅうよう》の守護をする。第七号では、つとめによるたすけということが大きなテーマでしたが、その中でも、をびやとほふそが具体的な例として出てきました。をびや許しは、お産に際してのご守護を頂くものですが、どんな者でも母親の胎内から生まれてくることを思うと、関係のない者はない。誰でもをびやたすけに関わりがある。しかもこの当時は、お産は大変危険を伴うものだったという事実もあります。また、ほふそ、天然痘《てんねんとう》は、当時の伝染病の代表格です。従って、この二つが挙がっているということは納得がいく。天然痘は、今日では一応絶滅したということになっていますが、また、それに代わるエイズなどの伝染病も出てきています。そういう意味では、恐ろしい伝染病の代名詞と言っていいでしょう。

こらほとのぢうよじさいをゆうのもな
よいなる事とさらにをもうな　　八 33

これほどの自由自在の守護、働きを言うのは、決して「よいなる事」容易なこと、生易しいことではないと思え。

月日にハたいて心ハつくせとも
せかいぢううハまだせかいなみ　　八 34

「たいて」大抵、随分とか大層という意味です。月日親神は随分心を尽くしてきたけれども、それが通じずに、まだ世界中の人間は、世間一般の考え方、気分のままでいる。

このよふをはじめたしたるほんしんを
ゆうてきかさん事にをいてわ　八 35

親神がこの世人間を創め出したその本心、その思いの本当のところ、これを言って聞かせないことには事が進まない。

このところつとめばしよハにんけんを
はじめだしたるところなるそや　八 36

「つとめばしよ」という言葉は、ここ一カ所だけです。つとめ場所の意味を端的に仰しゃっています。ここ、つとめ場所は人間を創め出した所なのだ。その前のお歌で「ほんしん」と仰しゃっていた、このぢばで陽気ぐらしを見て共に楽しみたいと思召《おぼしめ》して人間をお創め下さった、その地点で、この世を陽気ぐらしの世界へと立て替える根本の道であるつとめをするとの仰せです。

にんけんをはじめたしたるこのをやハ
そんめゑでいるこれがまことや　八 37

「にんけんをはじめたしたるこのをや」というのは、親神様のことです。その月日親神様が、「そんめゑでいる」生きてこの世におわすということですから、これは月日のやしろ、神のやしろたる教祖が、今生きてここにおられるという真実の表明であります。

このはなしこれをまことにをもうもの
どこのものでもさらにあるまい　八 38

このつとめ場所が、人間を創め出した場所であり、その人間を創め出した親、元の神が生きてここにおわすということを「まことにをもう」本当だと思う者は誰一人いないだろう。

このよふなない事ばかりゆうのハな
これがしんぢつみなまことやで 八 39

「このよふなない事」今までに聞いたこともないような話ばかりをするのは、これが真実の話であり、本当のことだからなのだ。

いまゝでもないせかいをばはじめたハ
しらぬ事をばをしゑはじめて 八 40

このたびもまたない事やしらぬ事
ばかりゆうてまたをしへかけ 八 41

この二つのお歌は、元初まりと立教、たすけ一条の道をお開き下された立教が、理において一つのものであることをお示し下さっているお歌だと言っていいと思います。かつて、すなわち元初まりに、無い世界、この世人間を創めかけた時にも、「しらぬ事をばをしゑ」、道具衆を寄せて人間創造の守護を教えかけた。そして、元のぢばで、やがて人間となるべき最初の命が宿し込まれました。

「このたび」というのは、立教です。教祖をやしろとしてこの世の表にお現れになった「このたび」、次の「また」は、「まだ」ではなくて「また」なのです。ローマ字版もそのようになっています。「このたびもまた」、つまり元初まりにおけると同じように、立教に際しても「また」ということです。

「ない事やしらぬ事」今までにないことや知らない、聞いたこともないことをもっぱら説いて、「またをしへかけ」元初まりにおいて道具衆に人間創造の守護を教えたように、今、たすけ一条の道を教えかける。「ない事やしらぬ事」というのは、今申しました、たすけ一条の道、その根本であるつとめ、さらにはその理合いをお説き下された元の理のお話が中心です。より広くは、たすけ一条の道の全体を教えるということであります。

どのよふなものでもしらぬ事ばかり
これをふしへる月日をもわく 八 42

誰も知らないことばかりを教えるについては、月日親神の深い思惑がある。

月日にハたん〳〵しらぬ事ばかり
なにもをしへてせかいたすける 八 43

月日親神はだんだんと、もっぱらお前達の知らないことを何もかも教える。それというのも、世界中の人間をたすけるために、世界中の人間をたすけ上げて陽気ぐらしの世界を実現するために教えるのだ。

こらほどにをもう月日のしんぱいを
せかいのものハなにもしらずに 八 44

これほどまでに一れつ人間のことを思い、何もかも教えてたすけてやりたいという月日親神の心配りを、世界中の人間は全く知らないでいる。

たすけ一条請け合うの元

四十五番から四十七番は、別席のお話にも引用されているお歌であります。

心さい月日しんぢつうけとれば
どんなたすけもみなうけやうで 八 45
とのよふなたすけとゆうもしんぢつの
をやがいるから月日ゆうのや 八 46
この月日もとなるぢばや元なるの
いんねんあるでちうよぢさいを 八 47

そして、その次のお歌では、

このはなしなんでこのよにくどいなら
たすけ一ぢようけやうのもと 八 48

と、たすけ一条を請け合う元となる話だから、こんなにもくどくどと繰り返し言うのだ、と仰しゃっています。

四十五番は、「どんなたすけもみなうけやう」というのは、どんな苦しみ、悩みも必ずたすけると、保証するということです。その前提として、「心さい月日しんぢつうけとれば」月日親神が、お前達人間の心の真実を受け取りさえすれば、どんなたすけも必ず引き受けてする、と力強く仰しゃっているのです。

続いて、「とのよふなたすけとゆうも」どんなたすけも請け合ってするというのはなぜかと言うと、「しんちつのをやがいるから」この世人間を創造した親神が教祖をやしろとして、顕現しているからだ。月日親神様のやしろたる教祖が、ここにおわすからして、どんなたすけもして下さるのであります。

さらに四十七番で、「この月日もとなるぢばや元なるの　いんねんあるでちうよぢさいを」この月日親神が、この世人間を創造した元のぢばで、「元なるのいんねん」陽気ぐらしを見て共に楽しみたいと人間を創め出した元のいんねんがあるゆえに、自由自在の守護をするのだ。

このお歌を拝すると思い出すのは、修養科生時代のことです。三カ月目の修了直前に聞いた話ですが、このおぢばは人間が創造された所、親神様はその造り主である。道具でも何でも、一番確かな直し手は造り主だ、という話をなさった先生がありました。私はこのお歌を目にするといつもその話が浮かんでくる。人間の造り主である親神様が人間の造られた場所、おぢばで、どんなたすけも請け合ってして下さるという話です。必ず引き受けてたすけるその前提が、「心さい月日しんぢつうけとれば」親神様が心の真実をお受け取り下さりさえすればということです。親神様は人間の造り主、造り主ほど確かな直し手はない。しかも、「元なるのいんねん」陽気ぐらしを見て共に楽しみたいと人間をお造り下された元のいんねんに基づいているわけですから、陽気ぐらしへと導くために、親心をもってたすけ導いて下さいます。

このもとハとこをたづねてみたるとも
しりたるものハさらにあるまい　八　49

「たすけ一ぢようけやうのもと」と仰しゃった元、この元はどこの誰に尋ねてみても、決して知っている者はいない。

そのはづや月日たいない入こんで
はなしするのハいまはじめやで　八　50

それも当然のことである。月日親神が体内へ入り込んで、神のやしろの身の内に入り込んで、その思いを説くのは今が初めだからである。

このせかい一れつみゑる月日なら
とこの事でもしらぬ事なし　八　51

親神様のことを月日と仰せ下さっていますが、これは天上の、言わば天体としての月と日の呼称に由来する表現です。実際、天にあるお日様やお月様、これはどこからでも、地上のどこからでも見ることができます。月、日から言えば、世界中隅々に至るまで見渡すことができる。ここで「一れつみゑる月日なら」と仰しゃっている月日は親神様のことですが、そうしたニュアンスもある。従って、どこで起こっていることであろうが、誰の思っていること、しているこ とであろうが、知らないことはない。

月日よりみなそれ〳〵とみさだめて
善とあくとをみハけするぞや　八 52

月日親神は、どこのことでも知らないことはない。すなわち見抜き見通しであるからして、それぞれの胸の内を見定めて、見極めて、善悪の見分けをする。

月日よりなんでこのよにくどいなら
あしきみへるがきのどくなから　八 53

親神がなぜこのような話をくどくどとするかと言えば、「あしき」悪いことが現れてくるのが不憫《ふびん》だからだ。ということは、その前のお歌からすれば、心づかいの善と悪とを見分けするということですから、つまり悪が、「あしき」具体的には、不時災難、病気、トラブルなどの元になるということでもあります。悪が重なって悪《あ》しきこととなって現れてくる。それが不憫だからだ。

たん〳〵とをんかかさなりそのゆへハ
きゆばとみへるみちがあるから　八 54

ここは「そのうえ」と読みます。「ゆへ」と書いてある時は、「ゆえ」と読む場合と、「うえ」と読む場合と二通りありますが、ここでは「うえ」。「をんかかさなり」どういう恩か。やはり根本的なものは、親神様のご恩です。親神様から頂戴《ちょうだい》する恩を大恩、人から受けたりする恩は小恩と言ったりします。『おさしづ』には、「大恩忘れて小恩送るような事ではならんで。」（明治34・2・4）というお言葉があります。小恩にとらわれて大恩を忘れるようなことがあってはならんぞという意味です。大恩とは、親神様から頂戴している火水風をはじめ、身の内のぬくみ、水気、息一筋のご守護、そうした大きな大きなご恩です。恩が重なるということは、大きな親心、お恵みを下さっている親神様の思召に背くような心づかい、恩を恩と思わない通り方を続けることが恩を重ねることになるわけであります。そして、「そのゆへ」は、そうした恩知らずな心づかいを積み重ねたその挙げ句は、「きゆばとみへる」牛や馬と見えるということですが、牛馬に生まれ変わるという意味ではないと思われます。牛馬にもたとえられるような境涯、人間らしい生き方ができない哀れな境遇になってしまうという戒めです。
しかし、

とのよふなものでも月日しんぢつを
うけとりたならみなたすけるで　八 55

恩が重なると牛馬のような境涯になるぞと厳しいことを仰しゃった後で、しかし、どのような者でも、たとえ恩を重ねてきた者であっても、その者の真実を月日親神が受け取ったならば、皆たすける、と仰しゃっている。実にありがたい親心であります。

いまゝでハどんなはなしをしたるとも
なにもみゑたる事ハなけれど　八 56
これまてもみなみへきたる事なれど
ほんもとなるをしらん事から　八 57

今までは、親神がどんな話をしても、それが何も目に見える形で現れることがなかったが、と仰しゃった後に、しかし、実はこれまでから皆見えていたのだけれども、お前達がその本元を知らないからして、それが分からなかったのだ、と仰しゃる。親神様の十全なるご守護、天理の支配は、元初まり以来ずっと途切れることなくあったわけですが、その本元を知らなければ、その理合いを知らなければ、ありがたさが分からないし、ご恩を感じることもない。根本の真実を知らなければ、目の前にあるものの本質が分からないのであります。

かみなりもぢしんをふかぜ水つきも
これわ月日のざねんりいふく 八 58

少し厳しい言葉が並んでいますが、「かみなり」落雷、「ぢしん」地震、「をふかぜ」嵐、あるいは「水つき」水害、こうしたことは皆、「月日のざねん」親神の残念、「りいふく」腹立たしい思いが形に表れたものである。

この事をいまゝでたれもしらんから
このたび月日さきゑしらする 八 59

こうしたことを今まで誰も知らなかったからして、この度は、月日親神が先へ、あらかじめ知らせておく。

胸のほこりを掃除

月日にハみな一れつハわが子なり
かハいゝばいをもていれとも　八 60

親神にとって世界中の人間は皆、「一れつ」は、全てという意味合いと共に、等しくというニュアンスのある言葉です、等しく我が子である。「かハい、ばい」かわいいという思いでいっぱいだけれども、しかし、

一れつハみなめへ〳〵のむねのうち
ほこりいゝばいつもりあるから　八 61

皆我が子、かわいいと、親神様は隔てなくお思い下さっているのでありますが、皆銘々の胸の内にほこりがいっぱい積もっているから、そのままではたすけてやることができない。

このほこりすきやかそふぢせん事に
月日いかほどをもふたるとて　八 62

胸にいっぱい積もっているほこりを「すきやか」すっきりと掃除をしないことには、月日親神がいかほどかわいいと思っても、たすけてやりたいと思っても、たすけることはできない。理においてたすけることができない。たすからない。

月日よりこわきあふなきみちすじを
あんぢていれどめへ〳〵しらすに 八63

そうしたほこりがいっぱい積もっているような心づかいで日々暮らしていると、先で怖い、危険な道を通ることになる。それを神は案じている、心配しているけれども、お前達は皆そんなことを知らずに暮らしている。

とのよふなたかいところとゆうたとて
月日のたあにみなわがこやで 八64

「たかい」―身分が高い、あるいは支配層、上層といった意味です。どんな身分の高い者であっても、「月日のたあに」、「たあに」は「とって」という意味です、月日親神にとっては、皆我が子供なのだ。たとえ王様であろうが、大臣であろうが、みんな親神様の子供です。

それしらずをやのする事さしとめて
またとりはろてこれハいかゞぞ 八65

親神にとっては人間は皆子供なのだという真実を知らないで、親のすることを「さしとめて」禁止を命じる。たすけづとめができん、あるいは取り払いまでというお歌がありました。親神のすること、たすけ一条の道を差し止めて、「また」ここは「だ」ではなく「た」と読みます、その上に取り払いまでする。神名を取り払う。これはいったいどうしたことか。子供である人間達が、その親である親神のすることに対して、差し止めたり取り払ったりというようなことをしている。いったい何たることぞ。

月日にハいまゝでどんな事やとて
あらわれでたる事わなけれど 八 66

月日親神は、これまでどんなことであれ、自ら現れ出て働きを顕《あらわ》すことはなかったけれども。

このたびハむねのうちよりすきやかに
はらさん事にあとのもよふを 八 67

自ら現れ出て働きを顕すことはなかったけれども、今度という今度は、表に現れ出て、人間の胸の内から心のほこりをすっきりと掃除し、「はらさん事に」この晴らすという言葉には、ほこりを払うことと神の残念の思いを晴らすことが掛かっています。人々の胸のほこりを一掃し、親神のもどかしい思いを晴らさないことには、後の段取りをすることができない。

このあとハとのよなものも一れつに
たすけたいとのしゆだんはかりを 八 68

そうして胸の掃除をし、親神の残念の思いを晴らした後には、どんな者も皆隔てなくたすけるための「しゆだん」手立てを講じる。

このさきハたすけ一ぢよにかゝりたら
どのよなものもいさむばかりや 八 69

これから先、親神が、「たすけ一ぢよ」すなわち世界中の人間をたすけ上げて、陽気ぐらしの世を実現するという大業に取り掛かったならば、どんな者も皆、心が勇んでくる。

元の親ゆえ、万事を教える

なに事も月日一どふゆうた事
ちがいそふなる事わないぞや 八 70

月日親神が一度言ったことは、どんなことであれ、決して間違いはない。

いまゝてもあくどいほともといてある
なれと心にわかりないから 八 71

「あくどい」悪どいというのはちょっときつい言葉ですが、それほどまでに執拗《しつよう》にと申しますか、繰り返しということです。これまでから、繰り返し繰り返し説いているが、お前達は分からないから、あえてまた言う。

しかときけをなじにんけんなるよふに
をもているのハこれハちがうで 八 72

よく聞け！　お前達は教祖が人間の姿をしているばかりに、何か普通の人間が言っているように思っている。教祖を自分達と同じ人間のように思っているのはとんでもない間違いだ。

どのよふな事をふしへてかゝるのも

もとなるをやてなくばいかんで　八 73

どんなことを教え始めるのも、元の親でなければできはしない。これまで出てまいりましたお歌の中でも、まだないことや誰も知らないことを教えると繰り返し仰しゃっています。それは元なる親だからこそできることであります。

いまゝてもなにをふしへてきたるのも
みなこのどふりはじめかけたで　八 74

「いまゝても」従来から、どんなことを教えてきたのも「みなこのどふり」つまり元の親なればこそ、教えて始めてきたことである。

にんけんをはじめたをやがも一にん
どこにあるならたつねいてみよ　八 75

人間を創めた親、神が他にもう一人あるなら、どこかにあるなら、訪ねて行ってみよ。決してありはしない。この辺り一貫して、親神様は人間創造の親、元の親だと繰り返し仰しゃっています。

このよふなしらぬ事をばだん〳〵と
ゆうていれどもこれがまことや　八 76

こうしたお前達が今まで知らなかったことを、いろいろと言っているが、これが真《まこと》である。これが真実なのだ。

にち〳〵にしらぬ事をやない事を

これをしへるが月日たのしみ　八 77

日々お前達の知らないことや、まだないこと、まだ存在しない、将来現れてくるようなことを教えるのが月日親神の楽しみである。これはただ教えて楽しいということではありません。教えてたすける、陽気ぐらしへと導いていく、それが楽しみだということです。人間が教えられて成人していく姿、それが楽しみである。

かんろだいのぢば定め

このよふのにんけんはじめをやなるに
天のあたゑハあるときけども　八 78

「にんけんはじめをやなるに」これは教祖のことであります。この世人間を創め出した親、すなわち親神様が入り込まれた教祖、月日のやしろである教祖に、天の与えがあると聞いているけれども。天の与えというのは、次に出てきます「ぢきもつ」です。

このはなしなにの事やら一寸しれん
月日ぢきもつやろとゆうのや　八 79

この話はいったい何を言っているのかちょっと分からないだろう。月日親神が、その教祖に「ぢきもつやろとゆうのや」。「ぢきもつ」というのは、漢字を当てれば、食物を当てている例が「こふき本」

の中にありますが、もっと言えば、かんろ（甘露）のことであります。月日親神が天の与えである「ぢきもつ」をやろうという話である。

このはなしどふゆう事であろをなら 八 80
かんろふたいにひらばちをのせ

さらに具体的に仰しゃっています。これはどういう話かと言うと、かんろだいの上に平鉢を載せ、その平鉢にぢきもつを授けるということである。このように天の与え、ぢきもつ、かんろだいと進んできます。

このさきハあゝちこゝちにみにさハり 八 81
月日ていりをするとをもゑよ

これから先、あちこちに身上障りを見せる。その身上障りを通して、月日親神が手入れをすると承知せよ。お手入れを下さるということです。

きたるならわがみさハりとひきやハせ 八 82
をなじ事ならはやくそふぢふ

身上障り、お手入れを頂いた人々が、「きたるなら」おぢばへ帰って来たならば、「わがみさハりとひきやハせ」、「ひきやハせ」というのは引き比べる、対照するというような意味です。その自分の身上の障りと、何を引き合わせるか。そこが難しいところですが、おぢばで見聞きすることかと思われます。鏡屋敷で見せられることと自分が頂戴している身上とを照らし合わせて、「をなじ事なら」どうせなら、そこにお手入れの意味を悟って、早く掃除をするように。ここでは胸の掃除と、お屋敷の掃除をすることが掛かっています。そこに親神様の思召を悟り取って掃除をする。その掃除というところが、次のお歌に続いています。

そふぢしたところをあるきたちとまり
そのところよりかんろふだいを　八 83

屋敷内を掃除し、掃除した所を歩いて立ち止まった所、そこがぢば、かんろだいを据えるべき地点である。これはまさに、ぢば定めの様子を述べられたお歌であります。『稿本天理教教祖伝』「第六章 ぢば定め」に明治八年陰暦五月二十六日、朝から掃除をするようにと仰しゃって、まず教祖自ら庭を歩まれ、足が止まって動かなくなった地点に標《しるし》を付けられ、その後、居合わせた人々にも目隠しをして歩かせられたところ、同じ地点に人々の足が吸い寄せられるように止まったとあります。掃除をして清めた屋敷内を歩いて、その足が止まった所、そこにかんろだいを据えるのだ。

したるならそれよりつとめてをそろい
はやくかゝれよ心いさむで　八 84

「したるなら」、「かんろふだいを」と、その前のお歌にありますから、かんろだいを据えたなら、それからはつとめの手を揃《そろ》えて、早くつとめにかかれよ、そうすれば心が自《おの》ずと勇み立ってくる。

こればかりどこたづねてもないほどに
これにいほんのしんのはしらや　八 85

「こればかり」、「これ」はかんろだいであります。このかんろだいというのは、どこにもない物であって、これは「にいほんの」にっぽんの「しんのはしら」、真、芯の柱、中心の柱である。「にほん」は、親神様の思召をわきまえた者達、またその者達の領分です。

これさいかたしかみへきた事ならば
とんなものでもをそるものなし　八 86

これさえ確かに、しっかりと「みへきた事ならば」、かんろだいが姿を現す、据えられたならば、何も恐れるものはない。

なにゆうもしんぢつなるのしよこふが
みゑん事にわあとのもよふを　八 87

何を言うにも、真実の証拠がないことには、その後の段取りをすることができない。ぢば定めをし、かんろだいを据えることの重要性であります。後の段取りとは、たすけ一条の道の段取り、陽気ぐらしへの世の立て替えの段取りであります。

とのよふな高いところのものやとて
ぢうよしだいにはなしするなり　八 88

どんな身分の高い、あるいは権勢のある者であっても、神は自由自在に、思いのままに話をする。この辺りも、大和《おやまと》神社への神祇《じんぎ》問答から、石上《いそのかみ》神宮の神官への対処、さらには円照寺にお出向きになって、親神様の思召の一端を披瀝《ひれき》なさったひながたが髣髴《ほうふつ》とするところであります。

このように、元なる親ゆえに万事を教えてたすけるということを繰り返し仰しゃいます。この世人間を創めた神なのだから知らないことはない。どんなたすけもすると仰しゃって、さらに具体的に、究極のたすけの象徴とも言えるかんろだい、ぢきもつ（かんろ）、そして、そのかんろだいを据えるべき地点であるぢば定めへと続いていくわけです。

第九号の中心のテーマはかんろだい、第十号はかんろだいのつとめです。第八号の終わりに、かんろだい、ぢきもつ、ぢば定めの話があって、第九号のかんろだい、第十号のかんろだいのつとめへと続いていく。そこに一貫した流れをうかがうことができます。

第九号

第九号の概要

初めに教祖の言葉には人間の心はないことを繰り返され、やしろとなる二人を別間に置いてもらいたいと仰せになる。

続いて、医薬を元初まりを知らせるに先立つ修理、肥と位置付けられ、この道は元、元の親を明かして、今までにないたすけをすると宣《の》べられる。

この間に、月日自らとび出ての積極的な布教伝道に掛かる旨を仰せ出される。

後段では、どんな難病もたすける家伝を教えると、かんろだいを据え、つとめをすることによって授かるぢきもつ（かんろ）に言及され、どんな願いも叶《かな》うと請け合われる。また、かんろだいの寸法、形状の角目を示される。

修理・肥に医者、薬

第九号の冒頭は、何か重要なお話を始められる時の前置きと申しますか、教祖には人間の心はない、人間心から言っていることではないのだという注意が繰り返し述べられています。

いまゝでハなにをゆうてもにんけんの
心のよふにをもていたれど　九 1

今までは、何を言っても人間の心で言っているようにお前達は思っていたが。

このたびハなにをゆうてもにんけんの
心あるとハさらにをもうな　九 2

しかし、この度は何を言っても、そこには人間の心があると決して思うな。

どのよふな事でもしかときいてくれ
にんけん心さらにまぜんで　九 3

どんなことを言っても、しっかりと聞いてもらいたい。人間心は決して混じえないから。

月日よりどのよな事もしいかりと
ゆいかけるでなこれきいてくれ　九 4

そして、「月日」と仰せになって、人間ではなく、月日親神がどんなことも確かな話を言いかけるからして、これをよく聞いてもらいたい。

この四首はいずれも、教祖のお言葉には、人間の心はいささかも混じっていないということを重ねて仰《おっ》しゃっています。その上で、次に、

月日よりやしろとなるを二人とも　九
べつまへだてゝをいてもろたら　5

「月日よりやしろとなる」お方。ここで「二人」とあるのは、教祖とこかん様です。「月日のやしろ」とは仰しゃっていない。教祖が「月日のやしろ」「神のやしろ」であることは申すまでもありませんが、こかん様も、その魂のごいんねんの上から重要なお役をなさる、親神様が入り込んでお働きになるお立場を持っておられる方だということです。それを「月日よりやしろとなる」と仰しゃっています。『おふでさき』の中でも、「めへ〳〵のやしろもろた事なら（六　57）」と仰せになっていますが、これはつとめ人衆のことを指していると解されます。また、先人の中にも、人足社《にんそくやしろ》と呼ばれたり、我が家の信仰の糸口であられた上田ナライト様は、あつけんみよの社とも言われたということですから、社という言葉は教祖だけに使われている言葉ではありません。そのお二人を「べつまへだてゝ」と、理の上の相違をはっきりさせるべく、他の者達と部屋を別《わ》けて、別間に置いてもらいたいと要望されています。

なにゆうもそれよりしかとうけよふて　九
たすけするぞやしかとみていよ　6

別間を隔てるよう言うのも、その上で、しっかりと、請け合ってたすけをするのだからと、理の別をはっきりさせることが、たすけを請け合う前提になると仰しゃる。だからして、これから先をよく見ていよ。

このさきハどのよなたすけするのもな　九7
みなうけやうのもとであるから

それがこれから先、どんなたすけをするについても、全て請け合う、みんな引き受けて間違いなくたすける元だから。これは決して軽いことではないと、別間隔てることの大切さを仰しゃっています。

従って、

どのよふな事をゆうてもけさんよふ　九8
たしかきゝすみしよちしてくれ

教祖がどんなことを言っても、否定したり、あるいは聞き流したりすることのないように。「きゝすみ」というのは、聞き届ける、あるいは承諾するという意味です。その仰せをしっかりと聞き届け、よく承知してもらいたい、とお求めになっています。

このさきハどんなむつかしやまいでも　九9
みなうけよふてたすけするぞや

これから先はどんな難病であろうと、「みなうけよふてたすけする」全て請け合って、引き受けて必ずたすけるぞ、と仰しゃる。

にんけんにやまいとゆうてないけれど
このよはじまりしりたものなし　九 10

この事をしらしたいからたん〳〵と
しゆりやこゑにいしやくすりを　九 11

人間には病気というものはない。しかし「このよはじまり」この世人間を創《はじ》めた元初まりの真実を知っている者はいない。それを知らしたいからして、「たん〳〵と」いろいろと段階を踏んで、修理や肥としての役割を医者薬に担わせてきた。

この十番、十一番のつながりは重要でしかも難解なところです。病気というものはないのだけれども、この世初まりを知っている者がいない。これはどういうことか。『おふでさき』の中では、元を教えてたすけるというテーマが一貫して流れていると申しておりますが、この辺りもそれをうかがわせるところであります。

例えば第三号には「このもとをくハしくしりた事ならバ　やまいのをこる事わないのに（三 93）」というお歌があります。この世初まり、すなわち、人間は、親神様がその陽気ぐらしをするのを見て、共に楽しみたいという思いから、道具衆を寄せ、十全の守護を仕込み、ぢばで元の子数を宿し込まれた。以来、長の年限弛《たゆ》みない親心を以《もっ》てお育て下さって、人類の今日があるという人間創造のいわれであります。言い換えれば、人間とは何かということにもなりましょう。

十一番のお歌の「この事」は、十番を受けてのものです。元初まりの真実が心に治まれば病気にならないということを教えたいから、その前段階として、医者、薬に修理、肥の役割を担わせてきた、と仰しゃる。第六号には、こういうお歌があります。「いま、でハやまいとゆへばいしやくするりみなしんバいをしたるなれども（六105）」「これからハいたみなやみもできものも　いきてをどりでみなたすけるで（六106）」とあって、このだめの教えが開かれる以前、親神様の思召《おぼしめし》を聞かせて頂く以前は、病気になったら、やれ医者だ薬だと言って心配をした。しかし、これからは、いき、てをどり、すなわち、さづけでたすけると、さづけを医薬に対置しておられます。さづけは、医療技術や薬効で病気を治そうとするのと違い、もっぱら心の入れ替え、誠真実によっておたすけ頂くというものです。なぜ、医者薬というものが修理や肥になるのか。それがこの世の初まりとどういう関係にあるのか、そこが考えさせられるところであります。修理や肥というわけですから、それは必要なものであるけれども、決して十分じゃないということが含まれている。この世初まり以来、水中の住居《すまい》、智恵の仕込み、文字の仕込み、そして、旬刻限が到来して、だめの教えをお開き下さった。そのだめの教えをお聞かせ頂く以前の段階では、元を知らないわけですから、病気になったらどうするか。その治療のための対症療法と申しますか、暫定的な措置が医薬になるかと思います。それは智恵の仕込み、文字の仕込みの産物でもある。しかし、それだけでは十分じゃない。それは言わば、病気の症状を和らげる、あるいは、治癒させることはあっても、その根本原因である心を改めることについては、何も教えてくれるものではない。ですから病気は治っても上辺だけのことであって、やがて、色品は変わっても身上・事情にお知らせ頂くことになる。このだめの教えをお聞かせ頂くことによって、病の元は心からだということを知る。さらに、どのような心に入れ替えればよいか、おたすけ頂けるかを教えて下さっている。その具体的な手立てとして、さづけを医薬に対比しておられます。

肥やしは農作物の出来をよくするために施す。つまり、親神様のご守護をよりよく頂くための手立てです。そういう意味では親神様のご守護、お働きの筋道に沿って使うことで、そのご守護をよりよく頂くことができるわけです。従って、医学は、人体に頂戴《ちょうだい》している親神様のご守護をよりよく分かる、人間の体の働きの実に精巧な仕組みを実感することができる一つの手立てでもあります。ですから、決して否定すべきものではない。旬刻限の到来まで、元の理を明かされなかったということは、それ以前の段階では、その真意をよく理解できなかったということでもありましょう。医薬はあくまで病気を治すことを目標にするものであって、健康な体で、いかに生きるべきかを教えるものではありません。それに対し、さづけは、身上を通し、心の向きを神意に適《かな》うように変えることで、結果として病気が回復するものです。すなわち、陽気ぐらしの生き方に近づくことこそが目的です。

もっと言えば、親神様の思召に沿った心づかい、生き方をすることで、病まず、死なず、弱らず、すなわち病気にならない、歳を取っても弱らないという究極のたすけに浴することができる教えです。そうなれば、自《おの》ずと医薬を必要としなくなります。

他方、医療技術は日進月歩し、その進歩は目覚ましいものがあり、不治とされた病気の治療法も次々と開発され、寿命も延びています。しかし、その一方で、社会の高齢化、高度医療は、必然的に医療費の増大を招き、財政面をはじめ種々の問題を引き起こします。既に、長寿を無条件でめでたいとする気分は薄れているように感じます。要するに、どこまで行っても医療だけでは解決できない問題が残るということです。生き方や心の問題、生命観の議論を避けては通れません。

肥料というのは、種を播《ま》いてこそのものです。それも、良い種を播き、適切な手入れ、施肥をしてこそ良き実りが得られるのであります。逆に、悪い種、例えば雑草の種を播いたのでは、かえって雑草が繁茂して手に負えないことになります。お道の教えは何よりも、良き種を播くことを教える信仰であります。従って、医者薬とは次元の違うものです。この辺り銘々によくご思案頂きたいところであります。

これからハなにかよろづをみなとくで
どんな事でもしかときくなり　九 12

これからはどんなことも万事を全て説くぞ。どんなことでもしっかりと聞くように。

これまでもたいてはなしもといたれど
まだゆうてないしんぢつの事　九 13

けふからハどのよな事をゆうやらな
月日の心まことせきこみ　九 14

これまでから大抵いろいろと話をしてきたけれども、まだ言ってない真実の話がある。そこで、今日からはどんなことを言うか知れないぞ。それというのも、月日親神は本当に急《せ》き込んでいるから。

にち〳〵になにせきこむとゆうならば

月日とびでるもよふばかりを　九15

何を親神が日々急き込んでいるかと言うと、「月日とびでる」は、親神様が表に出て積極的にお働きになることです、もっぱら親神の働きを表立って顕《あらわ》す段取りを急いでいる。

このはなしいかりきいてしよちせよ
どんな事をばするやしれんで　九16

従って、親神の言うことをしっかりと聞いて承知せよ。どんな親神の働きを顕すか知れないぞ。

このさきのみちのよふだいしいかりと
きゝわけてくれ月日たのみや　九17

これから先の道の「よふだい」様態、ありよう、これをしっかりと聞き分けてもらいたい。月日親神の頼みとまで仰せになっています。

月日よりとびでた事をきいたなら
かんろふだいをばやくだすよふ　九18

かんろたいすへるところをしいかりと
ぢばのところを心づもりを　九19

月日親神が表立って働きを顕したという話を聞いたならば、かんろだいを早く出すように。これは明治六年に飯降伊蔵先生にお造らせになった雛型《ひながた》かんろだいと言われているものです。それを据える場所がぢばです。ぢば定めは明治八年、陽暦で言うと六月二十九日、陰暦では五月二十六日、五月の月次祭の日になされています。かんろだいを据える所であるぢばの地点を、しっかりと定める心積もりをするように。

これさいかたしかさだめてをいたなら
とんな事でもあふなきハない　九 20

このぢばの地点さえしっかりと定めておいたならば、どんなことがあっても、決して危ないことはない。

月日よりとびでるところ一寸はなし
高いところやとふいところい　九 21

「とびでる」という言葉が、繰り返し出てきます。親神様が各所で積極的にお働きになるということです。月日親神がどこへとび出て働くかと言うと、それは高山と言われるような支配層、上層や遠隔地である。

そのはなしきいたるならば一れつわ
なんと月日ハゑらいものやと　九 22
せかいぢうみなたん／＼とゆうてあろ
その日きたればむねかはれるで　九 23

親神の働きが、高山、支配層、あるいは遠方でも顕著に現れる話を聞いたならば、誰も彼もが何と月日親神様は偉いものだ、と称《たた》えるようになるであろう。世界中の人間が皆だんだんとそのように言う日が来たならば、「むねかはれる」今までの胸の残念が晴れるというものだ。

いまゝでハ三十八ねんいせんから 九 24
むねのさんねんまことのどく

「三十八ねんいせんから」、すなわち立教以来、数えて三十八年、今まで残念な思いをさせてきたことが、実に不憫《ふびん》であった。

元なる親を知らす

このたびハどのよな事もしいかりと 九 25
みな一れつにしらす事なり

しらするもなにしらするとをもうかな 九 26
もとなるをやをたしかしらする

どんなこともしっかりと知らせるというその核心は「もとなるをや」、元の親なんだと仰しゃっています。この度は、どんなことも誰彼《だれかれ》の別なく全ての人にしっかりと知らせる。何を知らせるかと言うと、元なる親をはっきりと知らせる。すなわちこの世人間をお創め下さった親神様であります。

このよふな事をゆいかけしらするも 九 27
なんの事やらたれもしろまい

こんなことを言いかけ、お前達に知らせても、いったいそれがどういうことなのか、誰も分からないだろう。

このよふを一れつなるにしんちつを
たすけたいからしらしかけるで　九 28

真実を知らしかける。この世をたすけたい。ちょっと言葉の掛かり方が入り組んでいます。この世の人間達をたすけたいから、皆の者に、真実を知らしかけるのだ。皆に真実を知らせて、世の人々をたすけたい。

いまゝでにないたすけをばするからハ
もとをしらさん事にをいてわ　九 29

これは、諭達第二号に引用されたおふでさきです。諭達第二号ではこのおふでさきを引用された後、「元を教えてたすけることこそ、この道のたすけの神髄である。」と続いていました。お道のおたすけの特徴を端的に言い表すお歌だと思います。今までにないたすけをするからには、元を知らさなければならない。元を教えてたすけるのだ。これは修理肥の教えと対照的です。元、根本を教えて、これまでにないたすけをする。

いまゝでもしらぬ事をばをしへるハ
もとなるをやふたしかしらする　九 30

元なるのをやふたしかにしりたなら

とんな事でもみなひきうける 九31

今まで知らないことを教えるとは、元なる親をしっかりと知らせるということだ。元なる親、この世人間をお創め下さった親神様です。どういう思いで人間をお創めになったか。どんなご守護をして下さっているか。そうしたことを教えてたすけるということです。この元の親を確かに知ったならば、どんな身上の患いも、事情の悩みも皆引き受けてたすける。それが今までにないたすけの所以《ゆえん》であります。「たしか」という言葉に、単なる知識として知るのではなく、その意味するところを心に治め、をやの思いに応えるというニュアンスがあります。

このはなしたれがゆうとハをもうなよ 九32
月日の心ばかりなるぞや

冒頭にあった一連のお歌が思い浮かびます。この話は誰が言っているかと言うと、月日親神が言っているのだ。そこには、いささかも人間の心は混じっていない。

よろづよのせかい一れつみハたせよ 九33
やまいとゆうもいろ〳〵にある

「よろづよ」万代、万世、「せかい一れつ」世界中、従って、古今東西ということです。古今東西を見渡してみると、病気というのも実に様々である。

このたびハどんなむつかしやまいでも 九34
うけよてたすけかでんをしゑる

これからハたしかにやくみゆてきかす
なにをゆうてもしよちしてくれ　九 35

病気にもいろいろあるが、この度は、どんな難病でも請け合ってたすける家伝を教える。「かでん」家伝はその家に代々伝えられたもの、あるいは事柄です。ここでは代々伝わってきたと言うよりもむしろ、代々伝えるべきという将来に向けての意味合いが強いところです。「やくみ」薬味は、薬の調合の成分という意味です。修理や肥に医者薬をと仰しゃっていることが想起されます。どんな難しい病気も必ず引き受けてたすける。そのための代々伝えるべき秘伝と申しますか、それを教える。これからはその家伝の薬の調合の仕方を言って聞かせるから、何を言っても承知してもらいたい。まるで、妙薬の処方を教えて下さるような感じがしますが、これが実はかんろ（ぢきもつ）ということになる。そして、それがつとめによってもたらされるということに続いていくわけであります。

このたびのなやむところハつらかろふ
あとのところのたのしみをみよ　九 36

註によりますと、三十六番から三十九番のお歌は、こかん様について仰せられたものだとあります。この年、明治八年の九月二十七日にこかん様がお出直しになります。そうしたこととの関わりで、このような註が付いているかと思います。しかし、あまりそれにこだわり過ぎることはないと思います。この度の身上の苦しみは実に辛《つら》かろう。しかし、先では楽しい、結構な日があるぞ、と励ましておられます。

さきよりにせへいゝばいにことハりが　九 37
ゆうてあるぞやしやんしてみよ

どのよふな事をするにもさきいより　九 38
ことわりたゆへかゝるしことや

このはなしどふゆう事にをもうかな　九 39
月日ぢうよふしらしたいゆゑ

「ことハり」には理という字が当たると思います。あらかじめ精一杯、理、道理を言って聞かせてある。よく思案してみよ。「ことわりたゆへ」断るというのは物事の筋道をはっきりさせる、あるいは、筋道立てて説明するという意味です。ですから、何事をするについても、あらかじめその理合いを伝えた上で働きを顕す、と仰しゃる。いきなり抜き打ちにすることはない。あらかじめ道理を言って聞かせて、そして形に表す。

「このはなしどふゆう事にをもうかな」こうしたあらかじめ理を説いた上で形に表すというのはどういうことかと言うと、そのことを通して、月日親神の「ぢうよふ」、自由自在《じゅうようじざい》の働きを教えたいからだ。実感させるためだ。既に起こったことについて、後からいろいろと言うことは誰でもできるのです。

一方、あらかじめ理由を述べて、こういうことになるぞと予告したことが実現してくれば、なるほど神様だと皆は感じ入る、感服するわけです。つまり、「月日ぢうよふ」親神様の自由自在のお働きを納得することができる。

しんぢつにこの一ぢよふはや〳〵と　九 40
月日の心せへていれども

「この一ぢよふ」、親神の自由自在の働きを知らせることです。「一ぢよ」には、一筋という意味と共に、その件、一件という使い方もあります。ここでは、本当にこの件を早々に知らしてやりたいと月日親神は急いでいるが……。

そばなるにいかほど月日たのんでも　九 41
きゝわけがないなんとさんねん

どのよふな事をゆうてもいまの事　九 42
なにをゆうとハさらにをもうな

だん〳〵となにのはなしをするにもな　九 43
さきなる事をばかりゆてをく

「そばなるに」教祖のお側《そば》の者、お屋敷内の者ということになるでしょうか。側の者に月日親神（教祖）がどんなに頼んでも、それを聞き分けることがない、納得して承知することがないのが実に残念だ。親神がどんなことを言っても、「いまの事」現在の話と取って、いったい何を言われるのかなどと決して思ってはならない。次の歌に「さきなる事をばかりゆてをく」とありますように、現在の話だと思うと、いったい何を仰しゃっているのかなと不審に思う、聞き流しがちになる。そうではなく、いろいろどんな話をするのも、もっぱら先のことを話しておくのだ。先のことを言われても人間にはなかなか分からないのです。

かんろだいの準備

次いで、かんろだいの形状について詳しく仰しゃっています。

これからハなにのはなしをするならば
かんろふだいのはなし一ぢよ　九 44

これからどんな話をするかと言うと、もっぱらかんろだいについての話である。

いまなるのかんろふだいとゆうのハな
一寸のしながたまでの事やで　九 45

このお歌で仰しゃっている「いまなるのかんろふだい」、これは註にもありますように、飯降伊蔵先生に命じてお造らせになった雛型かんろだいと言われているものです。現在ぢばに据えられているかんろだいの柱の部分、一番上の径二尺四寸の台と下の二段を除いた部分に相当する模型です。すなわち六尺の棒の上下に径一尺二寸の六角の板を打ち付けたものです。それはちょっとした雛型、見本だ、と仰しゃっています。

これからハだん〱しかとゆてきかす
かんろふだいのもよふばかりを　九 46

これからはだんだんしっかりと言って聞かせる。「かんろふだいのもよふ」かんろだい建設の段取り、準備です。もっぱらその話をする。

このだいをすこしほりこみさしハたし
三尺にして六かくにせよ　九 47

一番下の台は六角形で径《さしわたし》三尺にするように。その中央にほぞ穴を彫り込む。

いまゝでにいろ〳〵はなしといたるハ
このだいすへるもよふばかりで　九 48

今までいろいろと話をしてきたが、それは、もっぱらこのかんろだいを据える計画である。ある意味、お道の教えはかんろだいの建設に集約されると言っていいと思います。それは単に形のかんろだいを建てることに留《とど》まるものではありません。名実共にかんろだいが建ち上がる、かんろだい世界、かんろの降る世が実現することです。

これさいかしいかりすへてをいたなら
なにもこわみもあふなきもない　九 49

このかんろだいさえしっかりと据えておいたなら、決して恐ろしいことも危険なこともない。「しいかり」の語に、形さえ出来ればいいというものではないという思召がうかがえます。

月日よりさしずばかりでした事を
これとめたならハがみとまるで　九 50

月日親神の指図でしたことを止め立てするならば、わが身が止まる、命がなくなるぞ。

これをみてまことしんぢつけへこふと 九 51
これハ月日のをしゑなるかよ

このかんろだいが建ち上がった姿を見て、実に結構だな、ありがたいなと仰ぎ見る。かんろだいが月日の教えであるとは、かんろだいは教えを形にしたものという意味でしょう。事実、本教の教えがそこに集約されているように思います。かんろだいが据えられている地点ぢばで、陽気ぐらしを見たいと人間をお創めになった。そのぢば、かんろだいを囲んでつとめをし、よろづたすけと世の立て替えを願う。そして、人々の心が澄み切った暁《あかつき》には、かんろ、すなわち、究極のたすけをお恵み下さる。

かんろだいを据える場所は起源を、一番上の台はかんろを受ける、すなわち将来の目標を表し、その間の段々は人間の成人の姿を表しているというわけでありますから、かんろだいの姿にお道の教えが凝縮されていると言っていいと思います。それを「これハ月日のをしゑなるかよ」と仰しゃっています。

このだいがでけたちしだいつとめする 九 52
どんな事でもかなハんでなし

このかんろだいが完成し、据えられ次第つとめをする。そうすると、どんなことでも叶う、成就する。

このだいもいつどふせへとゆハんでな 九 53
でけたちたならつとめするぞや

これさいかつとめにかゝりでたならば
なにかなハんとゆうでないぞや　九　54

このかんろだいについて、いつどうせよというような指図はしない。かんろだいが出来上がったならつとめをするぞ。かんろだいが出来上がり、つとめにかかったならば、何であれ叶わないということはない。どんな願いも叶う。

これをみよたしかに月日ぢきもつの
あたゑしいかりたしかわたする　九　55

このかんろだいを囲んでのつとめによって、月日親神は「ぢきもつのあたゑ」を渡す。「ぢきもつ」を漢字で書けば食物となるかと思いますが、かんろのことです。甘露というのは、元々は仏教的な用語で、不老長寿の霊薬と言われている。それに通ずる使い方です。病まず、死なず、弱らず、百十五歳定命《じょうみょう》というありがたいご守護を頂戴できるかんろ（ぢきもつ）を間違いなく渡すと仰しゃっています。よく見ていよ。かんろだいが出来上がり、つとめをしたならば、月日親神はぢきもつの与えをしっかりと確かに渡す。

しっかり、確かにと重ねて仰しゃっていることに、決して、実現不可能な理想、空想ではないという強い思召が伝わってきます。

とのよふな事でもたしかしんぢつの
しよこなけねばあやうきい事　九　56

何事によらず、確かな真実の証拠がなければ危なっかしいことである。

これからハとのよな事もたん／＼と
こまかしくとくこれそむくなよ　九 57

これからは、どんなことについても、だんだん細々とした話をするが、それに背いてはならない。神の言う通りにせよ。

このはなしなにをゆうやとをもうなよ
かんろふだいのもよふ一ぢよ　九 58

これはいったい何の話かと言うと、もっぱら、かんろだいの段取りの話である。

このだいもたん／＼とつみあけて
またそのゆへハ二尺四すんに　九 59

かんろだいの形状です。下の二段は径がそれぞれ三尺、二尺四寸で、厚さは共に八寸。その上に径一尺二寸、厚さ六寸の台を十段積み重ね、一番上に径二尺四寸、厚さ六寸の台を載せる。

そのうゑゝひらばちのせてをいたなら
それよりたしかぢきもつをやろ　九 60

その二尺四寸の台の上に、五升入りの平鉢を載せておいたならば、そこに親神が確かにぢきもつをやろう、と仰しゃっています。親神様の究極のご守護の象徴であるぢきもつを、必ず与えると請け合っておられます。

ぢきもつをたれにあたへる事ならば
このよはじめたをやにわたするへ　九61

そのぢきもつを誰に与えるかと言うと、「このよはじめたをや」、これは教祖のことであります。この世を創めた親神が入り込んでいる、神のやしろたる教祖《きょうそ》に渡す。

天よりにあたへをもらうそのをやの
心をたれかしりたものなし　九62

天から与えをもらう親、すなわち教祖の心を知っている者は誰もいない。

月日よりたしかに心みさだめて
それよりハたすぢきもつの事　九63

月日親神様が、しっかりと心を見定めるのは教祖の心です。月日親神は教祖の心を見定めて、それからぢきもつを渡す。教祖の心は親神様の心なのだから、何も見定める必要はないのではないか、という疑問が湧《わ》いてもおかしくないところです。親神様の心と教祖の心が矛盾することは絶対にありませんが、全く同じというわけではないと思います。教祖の心には人間の心が映っているからです。親神様と私達人間の間に教祖がおられるのでありまして、教祖を通してぢきもつを頂戴する。教祖は人間の成人の度合いを見て、よう成人したなとお思いになることもあれば、残念、立腹と思召《おぼしめ》しになったりもするわけです。そういう意味では、人間の心のありようが、教祖のお心に映じていると言うことができると思います。ですから、親神様はその教祖のお心をしっかりと見定めて、教祖にぢきもつをお渡しになる。

月日にハこれをハたしてをいたなら
あとハをやより心したいに　九　64

親神様が教祖にぢきもつをお渡しになる。そして、教祖から「心したいに」、この心は誰の心か。註釈では「教祖から心委《まか》せに」とありますように、教祖のお心のまにまに、ぢきもつを我々人間に下さるということです。しかし、教祖がそれを渡そうと思われる時に、人間の成人の度合いや真実を見定めてお渡しになるわけですから、「心したいに」の心というのは、我々の心を反映した教祖のお心になる。要するに、直接、親神様から我々人間にぢきもつを下さるわけではない。教祖を経由して我々はぢきもつを頂くということです。

このように第九号のテーマは、かんろだいのもよう立てと申しますか、その段取りと、そこに頂くぢきもつのご守護についてであります。そして、まさに切れ目なく第十号に入っていきます。

第十号

第十号の概要

前号に引き続いてのかんろだい、ぢきもつの話に始まり、まず、親神が自由自在《じゅうようじざい》の働きを顕《あらわ》して、世界一れつを澄まし、かんろだいを建てた暁《あかつき》には、病まず、死なず、弱らずの世界が到来すると、全体的な構想を述べられる。

次いで、そのための具体的な手立てとして、かんろだいのつとめの実行を急き込《せ》まれ、もっぱら、そのもよう立て、順序、特に、人衆を寄せる段取り、かんろだいの意義について詳述される。

また、つとめの理話たる元の理の話の意義について簡潔に触れられる。

さらに、布教伝道の拠《よ》り所ともなるこふきをこしらえること、広めることの重要性を説き、取り次ぎの役割に言及される。やがては、上《かみ》へも道をつけ通し、世界中を陽気づくめの世に立て替えると宣《の》べて、人々を励まされる。

から、てんぢくも心澄ます

一番、二番のお歌辺りは、第九号の最後の六十一、六十二、六十三番から切れ目なく続いている感じです。月日親神様が、ぢきもつ、かんろをこの世創《はじ》めた親神のやしろたる教祖に渡す。その後、教祖から心次第に人々に渡すと仰《おっ》しゃっていました。

そして、

しんぢつの心月日がみさだめて
天よりわたすあたゑなるのわ 十1

人々の真実の心を月日親神、すなわち、教祖が見定めて、天よりぢきもつを与える、その与えというのは、

一寸したる事とハさらにをもうなよ
天よりふかいをもハくがある 十2

ちょっとしたこと、何でもないことと思うな。そこには、「天より」すなわち親神の深い思惑がある。

このはなしどふゆう事であろふなら
からてんぢくも心すまして 十3

「から」は、親神様の教えが次に行き渡る所、「てんぢく」は、その後に行き渡る所というのが、註

釈の説明です。そういう意味で申しますと、「からてんぢく」の者達の心も澄ますということは、結局世界中の人間の心を澄ますことになるわけです。この話というのは、世界中の人々の心を澄まして、かんろを授ける、ぢきもつを渡すということである。日々、朝夕のおつとめの第三節で、これはかぐらづとめに由来するものですが、「いちれつすましてかんろだい」と唱えておつとめをします。この第三節のお歌も「からてんぢくも心すまして」ぢきもつを渡すという話につながっています。

この心どふしてすます事ならば

月日とびでゝあゝちこゝちと 十 4

「からてんぢく」すなわち、世界中の人々の心をどうして澄ますかと言うと、月日親神が「とびでゝ」、言わば、親神自ら打って出て、積極的にその働きをあちこちで顕して人々の心を澄ます、と仰しゃっています。

さらに、一層具体的に、

たん〳〵と月日たいない入こんで

ぢうよぢざいをしてかゝるでな 十 5

それについては、月日親神が人々の体内に入り込んで自由自在の働きを顕す。

したるならなんぼからやとゆうたとて

にほんのものにこれハかなわん 十 6

親神が自由自在の働きを「したるなら」顕したならば、いくら「から」だと偉そうに言っていても、

「にほんのもの」に到底敵《かな》わない。

にち〳〵にみへるところでとくしんせ
なんどきどんなはなしきくやら 十 7

どのよふなはなしきいてもさきいより
これわ月日のはなしなるのや 十 8

親神様がとび出て、自由自在の働きをお顕しになるというのですから、様々な不思議な話があちこちから聞こえてくる。「にち〳〵にみへるところ」日々現れてきた姿を見て「とくしん」納得せよ。いつ何時《なんどき》どんな思いがけない話を聞くかしれないが、たとえどんな話を聞いても、「さきいより」前もって、月日親神が話してあることだ。人間には思いがけない話と思えても、よく考え合わせてみれば、既に教祖が聞かせて下さっていたことが現れてきたのだと分かる、と仰しゃる。

これからハにほんのものハたん〳〵と
月日ひきたてこれをみていよ 十 9

なにもかもどのよな事もみなをしへ
しらん事をハないよふにする 十 10

これからは、親神は「にほん」の者をだんだんと引き立てていく。よく見ていよ。それについては、「なにもかもどのよな事も」ありとあらゆることを全て、「にほん」の者達に教えて、知らないことはないようにする。ただ引き立てるのではなくて、教えて引き立てるということが、大切なところです。親神様が、どんなことも悉《ことごと》く教えて下さる、それをしっかりと身につける、そのことがなければ引き立てたくても引き立てることができないということにもなる。単なる贔屓《ひいき》ではなく、仕込むべきことを仕込んで、御用にお使い頂くということであります。

十 11

にほんにハはしらをたてた事ならば
やまずしなすによハりなきよに

「はしら」というのは、かんろだいです。「にほん」の中心たるぢばに、かんろだいを建てたならば、病まず死なず弱らず、すなわち病気にならない、また、若死にしない、さらには年をとっても弱らない、というようになる。病まず死なず弱らずという表現は、『おふでさき』全体の中で六回出てきます。究極のたすけと言っていいと思います。

十 12

いまゝでハからやとゆうてはびかりて
まゝにしていたこんどかやしを

今までは、「から」だと偉そうに言って、「はびかりて」はびこる、増長して、恣《ほしいまま》にしていた。しかし、今度はそれに対して、親神が「かやし」をする。

十 13

このはなしたれにどふせとゆうでなし
月日とびでゝまゝにするなり

この話は、お前達の誰それにどのようにせよと指図するものではない。月日親神が「とびでゝ」自ら打って出て、働きを顕して「まゝにする」親神の思いのままにする。

つとめによる守護

これまでも月日をしらんものハない
なれとほんもとしりたものなし　十　14

ここで仰しゃっている「月日」は、天体としての月と日という意味です。これまでも太陽や月を知らない者はない。しかし、その「ほんもと」、つまり月、日というものが親神の天にての現れであり、その親神こそがこの世人間を造り、守護している神であるという本元、根本を知っている者はいない。

このたびハどのよな事もしんぢつを
ゆうてきかしてたすけいそぐで　十　15

この度は、どんなことも真実を言って聞かせてたすけを急ぐ。この「しんぢつ」というのは、その前にあります「ほんもと」の話です。月日親神様がこの世人間をお造り下された。そして今も一切万事をご守護下さっている、そうした根本を説き聞かせてたすけを急がれる。

このひがらいつころなるとゆうならば
たあのしゆりをしまいしだいに　十　16

「たあのしゆり」には註がついています。「田の修理即ち除草、中耕」田植えの後、草を取ったり、あるいは耕したりといった農作業、手入れです。それが「しまい」終わり次第に、つまり、ちょっと気分的、時間的にゆとりができる時期を見計らってということです。本元の話を説いて聞かせるのは、いつ頃かと言うと、田の手入れが終わり次第にする。

それからハなにかめづらしみちになる　十
つとめのにんぢうみなよりてくる　17

その真実の話を説き聞かせた後は、「めづらしみち」今までにない結構な道になってくる。めずらしいには、ただ数が少ないというだけではなくて、ありがたい、結構なといったポジティブな意味があります。そして、つとめ人衆が皆寄り集まってくるようになる。

たん〳〵とにち〳〵心いさむでな　十
なんとやまとハゑらいほふねん　18

人々の心が日々だんだんと勇み立ってくる。そして、「やまと」大和は大豊作になる。「やまと」というのは、『みかぐらうた』にも「七ッ　なにかにつくりとるなら　八ッ　やまとハほうねんや（二下り目）」とあります。ただ単に大和地方というだけでなくて、大和は日本の中でも一番おぢばに近い所でありますから、そうした意味では親神様の思召をわきまえた、この教えを信仰する者達の中心に近い所、これを「やまと」と仰しゃっているように思われます。さらに、

にち〳〵にはやくつとめをせきこめよ　十
いかなるなんもみなのがれるで　19

日々早くつとめをするよう急げよ。つとめによって、どんな災難も皆逃れることができる。さらに、

とのよふなむつかしくなるやまいでも
つとめ一ぢよてみなたすかるで

十　20

どんな難病でも、このつとめによって全てたすかるのだ。つとめの勤修《ごんしゅう》によって、豊作を恵まれ、災難を逃れ、さらに、難病もたすかるというありがたいご守護を頂戴《ちょうだい》できると仰しゃる。

つとめでもどふゆうつとめするならば
かんろふだいのつとめいちょ

十　21

こうした結構なご守護を頂けるおつとめ、それはどういうつとめかと言うと、かんろだいのつとめである、と明かされます。「かんろふだいのつとめ」という表現は、ここで初めて登場します。我々は、本部神殿で勤められる月々のおつとめを「かんろだいづとめ」と呼んでいますが、『おふでさき』に出てくるおつとめの呼び名からすれば、「かぐらづとめ」「よふきづとめ」「たすけづとめ」そして第十号で「かんろふだいのつとめ」という順序で登場してきます。かんろだいのつとめというのは、単にかんろだいを囲んでおつとめをするというだけの意味ではありません。かんろだいのつとめによって、かんろ（ぢきもつ）をお授け頂くつとめです。かんろには、何かそういったものが天から降ってくると言うよりは、陽気ぐらしへの世の立て替えという究極のたすけが象徴されているように思われます。

このたいをどふゆう事にをもうかな
これにいほんのをやであるぞや

十　22

「このたい」というのは、かんろだいです。これをいったいどのように思っているか。「にいほんのをや」、このように促音を「にいほん」と書くのも一つのおふでさきの表記の特徴です。こういう書き方を当時はしていたのでしょう。〝しっかり〟を〝しいかり〟と書いたりする類《たぐい》です。にほんの親というのはどういうことか。にほんの者は、親神様の教えをわきまえ、この道に帰依《きえ》する者、この教えを信仰する者です。その者にとって、かんろだいは親とも言うべきものである。まず、親神様が人間をお宿し込みになったぢばの標《しるし》である。その地点に建てられたかんろだいを囲んでのおつとめによって、よろづたすけを願い、さらには、陽気ぐらしへの世の立て替えを祈念する。また、人々の心が澄み切った暁には、かんろを授けられる台でもある。まさに、この道を信仰する者にとってはをやの象徴であります。

これさいかまことしんぢつをもうなら　十　23
月日みハけてみなひきうける

このこと、つまり、かんろだいの理、かんろだいのつとめの理を心の底から信じて勤めるならば、月日親神は「みハけて」その真実のほどを見分けて、全てを引き受けて守護する。

月日よりひきうけするとゆうからわ　十　24
せんに一つもちがう事なし

月日親神が引き受けて守護すると言うからには、「せんに一つ」も間違いはない。必ず守護する、たすける。

かんろだいのつとめ

二十一番に「かんろふだいのつとめ」という言葉が初めて出てまいりました。

このはなしどふゆう事にきいている
かんろふだいのつとめなるのわ 十 25

かんろだいのつとめについての話を、どういう具合に聞いているか。

一寸したるつとめなるとハをもうなよ
三十六人にんがほしいで 十 26

そのうちになりものいれて十九人
かぐらづとめの人ぢうほしいで 十 27

かんろだいのつとめというのは、ちょっとしたつとめだなどと思ってはならない。非常に重要なおつとめだということです。それについては、三十六人の人衆がほしい。つとめ人衆三十六人がほしいと、まず仰しゃる。そして、「そのうちになりものいれて十九人」その三十六人の中で、鳴物を含めての十九人、すなわちかぐらづとめの人衆がほしい。十九人というのは、十人が十の神名に対応するつとめ人衆。九人は九つの鳴物を受け持つ人衆です。女鳴物三人、男鳴物六人です。

本部神殿で勤められるおつとめについて、かぐら、てをどりと分けて言う場合には、かぐらは真座で勤められるおつとめを指します。てをどりは、神床で立ってする、よろづよ八首から十二下り目までを指します。かぐらづとめと言う時には、かぐらを指す場合とおつとめ全体、すなわち、かぐらとてをどりを合わせたものを指している場合とがあります。ここで、十九人のかぐらづとめの人衆と言う時には、かぐらを指しています。十の神名に相当するつとめ人衆と九つの鳴物を受け持つつとめ人衆の合計が十九人です。このお歌の註は、私にはちょっと理解しにくい。「てをどりの人衆が三十六人、更《さら》にかぐら十人、鳴物九人、合わせて十九人のかぐらづとめの人衆がほしい。」とありますが、まず、てをどりの三十六人の意味がよく分からない。「そのうちに」を〝やがて〟と解して、三十六プラス十九とし、さらにがくにん二十人を加えて計七十五人としているのも分かりにくいところです。

あまりうがった解釈をせずに、まず三十六人のつとめ人衆がほしい、その中でもかぐらづとめの十九人がほしい、と仰しゃっていると解しておきます。差し引きすれば、あと十七人残っていますから、その者でてをどりを勤めるのか、あるいは十九人の者の中にも、てをどりに加わる者がいるのか、そういったことは特に仰しゃっていない。註にとらわれると、かえって混乱しかねません。

いずれにせよ、十九人のかぐらづとめの人衆というのは、つとめの最も重要な要素です。かぐら、てをどりと申しますが、理の上から言えば、断然かぐらのほうが理が重いのです。

しんぢつに心さだめてしやんせよ　　十 28
とりつぎの人しかとたのむで

取り次ぎの者は、しっかりと心を定めて、神意のほどを思案し、間違いなく伝えてもらいたい。「とりつぎの人」親神様の思召を取り次ぐ者。教祖のお側《そば》にあって、お屋敷へやって来た人のお伺いや願いを教祖に取り次ぎ、また教祖から聞かせてもらったお言葉を願い人に取り次ぐ人のことです。今日では別席の取り次ぎ人のことを指したりしていますが、親神様の思召を取り次ぐ者ということでありま す。その取り次ぎの者に、しっかり頼むぞと仰しゃっています。

このだいをこしらゑよとてたん〱に

月日人ぢうのもよふするなり 十 29

人ぢうがしかとよりたる事ならば

そのまゝだいもでける事やで 十 30

「このだい」は、かんろだいです。親神は、かんろだいを建設しようと、「人ぢうのもよふする」つとめの人衆の段取り、すなわち人衆を寄せる、さらには人衆を仕込む用意をする。そして、その人衆がしっかりと寄ったならば、「しかと」ということでありますから、ただ人の数が揃《そろ》えばいいということではありません。それにふさわしい内容が伴っていなくてはならない。思召を心に治め、手振りや鳴物を身につけたつとめ人衆が寄る、というようなことになりましょうか。しっかり寄ったならば、そのまま、即かんろだいも出来るのだ。かんろだいは、形の上から言えば、材料を集めて寸法通りに細工をして建てれば出来るというようなものですが、そうじゃないと仰しゃる。親神様の思召に適《かな》う人衆が寄ることと、かんろだいが出来ることは、不可分だと仰しゃっているのであります。ですから、単に形の上のかんろだいをこしらえることを仰しゃっているわけではない。そうした思召に適う人衆が寄り集まればかんろだいも自《おの》ずと出来る。また、かんろだいを造り上げるために人衆を寄せ、仕込むとも仰しゃる。そういう意味では、これは同時並行的と言いますか、相互媒介的に進むということであります。

このみちハどふゆう事であるならば
月日つとめのてゑをふしへて　十 31
それよりも月日一れつせかゑぢう
つれてゞたならひとりでけるで　十 32
これさいかたしかにでけた事ならば
月〻つとめちがう事なし　十 33
つとめさいちがハんよふになあたなら
天のあたゑもちがう事なし　十 34

「このみち」、我々は天理教のことをお道と申しますが、ここでは註釈にも「その手順は」とありまして、つまり、プロセスということです。このかんろだいが出来る手順はというと、まず、月日親神が人々につとめの手を教え、それから、親神がその者達を連れて世界中に出向く。そうすると自ずとかんろだいが出来上がってくる。さらに、かんろだいさえ〝確かに〟というわけですから、単に形が出来たらということではなく、内容を伴ったかんろだいの建設です。これさえ完成したならば、「月〻つとめ」月々の、月次祭、大祭のつとめが間違いなく勤められるようになる。そして、かんろだいのつとめが間違いなく勤められるようになったならば、「天のあたゑ」親神の守護も欠けることがない。全き守護をする。

このみちハまことしんぢつむつかしい 十 35
みちであるぞやみなしやんせよ

「このみち」、これも道筋、プロセスと解するのがいいと思います。かんろだい完成の道筋であり、つとめ完成の道筋でもあります。以前、この天理教の教えは「まことしんぢつむつかしい」、そんなに難しい教えなのかと尋ねられたことがありますが、そういう意味ではありません。この道筋は実に難しい、容易ならん道である。人衆を寄せ、つとめの手を教え、仕込む。その仕込まれた人衆を、親神様が引き連れて世界中へ出向いて……ということですから、なかなか決して容易なことではありません。そこのところをよく思案せよ。

この人ぢうどこにあるやらしろまいな 十 36
月日みわけてみなひきよせる

「この人ぢう」、つとめ人衆として親神様に手振りを教えられ、世界中にお伴《とも》をして出向く人達です。その者達がどこにいるか知らないだろうが、親神が自ら見分けをして皆引き寄せる。

どのよふなところのものとゆうたとて 十 37
月日ぢうよふしてみせるでな

その人衆を引き寄せるについては、どんな所にいる者であろうと、親神がそれを見分け、自由の働きを顕して引き寄せる。

だん〳〵と人ぢうそろふたそのゆへで
しんぢつをみてやくわりをする　十 38

「そのゆへで」は「うえ」と読みます。

だんだんとつとめ人衆が引き寄せられ、揃った上で、親神はその真実のほどを見定めて、それぞれに役割を割り当てる。

やくハりもどふゆう事であるならば
かぐら十人あといなりもの　十 39

これさいかはやくしいかりそろたなら
どんな事でもでけん事なし　十 40

その真実を見て割り当てる役割は、いったいどういうものであるかと言えば、まず「かぐら十人」、これは十の神名を配した守護の理に相当する十人のつとめ人衆のことです。かぐら人衆と言ったりすることもあります。「あといなりもの」その後に、鳴物を勤める九人の役割をする。かぐら、てをどりと申しますけれども、おつとめの主体は、あくまでもかぐらです。その中でも、十人のかぐら人衆が重要な役割を担っている。そして、その後に鳴物。これさえしっかり揃ったなら、その役にふさわしい内容の伴ったつとめ人衆が揃ったならば、どんなことでもできないことはない、どんなことでも叶《かな》わないことはない。つまり、つとめの完成であります。

人間の元を知らせる

けふからハだん〳〵もんくかハるでな
いまゝでしらん事ばかりゆう 十 41

今日からはだんだんと「もんく」言うこと、話、話題が変わるぞ。今までお前達が知らないことばかりを話する。

いまゝでもどのよなみちもあるけれど
月日をしへん事わないぞや 十 42

従来から「どのよなみちもあるけれど」、これは註釈を見ますと、「いろいろな教《おしえ》はあるが」とありまして、このお道の教え、だめの教え以前の人の歩むべき道、すなわち、修理肥の教えと解しています。今までからいろいろと人の歩むべき道が説かれてきたけれど、全て月日親神が教えたものばかりだ。それらも皆、時と所に応じて親神様がお教え下さったものです。

月日よりたいてへなにもだん〳〵と
をしゑてきたる事であれども 十 43

このたびハまたそのゆへのしらん事
なにもしんぢつみなゆてきかす 十 44

これまで親神様は、「たいてへなにもだん〱と」だんだんとどんなことも、「たいてへ」十のものならば九つまで教えてきたが、と仰しゃる。何やかやといろいろ教えてきたが、この度は、親神が世の表に現れて、「またそのゆへ」また、その上《うえ》と読みます、そうした修理肥の教えのその上の、お前達が知らないことを、何もかも真実を全て説いて聞かせる。十のものなら九つまで教えてきた。残るだめの一点、元の親を明かして、陽気ぐらしへのたすけ一条の道を付けるとお聞かせ頂きます。

これまでハからやとゆうてはびかりた 十 45
これも月日がをしへきたるで

「から」、親神様の教えをわきまえない者達です。従来、元の親を知らず、知恵、力に頼る者達が、おごり増長し、権勢を振るってきた。しかし、それもだめの教えに至る成人の段階で、月日親神が教えてきたところなのだ。智恵の仕込み、文字の仕込みの一環ということでしょう。

このたびハ月日元ゑとたちかいり 十 46
木のねしいかりみなあらハすで

『おふでさき』の第五号辺りでは、「から」は枝先、「にほん」は根という対比が繰り返し出てきました。このたびは、枝先である「から」がはびこる状況を転換すべく、月日親神は、元、根本、起源へと立ち返る。そして、「木のね」、枝先に対する根、根本の真実をしっかりと全て顕す。明らかにする。

このよふの元をしいかりしりたもの 十 47
どこのものでもさらにあるまい

しんぢつにこの元さいかしいかりと
しりたるならばどこいいたとて　十 48

元へ立ち返ると仰しゃって、四十七番では、その元というのは、この世の元だと明かされます。この世の元、起源をしっかりと知っている者はどこにもあるまい、決してない。本当にこの世の元さえしっかりと承知したならば、どこへ行っても心配はない。

このはなしなんとをもふてきいている
これとりつぎにしこみたいのや　十 49

この話をいったい何と思って聞いているか。「とりつぎ」は、親神様の思召を人々に取り次ぐ者です。この世の元の話をまず取り次ぎに仕込みたい。

どのよふな事を月日のをもうにハ
にんけんもとをこれせかゑぢうへ　十 50

ここでは、世の元と仰しゃった元をさらに「にんけんもと」と言い換えておられます。どのようなことを月日親神が思っているかと言うと、人間の元を世界中に教えたいのだ。

はや〳〵とこのしんちつを一れつに
しらしたるならはなしハかるで　十 51

「このしんちつ」、この世の元、人間の元、すなわち、この世人間を創めた元初まりの真実を世界中の人々に知らしたならば、「はなしハかるで」親神の説くところの話が分かる、よく理解できる。

いかほどにはなしをといてきかしても
もとをしらしてをかん事にハ　　十　52

どれほど言葉を尽くして話を説き聞かせたところで、その元の真実を知らせておかなければ、十分に理解することはできない。心《しん》から分かるものではない。

もとさいかしいかりゆうてをいたなら
なにをゆうてもみなきゝハける　　十　53

この辺り、「もと」が繰り返し出てまいります。元、元初まりの真実、元の理さえしっかりと説いておいたならば、どんな話をしても全て聞き分ける、了解する。元がいかに大切かであります。

このよふのぢいと天とハぢつのをや
それよりでけたにんけんである　　十　54

この世の元、人間の元の内容をより具体的に仰せになっています。「ぢい」地、これは十全の守護の説き分けから申しますと、をもたりのみこと、日様の理合い。「天」は、くにとこたちのみこと、月様の理合いであります。月日親神様が、陽気ぐらしを見たいと思召《おぼしめ》して人間をお創めになった。その月日の理に対応する天地の間に、人間というものが生み出された。従って、地と天は実の親とも言うべきものである。

これからハからもにほんもしらん事
ばかりゆうぞやしかときくなり　　十　55

これからは、「から」の者も「にほん」の者も知らないようなことをもっぱら話する。しっかりと聞くように。

どのよふな事もしらんとゆハんよふ
みな一れつにしこみたいから　十 56

何であれ知らないことがないように、皆の者にもれなく仕込みたいのだ。

心を澄まし、陽気づくめを教える

にち〳〵に月日の心をもうにわ
をゝくの人のむねのうちをば　十 57

日々、月日親神が思うのは、「をゝくの人」大勢の人の胸の内をば、

この心どふしたならばわかるやら
どふどはやくにこれをわけたい　十 58

「むねのうち」というのは心であります。「この心どふしたならばわかるやら」。「わかる」、「わける」の語源については、器に入れた泥水がだんだんと澄んできて、上澄みと泥とに分離するという物理現象が、その背景にあるという話をしました。混沌《こんとん》とした状態がはっきりとする、分明になることです。多くの人の心は現在のところ混沌とした状態である。その心がどうしたならば、分かる、澄むだろう

か。どうかして、これを早く分けたい、澄まして分からせたいものだ。五十七、五十八番の註釈でも、「世界中の多くの人間の心のうちをば、どうしたならば澄ます事が出来ようか。何とかして、一日も早く一列人間の心を澄ましたい」と、「わかる」「わける」を澄む、澄ますと解釈しています。大勢の人間の心をどうしたならば澄ますことができるだろうか。何とか早くこれを澄ましたいものだ。

せかいぢうしんぢつよりもむねのうち 十 59
わかりたならば月日たのしみ

世界中の人々の胸の内が心《しん》から分かったならば、澄んだならば、月日親神は楽しみなことだ。

それからハ一れつなるのむねのうち 十 60
わかりたならば月日それより

世界中の人々の胸の内、心が澄んだならば、親神はそれから、

だん〳〵とにち〳〵心いさめかけ 十 61
よふきづくめをみなにをしへて

だんだんと日々人々の心を勇ませて、陽気づくめを皆に教える。つまり、人々の心を澄まして、勇ませて陽気づくめになる道を皆に教える。濁ったままの心では、教えることができないということでもあります。陽気づくめというのは、「なにもかもよふき（七 94）」と第七号で仰しゃっていましたように、何もかもが陽気という境地です。陽気ぐらしに至る道を皆に教えてやりたい。その前提として心を澄ますことが必要になる。

せかいぢうをふくの人のむねのうち
みなすましたる事であるなら　十 62

ここでは、澄ますという言葉が直接使われています。世界中の大勢の人々の胸の内、心を皆澄ましたならば。

それよりも月日の心いさみでゝ
どんな事でもみなをしゑるで　十 63

人々の心が澄んだならば、月日親神の心も勇み立って、どんなことも全てお前達に教えるぞ。

とのよふな事でも月日しんぢつに
みな一れつにをしゑたいのや　十 64

月日親神は、本当にどんなことも世界中の人間皆に教えたいのだ。

しんぢつの心がほしい月日にわ
どんな事でもしこみたいから　十 65

ここで教えるという点についてさらに踏み込んで、お前達の真実の心がほしいから仕込むのだと仰しゃっています。心を澄まし、陽気づくめを教える。万事を仕込む。それというのも真実の心になってもらいたいからなのだ。

このはなしなにをしこむとをもうかな
これからさきのよろづみちすじ　十 66

けふまてハなによの事もみへねども
ひがちかづけばひとりみへるで　十　67

この話によって何を仕込むと思うか。今後の、将来のあらゆる道筋、歩むことになる道筋について仕込むのである。今日までは、どんなことも、まだ形に現れるということはなかったけれども、その「ひ」日、時旬が近づけば自ずと現れてくる、目に見えるようになってくる。

ぢばにかんろだいを据える

とのよふな事もやまいとをもうなよ
なにかよろづハ月日ていりや　十　68

何であれ、身上を患った時に、それを単なる病気と思ってはならない。どんなことも全て月日親神の手入れである。病気についてのお道の思案の仕方であります。

月日よりにち〳〵心せきこんで
どんなもよふをするやしれんで　十　69

月日親神は日々大層急いでいるからして、どんな「もよふ」段取りをするかしれないぞ。お急ぎになる上から、思いもよらないことを見せられる。

せきこみもなにの事やらしろまいな

かんろふだいのもよふばかりを 十 70

何を急いでいるかと言うと、それはもっぱらかんろだいの段取りである。

にち〳〵にみのうちさハりついたなら 十 71
これハ月日のていりなるかよ

先の六十八番のお歌では、「やまいとをもうなよ」「月日ていりや」と仰しゃっています。身上に障《さわ》りを見せられたなら、月日親神による手入れだと思うように。この場合は特に、かんろだいの段取りを急がれる上からお側の人々に成人を促されての手入れと思われます。

だん〳〵とみすますところせかいぢう 十 72
きのどくなからもんくかへたい

よく見ると、世界中の人間、親神の子供達の様子は実に気の毒、不憫《ふびん》である。「もんく」は言葉、文言です。『おふでさき』では、註釈にもありますように、あり様とか、様子という意味で使われていることが多い。ここでも、その様子を変えたい。そうした不憫な、哀れな様子を変えたい。

しやんせよくちでなに事ゆうたとて 十 73
たしかなしよこなくばいかんで

よく思案せよ。口でどんなことを言っても、確かな証拠がなければ、信じることはできない、当てにならない。

月日よりたいないよりも入こんで

ぢうよぢざいのさしずしよこや　十 74

月日親神が教祖の体内に入り込んで、自由自在に指図している、これが何よりの証拠だ。証拠がなければ信用できないと仰しゃって、月日のやしろである教祖のお口を通して、親神様が自由自在にお指図下さっているのが確かな証拠だと仰しゃっています。

それゆへにいまゝでどこにない事を　十 75
ばかりゆうてはじめかけるで

いまゝでもない事ばかりゆうのもな　十 76
これも月日のみなをしへやで

「それゆへに」、親神が教祖の身の内に入り込んで自由自在に指図しているからこそ、今までどこにもないことばかりを言って「はじめかける」、このたすけ一条の道を始めかけるのである。今までにないことばかりを言うのも、これもこの世人間を創めた月日親神なればこその教えである。

このたびのかんろふたいとゆうのもな　十 77
これもいまゝでしらん事やで

この度話をしているかんろだいというのも、お前達が今まで知らないことである。

どのよふな事をゆうのもみな月日　十 78
しらん事をばをしゑたいから

教祖の口を通しての言葉は、全て月日親神が言っていることである。それというのもお前達の知らな

いことを教えてやりたいからなのだ。そして、かんろだいの理合いについて、

このやしきかんろふだいをすへるのハ

にんけんはじめかけたしよこふ 十 79

この屋敷にかんろだいを据えるのは、「このやしき」すなわち、ぢばで人間を創めかけた証拠としてである。

なに事もみなこのとふりはちめかけ

せかいぢうの心すまする 十 80

ちょうど紋型ないところから人間世界を創めかけたように、今また、どんなことも「みなこのとふり」全て元初まりと同様に創めかける。何もないところから、教祖お一人から陽気ぐらしへのたすけ一条の道をお始めになる。そして、世界中の人々の心を澄ます。七十九番のお歌で、かんろだいは人間を創めかけた証拠として据えると仰しゃっていますが、なぜそれが証拠となるのか、というような疑問が湧《わ》いてくるところです。例えば、犯人である証拠に凶器に指紋がついていたと言ったりしますが、それとはちょっと違う。そう考えますと、ぢばで人間を創めかけた証拠になるとは、ぢばにかんろだいが据えられ、かんろだいを芯につとめを勤修することによって、よろづたすけの上に自由のご守護が顕れ、やがては、つとめが完成し、かんろだいに「かんろ」が降る、言い換えますと、陽気ぐらしの世界が実現されることだと言ってよいと思います。そのことによって、ここぢばで人間が創めかけられたことが実証される。つまり、証拠が未来にあることになると私は思うのです。それを証拠立て

るべく我々がつとめているとも言えます。

せかい一れつを勇ませる

にち〳〵になんでもせかい一れつを
いさめるもよふばかりするぞや　十 81

「いさめる」は、勇ませるという意味です。日々何としても、世界中の人間を全て勇ませる段取りをするぞ。

だん〳〵とせかいの心いさむなら
りうけもろともみないさみでる　十 82

だんだんと世界中の人々の心が勇んできたら、「りうけ」は五穀をはじめとする農作物です、農作物が皆勇み出る、勢いよく成育する。すなわち何もかもが豊作になる。どんどんと出来てくる。

この心どふしていさむ事ならば
月日にんそくつれてゞるぞや　十 83

然《しか》らば、どのようにして世界の心を勇ませるか。「月日にんそく」、「にんそく」には人足という漢字が当てはまると思いますが、親神様、教祖の手足となって働く者という意味です。月日親神が、手足となって働く者を連れて世界中に出向くことによって、世界の人々の心が勇んでくる。

十84

それまでにあゝちこふちとどのよふな

はなしだん／＼みなきくであろ

そうした姿になるまでに、すなわち、世界の心が勇み、立毛《りゅうけ》が勇み出る姿になるまでに、あっちこっちで、「どのよふなはなし」、どんな話、思いがけない話をいろいろと聞くであろう。しかし、

十85

どのよふなはなしきくのもみなさきい

ゆうてあるぞやしやんしてみよ

しかし、どんな話を聞くのも、よく考えてみよ。「みなさきい」、全て親神が前もって言ってあることばかりだ。思いがけない話のようでも、よく思案してみれば、親神様が前もって仰しゃっていたと分かるということです。

十86

月日にハなにをだん／＼ゆハれると

をもうてあろをさきのたのしみ

人間には、親神様の仰しゃったことが、なかなかすぐには納得できないものです。神様は何をいろいろ言われるかと思うかもしれないが、必ず先で実現してくるから、それを楽しみにするように。今は分からなくても、やがて明らかになる。それを先の楽しみとせよ、と仰せになっています。だから、月日親神の言うことを素直に聞け、ということにもなります。

「こふき」を作り、広める

次に、八十七番から九十七番では、もっぱらこふきについて仰しゃっています。

なに事も月日の心をもうにわ
にほんにこふきほしい事から　十 87

何事につけ月日親神の思うには、「にほんに」親神の教えをわきまえている者達の領分に、「こふき」末代まで語り伝えられて、たすけ一条の台となる話、書き物です、そのこふきがほしい。

にほんにもこふきをたしかこしらへて
それひろめたらからハまゝなり　十 88

この「にほん」に、たすけ一条の台となる書き物をしっかりとこしらえて、それを広めたならば、「から」親神の教えをわきまえない者達も「まゝなり」、親神の思い通りになってくる。

このはなしなんとをもふてみなのもの
にほんのものハみなわが事や　十 89

こふきをこしらえてそれを広めるという話を、お前達は皆何と思って聞いているか。これは「にほんのもの」にとって、皆我が事だ。決して他人事《ひとごと》ではない。そういう意味では、私達も「こふき」をこしらえることに自分なりに関わり、伝え広める努力をすることが求められているように思います。

それしらずなんとをもふて上たるハ 十 90
むねがわからん月日さんねんね

そうした神意、月日親神の思いを知らずに、上に立つ者はいったい何と思っているのか。「むねがわからん」、いわゆる上層、支配層の者達が親神の思いを解さないのが実に残念である。

このところどのよなこふきしたるとも 十 91
これハにほんのたからなるぞや

「どのよなこふき」と仰しゃっていることから、「こふき」というものは一種類じゃないということがうかがえます。例えば、元の理に関するもの、また、教祖のひながたなどと、いろいろあろうと思います。「このところ」はお屋敷、おぢば。ここで作られた「こふき」は皆、「にほん」の者にとってかけがえのない宝である。

一れつの心さだめてしやんせよ 十 92
はやくこふきをまつよふにせよ

だからして、皆しっかりと神意に沿う、応えるという心を定めて、よく思案せよ。この第十号が記されているのは、明治八年です。教祖が「こふきを作れ。」と仰しゃったのは明治十四年頃からと言われ、こふき本は明治十四年本が一番古いものです。そう考えますと、「こふきをまつよふにせよ」、たすけ一条の台となる書き物ができてくるのを楽しみに待て、また、早くと仰しゃっていることからは、そのための心の用意、準備をせよ、と促されているとも言えます。

しんぢつのこふきがでけた事ならば 十 93

どんな事でも月日ひろめる

ここでは「こふき」に「しんぢつの」とついています。親神様の思召に適うたすけ一条の台となる書き物という意味でありましょう。それができたならば、月日親神は何もかも世界中に広める。

月日よりひろめをするとゆうたとて 十 94

みなの心ハしよちでけまい

月日親神が「ひろめをする」、「こふき」を基にどんなことも広めると言っても、皆の者は、どういうことか納得できないであろう。

それゆへにとりつきよりにしいかりと 十 95

たのみをくからしよちしていよ

月日親神様が「ひろめをする」とは、具体的にどういうことかとなると、ここで取り次ぎというものが必要になってくる。親神様自らが広められるから、人間は何もしなくていいのかと言うと、そうではありません。親神様の思召、教えを世界に広めるについては、思召を体して働く取り次ぎの役割が欠かせません。そこで取り次ぎに「たのみをくから」頼んでおくと仰せられる。何を頼まれるのか。親神様の思いを、人々に納得できるように取り次ぐこととなりましょう。

このひがらこくけんきたる事ならば 十 96

なんどき月日どこいゝくやら

「月日よりひろめをする」と仰しゃっているその日柄、刻限です。日柄というのは何月何日、刻限というのは何時何分というきっちりした時間です。その時が来たならば、いつ何時でも、月日親神が、「どこい、くやら」どこへでも出向いて働きをする。従って、

にち〳〵にとりつぎの人しいかりと
心しづめてはやくかゝれよ　十 97

いつ何時でも、月日がどこへでも出向いて働く、と仰しゃるわけですから、取り次ぎの者達よ、日頃からしっかりと心を静めて早くその準備にかかるように。

この道を「上《かみ》」へ付け通す

このみちハどふゆう事にみなのもの
をもているやら一寸にわからん　十 98

「このみち」このたすけ一条の道です。皆の者はこの道をどのように思っていることやら。なかなかちょっとには理解できない、分からないだろう。

月日にハなんでもかでもしんぢつを
心しいかりとふりぬけるで　十 99

月日親神はどうでもこうでも真実を広めたい、知らしめたいからして、「心しいかり」断固として、こ

の道を通り抜ける。決して容易な道ではないということがうかがえます。道を造って、それを通るというよりも、通るところに道が出来るという感じです。

このみちを上ゑぬけたる事ならば 十 100
ぢうよぢざいのはたらきをする

「このみち」たすけ一条の道。「上ゑぬけたる」、「上」というのは上層、支配層、上下《かみしも》の上《かみ》です。その「上」にまで付け通すと仰せられます。「道は下から」という御逸話がありますが、道を「上」にまで付け通す、そうなると親神は自由自在の働きをする。

月日よりこのはたらきをしかけたら 十 101
いかなこふてきたるとゆうても

月日親神がこの自由自在の働きをしかけたならば、どんな「こふてき」、註釈には、「頑強な反対者」とあります。第十一号の八十番のお歌の註には、「剛的で、力の強い者の事」とあって、ややニュアンスが異なります。どんな手ごわい敵対者でも。

心よりしんぢつハかりすみきりて 十 102
とんな事でもをやにもたれる

どんな手ごわい敵対者でも、心の底から真実が分かり、心が澄み切って、何事につけても親神にもたれる、帰依《きえ》するようになる。

このさきハせかへぢううハどこまでも

よふきづくめにみなしてかゝる 十 103

これから先は、世界の隅々までも全て「よふきづくめ」何もかも陽気という世の様に立て替える。

たん〳〵とこのみちすじのよふたいハ 十 104

みなハが事とをもてしやんせ

「このみちすじ」つまり、こふきをこしらえ広め、たすけ一条の道を通り切り、上《かみ》へ付け通す。頑強な敵対者もこの教えに帰依するようになる。世界中が陽気づくめになる。そうした道筋の「よふたい」様相、次第は、他人事ではなく、皆我が事と受け止めて思案するように。

第十一号

第十一号の概要

本号では、特にこかん様の身上を台に、身上を通しての思案、仕込み、さらには、元のいんねんにも言及され、再三、こふきと仰せになって、個人の問題ではなく、末代まで語り伝えるべき話だとされる。

まず、身上を通して心を分けると言明され、従って、人間の側としては、本人も傍々《はたはた》も、身上に神意を悟るよう促される。

また、こかん様の魂のいんねん、お立場を明かして、親神の思惑を述べ、これを台として、神意に沿い切れぬ人間の浅はかさを指摘し、親神にもたれつけ、と信心の要諦《ようてい》を示される。

さらに、万事を教えて、一れつ子供を陽気づくめに導いてやりたいとの親心を述べ、元のいんねんに触れて、立教の由来を教えられる。

結びに、ぢばにおける一切が親神様のなされ事であることを強調し、重ねて、親神への帰依《きえ》を求められる。

身上の障りを通して分ける

むなさきへきびしくつかへきたるなら
月日の心せきこみである　十一　1

「むなさきへきびしくつかへ」胸元が非常に苦しい、締めつけられるといった身上の障《さわ》りを見せられたならば、それは月日親神が急《せ》き込んでいるのである。

このさきハ一れつなるにだん／＼と
みのうちさハりみなつくであろ　十一　2

胸先が苦しいという例をお挙げになった後、「一れつなるに」、一人二人ではなく皆の者に、順次、身上の障りが現れるだろう。しかし、

どのよふなさハりついてもあんぢなよ
月日の心ゑらいをもわく　十一　3

たとえどのような障りを見せられても、決して心配はするな、そこには月日親神の大きな思惑が込められているのだ。親神様は決して悪いようにはなさらない。ひたすら一れつ子供をたすけてやりたい

親心の上からお見せ下さっていることであります。さらに、この障りについて、

みのうちにさハりついてもめへ〳〵の
心それ〳〵みなわけるでな　十一　4

その身上の障りを通して、お前達各人の心をそれぞれ「わける」仕分けをするのである。どのような分け方をするのか。

しんぢつにをもう心とめゑ〳〵の
しやんばかりをふもいゝるとを　十一　5

真実の心の者と、「めゑ〳〵のしやん」、銘々勝手に、もっぱら自分中心に思案している者とを仕分けするのだ。

月日にハどのよな心いるものも
このたびしかとわけてみせるで　十一　6

皆、それぞれ様々な心づかいをしているわけですが、それをこの度親神がしっかりと仕分けをする、と仰《おっ》しゃる。「みせる」に、必ずするという強いお気持ちがうかがえます。

どのよふな心もしかとみているで
月日このたびみなわけるでな　十一　7

その仕分けをするについては、どのような心も月日親神がしっかりと見極めて、見定めて仕分けをする。そして、より具体的にと申しますか、

口さきのついしよばかりハいらんもの
心のまこと月日みている　十一 8

これは一つの例です。「ついしょ」追従です。口先だけのお上手は要らない。親神は上辺ではなく、その奥にある心の誠を見ているのだ。

親神の話に間違いはない

これまでもいろ〳〵はなしといたれど
ほんしんぢつがみゑてないので　十一 9

これまでから親神がいろいろと話を説いて聞かせているけれども、まだ本真実が見えていない、その肝心なところが目に見える形で現れていないので……。お前達は得心ができないという含みです。

けふの日ハなにのはなしをしたるとも
ちがうよふなる事ハゆハねど　十一 10

月日より一どふゆうてをいたなら
いつになりてもちがう事なし　十一 11

実際に形に現れる、実現するということがなければ、誰しもなかなか納得ができないわけですが、それについて十番では、今日という日は、親神がするどんな話にも決して間違いはないが。続いて、親神が一度口に出したことは、今だけでなく、いつになっても決して間違いはない。いつまでも正しい、確かな話である。

それしらすそばの心ハたれにても 十一 12
せかいなみなるよふにをもふて

親神の言うことに決して間違いはない。また一度口にしたことはいつまでも正しいということを側《そば》の者達は知らないで、誰もが「せかいなみなるよふに」世間によくある話のように思っている。人々が、教祖のお言葉を絶対に間違いがない、いつまでも正しい神の言葉と受け止めていない様子がうかがえます。

このたびのなやむところでとくしんせ 十一 13
みなの心もめゑ〳〵心も

そうした前置きの後で、この度の身上の悩みを通して得心せよ。納得せよ。皆の心としても、また「めゑ〳〵」一人ひとりの心としても。下の註を見ますと、「本歌は、こかん様の身上について仰せられたものである。」とありまして、「このたびのなやむところ」というのは、こかん様のご身上ということであります。それを台として、親神の言葉に間違いはないと得心するように。

この事をぢうよぢざいハちがハねど 十一 14
みなの心にしよちなけねば

「ぢうよぢざい」は違わない、すなわち親神の自由自在《じゅうようじざい》の働きには少しの狂いもないけれども、「この事を」親神の言うことには間違いがないということを皆が承知できなければどうしようもない。たすけたくてもたすけることができない。

一れつにしよちをしたる事ならば
月日うけよてたしかたすける 十一 15

お前達が皆、親神の話に決して間違いはないと承知ができたならば、「月日うけよて」月日親神が請け合って必ずたすける。逆に言えば、承知ができないとたすからない。

このたすけどふゆう事にをもうかな
三かめへにハそといでるよふ 十一 16

お前達が承知しさえすれば請け合ってたすけると仰しゃる、そのたすけはどのようなものかと言うと、「三かめへにハそといでるよふ」三日目には外に出ることができるほどに、鮮やかにたすける。

こかん様のご身上を台にお仕込み

これまでも月日とゆうてだん〳〵と
はなしもといてきたるなれとも 十一 17

従来から、月日親神が入り込んでの話であるとして、順次、いろいろと話を説いてきたけれども。

まだしんのところハさらにハかるまい

このたびどんな事もあらわす 十一 18

「しんのところ」まだ肝心なところは、決して分かっていないだろう。この度は、「どんな事もあらわす」どんなことも明らかにする。はっきりと分かるように示す。何を具体的に仰しゃっているかは、次のお歌に出てきます。

はなしでもをなしところでゆうならば 十一 19
なんどにんけん心なるよふ

みなのものをもう心ハきのどくや 十一 20
このたびところかへてはなしを

これには註がついています。「をなしところでゆうならば」つまり、もっぱら教祖だけが仰しゃっていると、「なんど」何か、人間心で話しているように思うだろう。しかし、「みなのものをもう心ハきのどくや」皆がそんなことを思うようでは実に不憫《ふびん》だ。教祖はおぢばにおいでになって、その口から親しく月日親神様の思召《おぼしめし》をお聞かせ下さいます。しかし、教祖の口からだけ聞いていたのでは、何か人間心から言っているように思いかねない。そうした不信の念が湧《わ》くことを憐《あわ》れんで、「このたびところかへてはなしを」所を変えてというのは、櫟本《いちのもと》におられるこかん様の口を通して、おぢばにおられる教祖と同じ話をさせられる。それを聞いたならば、全く同じ話を、教祖はおぢばで、こかん様は櫟本でなさるということですから、なるほどこれは神様の仰せに違いない、と納得できるわけであります。それを次に、

これきいていかなものでもとくしんせ
月日ぢうよふみなこのどふり 十一 21

おぢばで仰しゃる教祖のお言葉と、全く同じことを仰せになるこかん様の言葉を聞いて、どんな者でも得心せよと仰しゃる。「月日ぢうよふ」月日親神の自由自在の働きは、皆これと同じ道理である。

たいないへ月日入こみぢうよふを
ゆうていれどもしよちあるまい 十一 22

この体内は教祖の体内です。教祖の体内に月日親神が入り込んで、親神の思いのままに話しているけれども、お前達はそのことが承知できないだろう。

このさきハせゑいゝバいにたん〳〵と
ことハりたゆへかゝる事なり 十一 23

月日よりあらハれでるとゆうたとて
たん〳〵なにもことわりたゆへ 十一 24

この「ゆへ」は、どちらも「うえ」と読むことになっています。

これから先は、「せゑいゝバいにたん〳〵と」精一杯順序立てて、「ことハりたゆへ」、断るについては何度か申しました、前もって訳を言った上で取り掛かる。

そして、「月日よりあらハれでる」月日親神が身上事情に表すと言っても、それは「たん〳〵なにもことわりたゆへ」順序立てて、何もかもあらかじめ理由を告げた上でのことだ。我々は突然身上や事情を見せられた時、大変だ、何故？　とうろたえがちですが、よく胸に手を当てて思案すれば、その前兆と言うべきお知らせが必ずあるはずなのです。不意討ちはないということです。突然見せられたふしというような場合にも、よく思案すれば、既にお知らせを頂いていたことに気づくはずであります。

このたびのなやみているをやまいやと
をもているのハこれハちがうで　十一　25
こればかりやまいなぞとハをもうなよ
月日ぢうよふしらしたいゆへ　十一　26

こかん様のご身上、これを「やまい」、世間普通に言う病気だと思っているのは大きな間違いだ。これだけは決して普通の病気などと思うなよ。この身上を通して、「月日ぢうよふ」月日親神の自由自在の働きを知らしたいがゆえに、見せていることなのだ。註にはかなり詳しい話が出ています。明治五年、教祖の三女おはる様、梶本家に嫁いでおられたおはる様が、出産後間もなくお出直しになる。そうしたことから、おはる様の妹さんに当たるこかん様を後添《のちぞ》いにもらいたいと希望されるわけであります。生まれたばかりのお子さんを抱えて苦労している様子を見るに見かねて、と申しますか、こかん様がお世話に行かれる。しかし、それについては、教祖は神一条の御用に使いたいという上からお許しにならない。どうでもということであればと、三年の猶予を下さって、世話に行くことをお認めになったと言われていますが、明治五年から言うと、明治八年、既に三年です。そうした時期のお仕込みであります。

なにもかもとのよな事もしらするハ　さきのをもわくあるからの事　十一 27

何もかもどのようなことも知らせるのは、「さきのをもわく」将来に関する親神の深い思惑、心積もりがあるからだ。

このはなしどふゆう事てあるならば　さきのよろづハ月日ひきうけ　十一 28

月日よりひきうけするとゆうのもな　もとのいんねんあるからの事　十一 29

それはどういう話かと言うと、先ではこの者の一切を月日親神が引き受けるということである。そして、神一条の御用に使おうとの思召です。月日親神が一切を引き受けて、神の用に使うというのも、元のいんねんがあるからなのだ。

いんねんもどふゆう事であるならば　にんけんはぢめもとのどふぐや　十一 30

こかん様には元のいんねんがある。それはどういうことかと言うと、元初まりに人間を創《はじ》め掛けた時の道具衆のいんねんある魂の者なのだ。もっと具体的に言うと、くにさづちのみことのいんねんある魂のお方ということであります。

このものに月日よろづのしこみする

それでめづらしたすけるのや

十一 31

「たすける」と、「す」を補って読みます。この者（こかん様）に、月日親神が万事の仕込みをして、「めづらしたすけ」をするのだ。その重要な御用に使われるということです。『おふでさき』では、「めづらしたすけ」を、病まず死なず弱らずと仰しゃっています。言わば究極のたすけであります。言い換えれば、陽気ぐらしへの世の立て替えと申せましょう。

この事わ一寸事やとをもうなよ

これハにほんのこふきなるのや

十一 32

今話していることは、ちょっとしたことなどと思ってはならない。「これハにほんのこふき」親神の教えを奉じる者達にとって、末代まで語り伝えるべき、たすけ一条の台となる話なのだ。従って、これは単にこかん様個人についての話ではないことが分かります。

月日親神にもたれつけ

あれいんでこらほどなにもすきやかに

たすかる事をはやくしりたら

十一 33

「あれいんで」の「あれ」は、こかん様のことです。「いんで」いぬは帰るという意味です。この場合は、お屋敷へ帰ったら、ということです。ですから、あの者（こかん様）が屋敷に帰っていたならば、これほど何もかもすっきりとたすかることを、早く知っていたらなあ、という嘆息です。もっと早く教祖の仰せ通りにお屋敷へ帰っていれば、こんなことにならなかったのに、ということが言外にあります。

それしらずどふどいなさすこのとこで

よふぢよさしてをことをもたで 十一 34

そんなことを知らないで、情に流れてと申しますか、「どふどいなさす」どうか帰らせずに、ここで、つまり櫟本の梶本の家で、養生させておこうと思った。

こんな事はやくしりたる事ならば

せつなみもなししんバいもなし 十一 35

教祖の仰せ通りに屋敷へ帰ってさえいれば、すっきりたすかることをもっと早く知っていたら、こんな「せつなみ」苦しい思いをすることもなかったし、また周りの者に心配を掛けることもなかったのに……。それを知らずに人間の情にほだされて、こかん様を櫟本に留め置いた。

にんけんハあざないものであるからに

月日ゆハれる事をそむいた 十一 36

「あざない」は、浅はかなという意味です。人間は浅はかなものだから、月日親神の言うことに背いた。教祖のお言葉に背いた。だから、このように苦しみ、また心配することになった。そのことを肝

に銘じて、

これからハどんな事でも月日にハ
もたれつかねばならん事やで　十一　37

今後は何であれ、月日親神にしっかりともたれなければならないぞ。裏を返せば、今まではもたれ切ってはいなかった、時にはお言葉にも背いてきたということでしょう。

どのよふな事をするにも月日にて
もたれていればあふなけハない　十一　38

何をするにつけても、月日親神にもたれていれば、決して危ないようなことはない。

このよふなけへこふなるのみちすしを
しらすにいたがあとのこふくハい　十一　39

こんな結構な道筋、すなわち月日親神にもたれて通る申し分のない通り方、それを知らずにいたことが、遅きに失したが何とも悔やまれる。

このさきハどのよな事をゆハれても
月日ゆハれる事ハそむかん　十一　40

今後はどんなことを言われても、月日親神様の仰せには決して背かない、という心を定めよ。

このようにこかん様のお身上を通して、お側の人達の心構えをお諭しになっています。

子供達の行く手を案じる

月日よりやしろとなるのむなさきの
つかゑてあるをなんとをもうぞ　十一 41

「月日よりやしろとなるの」とは、誰のことか。註釈には、「親神のやしろとなっている者の胸先が」とあって、これは普通は教祖のことです。しかし「月日よりやしろとなるを二人とも（九 5）」というお歌の場合には、こかん様も含まれているところから、この「月日よりやしろとなる」のが誰のことかは、解釈が分かれているところなのです。こかん様という解釈と教祖という解釈と二通りある。ここでは後に続く一般的な内容からして、私は教祖と解したほうがいいのじゃないかと思います。註釈もそれに近い。「月日のやしろ」ではなく、「月日より」と仰しゃっている辺りに解釈が分かれる元があります。ここでは基本的には教祖。こかん様と解釈する説もあるとしておきましょう。その胸がつかえる、締めつけられる、胸苦しい。それをお前達は何と思っているか。

このつかへ人なみなるとをもうなよ
月日の心まことしんわい　十一 42

この胸のつかえを「人なみ」つまり普通の人間の病気だと思ってはならんぞ。それは、月日親神が「まことしんわい」非常に心配しているからなのだ。その心配が胸のつかえとなって現れているのである。

それしらずみな一れつハめへ〳〵に
わがみしやんでしことばかりを 十一 43

親神が心配していることを知らずに、お前達は皆誰も彼も銘々に「わがみしやん」自分中心に思案して、「しこと」仕事、すなわち自分の生業《なりわい》のことばかりを考えている。

月日にハどのよなみちもみへてある
せかいぢうハそれをふもハす 十一 44

月日親神の目には、このまま進んでいくと、その先に遭遇するどのような道もはっきりと映っている。しかし世界中の人間は、そんなことを思いもしない。

このみちをこども一れつしやんせよ
どのよなみちがあるやしれんで 十一 45

どのよふな事でもさきへしらしをく
あとでこふくハいなきよふにせよ 十一 46

「このみち」は、その前のお歌にあった「どのよなみち」行く手に現れる様々な道筋です。特に危なっかしい道、困難な道をご懸念でしょう。やがて出会うそうした道について、お前達子供は皆よく思案するように。これから先どんな道中があるか知れないぞ。警告であります。そして、どんな事であっても、「さきへしらしをく」あらかじめ知らせておく。あらかじめ見せられているお知らせをしっかりと受け止めて、思召に沿うように心の向きを変えることを求められている。ここで我々の信仰が問われるわけです。同じように見せられても何とも思わない人もいれば、それを重く受け止める人もいる。「あとでこふくハいなきよふにせよ」と仰しゃって、あらかじめ知らせているにも拘《かか》わらず、それに気づかず、見過ごし、後で、ああこんなことならと後悔することのないようにせよ、と仰しゃっています。

こんな事なにをゆうやとみなのもの
をもうであろふこどもかハいゝ 十一 47

後悔するなよという言葉は、脅《おど》しのように聞こえかねません。なぜそんなことを仰しゃるのかと訝《いぶか》るかもしれないが、全てお前達子供がかわいいから言っていることなのだ。ここが大事なところです。後で後悔するなよと仰しゃっているのは、何も厳しく警告されているばかりではない。子供がかわいい、たすけてやりたいという親心があればこその厳しいお言葉であります。

せかいぢうをふくの子共むねのうち
わかるもよふがこれハないかよ 十一 48

胸の内が分かるとは、心が澄み、をやの思いが分かるということです。世界中の大勢の子供達の心が澄み、をやの思いが分かるような手立てがないものか。

このよふな事をくど〳〵ゆうのもな
みちをあんぢているもよふから 十一 49

これからハとのよな事もゆてきかす
これをかならすうそとをもうな　　　　　　　　　　　　　　十一　50

こんなことをくどくどと言うのも、これから先の道を心配しているからである。今後はどんなことも言って聞かせるが、これを決して嘘《うそ》だなどと思ってはならない。正しいと信じてもたれて通るように。神の言葉を信じられない、疑うところから、あとで後悔するようなことになってくる。

月日が入り込み陽気づくめに

このたびの月日のしごとしかときけ
あしきのよふな事わせんぞや　　　　　　　　　　　　　　十一　51

「月日のしごと」というのは、陽気ぐらしへと続くたすけ一条の道をつけ、行き渡らせることです。それについてしっかりと聞き分け、心に治めてもらいたい。決して悪いようにはしない。

どふどしてめつらしたすけをしへたさ
そこでかゝりたしごとなるぞや　　　　　　　　　　　　　　十一　52

その「月日のしごと」というのは、「どふどして」何とかして、「めつらしたすけ」を教えたいから取り掛かったことなのだ。「めつらしたすけ」先ほども申しました究極のたすけです。病まず死なず弱らず、百十五歳定命《じょうみょう》。そうした究極のたすけに導く道を教えたい。そのために、このだめの教えを開き、たすけ一条の道をつけ、広める大業に着手したのだ。

いまゝでと心しいかりいれかへて
よふきつくめの心なるよふ　十一　53

今までと心をしっかりと入れ替えさせたい。「よふきつくめ」陽気というのは明るい、何かが生まれ出ようとする気運です。しかも、づくめというのですから、何もかも陽気、いつも、どこもかしこも陽気。そうした明るく活気に満ちた心になるようにしたい。

この心どふしてなるとをもうかな
月日たいない入こんだなら　十一　54

この陽気づくめの心にどうしたらなると思うか。「月日たいない入こんだなら」月日親神が体内に入り込んだならば陽気づくめの心になる。これは、教祖の体内に親神様がお入り込みになったというのとは違います。別席のお話には、人間も同じこと、ほこりだらけの中で十分な働きはできないだろう、という一節があって、親神様に入り込んで頂くためには、胸の掃除につとめることが肝要だとあります。つまり親神様が入り込まれ、そのお働きを十分に頂くためには、胸の掃除をしっかりとしなければなりません。

にち〳〵にひとり心がいさむなり
よふきづくめの心なるよふ　十一　55

親神様が体内に入り込んで下さったならば、日々自《おの》ずと心が勇み立ってくる。そして陽気づくめの心になってくる。

月日よりにち〳〵心いさめかけ
よふきつくめにしてかゝるでな　十一　56

「月日より」「より」は、行動の起点、月日親神が、ということです。月日親神が日々心を勇ませて掛かる。人々の体内に入り込んで、その心を勇ませて掛かって、陽気づくめにしていくのだ。

このはなしなんとをもふてきいている
たすけ一ぢよのもよふばかりを　十一　57

お前達はこの話を何と思って聞いているか。これはたすけ一条の段取りの話なのだ。一条はもっぱら、ひたすらという意味です。ひたすら、一れつ子供をたすけてやりたい。これをたすけ一条と仰しゃっています。我々がたすけ一条という言葉を使う場合には、そのをやの思いを体して、ひたすら、布教、おたすけにつとめることを言いますが、元々は親神様、教祖の思召であります。親神様に入り込んで、お働き頂けるように、胸の掃除につとめる。親神様が入り込んで下されば自ずと心が勇み立ち、陽気づくめの心になってくる。これはたすけ一条の道の段取りであって、陽気ぐらしの世へと立て替えるプロセスの話なのだと仰しゃる。

ないことを言い、先で実証される

月日よりどんな事でもみているで
なにをゆうてもみなしよちせよ 十一 58

月日親神は、どんなことも皆見抜き見通しである。だからして、親神が何を言っても、全て承知をするように。

ことしから七十ねんハふう〳〵とも
やまずよハらすくらす事なら 十一 59
それよりのたのしみなるハあるまいな
これをまことにたのしゆんでいよ 十一 60

秀司先生夫婦のことを仰しゃったという註がついています。今年から七十年間は、夫婦揃《そろ》って「やまずよハらす」病気をしない、年を取っても弱らずに暮らすことができたならば、「それよりのたのしみ」それ以上の楽しみはないだろう。それを心から楽しんで通るように、と仰しゃっています。この明治八年、秀司先生は五十五歳ですから、七十年先と言うと百二十五歳になりますが、秀司先生は明治十四年に六十一歳でお出直しになっています。基本的には註釈に準じて解すればいいかと思いますが、誰それと特定しなくてもいいような気もします。

月日にハいまゝでどこにない事を
ばかりゆうぞやしよちしてきけ　十一　61

このよふなない事ばかりゆうけれど
さきをみていよみなまことやで　十一　62

月日親神は、今までどこにもないことばかりを話するが、承知して聞けよ。続いて、六十一番を受けて、「このよふなない事ばかり」、このようなどこにもないようなことばかりを話するけれども、しかし、先を見ていよ。それらは全て真実だと分かるだろう、実証されるだろう。今の時点では存在しない、分からないことを予言して、先でそれが本当だと分かるというのは、その言葉が真実である何よりの証明であります。

なにぶんにめづらし事をするからハ
いかなはなしもない事ばかり　十一　63

何分にも「めづらし」今までにない目覚ましいことをするのだから、どんな話をしても、無いことばかりになるのはやむを得ない。「めづらし事」の核心は、陽気ぐらしの世への立て替えです。

とのよふにない事ばかりゆうたとて
さきをみていよみゑるふしぎや　十一　64

どんなに見たことも聞いたこともない話ばかりをしているようでも、将来を見ていよ。必ずそれが見える、実現してくる。実に親神様ならではの不思議であります。私は物理学を学びましたから、正しい理論というのは、予言をしてそれが実証されなければならない、ということがよく分かります。起こってきたことのつじつま合わせだけじゃなくて、現時点では、知られていないことを言って、それが先で証明されるというのは、まさに真理だということです。

元初まりの道具衆のいんねん

いまなるのなやみているわつらけれど
これからさきハ心だのしみ　十一　65

これには、「秀司先生御夫妻の何《いず》れかが当時御身上であったものと拝察される。」という註がついています。『稿本天理教教祖伝』第六章には、明治八年九月の奈良県庁からの出頭命令に際し、秀司様はご身上のため代理として、辻忠作が出頭したとあります。しかし、例えば『續ひとことはなし』二代真柱様の書かれた『おふでさき』の解説によりますと、「再びこかん女の患ひを台としての教示」とあります。「いまなるのなやみている」のが誰かは確定していない。いずれにせよ、今悩んでいるその身上、これは実に辛《つら》い苦しいことであるけれども、「これからさき」先を楽しみに通るように、と励ましておられます。ですから、その身上の患いも、将来の楽しみのための台だということになります。まず、そうした一般的な理解をした上で、さらに踏み込んで考えることになると思います。

このよふなはなしくと〳〵ゆうのもな

これハまつたいこふきなるのや　十一 66

「このよふなはなし」こうした話を繰り返しするのも、「これハまつたいこふき」末代まで語り伝えられてたすけ一条の台となる話だからなのだ。非常に大切な話だということであります。その重要な話の内容が続いて出てきます。

月日よりこのたびこゝであらハれて　十一 67
とんな事をもはなしするのハ

とのよふな事もたん／＼しらしたさ　十一 68
にほんのこふきみなこしらゑる

親神が、この度ここ元の屋敷に現れてどんな話もするというのは、どのようなことも皆「たん／＼」順次お前達に知らせたいからだ。

そして「にほんのこふき」、この教えに帰依する者達にとって、末代まで語り伝えられて、たすけ一条の台となる話を全てこしらえるのだ。

このよふのはじまりたしハやまとにて　十一 69
やまべこふりのしよやしきなり

そのうちになかやまうぢとゆうやしき　十一 70
にんけんはじめどふくみへるで

そのこふきの重要なポイントです。この世の元初まりの場所というのは、大和の国にある山辺郡《やまべごおり》の庄屋敷村にある。地域をだんだんと絞っていって、「そのうちになかやまうぢとゆうやしき」とさらに絞り込んで、その庄屋敷にある中山氏《うじ》という屋敷に、人間を創め出した時の道具衆のいんねんある魂の者達がいる。先ほど「もとのいんねんあるからの事（十一　29）」と、こかん様について仰しゃっていたことがここで具体的に述べられていいます。その人間創め出しの時の道具衆というのは、何か。

このどふぐいざなぎいゝといざなみと
くにさづちいと月よみとなり　十一　71

その道具衆というのは、いざなぎ、いざなみ、くにさづち、月よみである。親神様からすれば、道具衆につけた神名ですから、尊称の〝みこと〟はつけておられません。それらの道具衆のそれぞれにいんねんある魂の者が、中山氏の屋敷の中にいるんだと仰しゃっています。いざなみというのは、教祖、中山みき様。いざなぎは、その夫である善兵衛様。くにさづちは、こかん様。月よみは秀司様ということであります。そうした元初まりの道具衆のいんねんある魂の方々が中山氏の屋敷に集まっておられる。

月日よりそれをみすましあまくたり
なにかよろづをしこむもよふを　十一　72

元初まりの道具衆のいんねんある魂の方々が、中山氏の屋敷に集まっている。月日親神がそのことを見澄ました上で、確認した上で、天降《あまくだ》る。親神様がこの世にお現れになる。そして「なにかよろづをしこむ」どんなことも万事を仕込む段取りをする。陽気ぐらしへのたすけ一条の道の段取りをつける、と仰しゃっています。立教のいんねんにまつわる一連のお歌です。

このところなにをするにもとのよふな
事をするのもみな月日なり　十一 73

とのよふな事をゆうにもみな月日
そばなるものハまねをしてみよ　十一 74

「このところ」は、基本的には、おぢば、お屋敷ということですが、教祖を指す場合が多い。ここで教祖がどんなことをなさるのも皆、月日親神様のなさることであり、どんなことを教祖が仰しゃるのも皆、月日親神様が仰しゃっているのだ、ということです。お前達、側の者、真似《まね》ができるならしてみよ。決して真似はできない。

このよふをはじめてからにけふまでハ
ほんしんぢつをゆうた事なし　十一 75

けふの日ハどのよな事もしんぢつを
ゆハねばならんよふになるから　十一 76

この世の元初まり以来今日まで、本真実を言って聞かせたことがない。しかし、今日という日は、どんなことについても、真実を言わなければならないようになる。

めへ〳〵になにをゆうとハをもうなよ
月日のをもうよふにゆうのや　十一 77

註釈では「銘々の人間心から言うていると思ってはならぬ。」とありまして、「なにをゆう」の主語は人のように取れます。しかし、流れから言えば、その前に「ほんしんぢつをゆうた事なし」「ゆハねばならんよふになるから」と、親神様が仰しゃる形になっていますから、「めへ〳〵」は、お前達銘々が勝手に、と解釈をして、いったい教祖は何を仰しゃっているのか、などと思ってはならぬぞ、と解釈するのが自然だと思います。お前達は銘々勝手に、教祖はいったい何を仰しゃっているのかしら、などと思ってはならない。それは月日親神の思い通りに言っているのである。

なんどきにかいりてきてもめへ〳〵の
心あるとハさらにをもうな 十一 78

いつ何時《なんどき》おぢばに帰って来ても、「めへ〳〵の心あるとハさらにをもうな」お前達銘々の思いからしていることだなどと決して思うな。

どのよふなものもしんからとくしんを
さしてかいるでこれをみていよ 十一 79

どんな者であれ、「しんから」心の底から得心をさせて「かいる」、これは、神が連れ帰るという意味です。どんな者でも皆、親神が得心をさせておぢばへ連れ帰るのだ。よく見ていよ。

いかほとのこふてきたるもはつめても
月日の心これハかなハん 十一 80

どんな剛敵、手ごわい敵。「はつめ」は、発明です。発明というのは、賢いという意味です。利口な者。

ですから、どんな手ごわい敵対者でも、あるいは、賢い者であっても、月日親神の心にはとても敵《かな》わない。親神様がこの者をおぢばへ連れて帰ろうとお思いになったら、その者にさまざまな徴《しるし》をつけてお引き寄せになる。否応なくおぢばへ帰って来るようになる。おぢばへ帰ることの重さを改めて思わずにおられません。

このように第十一号は、こかん様のご身上を一つの台にして、教祖の仰せに背くな、神にもたれよ、といったお側の者に対するお仕込みが、縷々《るる》述べられている号であります。

第十二号

おふでさき第十二号は百八十二首と、他の号の倍近くある長い号です。大きなテーマは世界一れつの胸の掃除。胸の掃除をしてどういう心に入れ替えるか。それは人をたすける心です。その掃除をする手がかりは、身上に顕《あらわ》してのお知らせです。掃除をして、人をたすける心に入れ替えるということであります。

第十二号の概要

まず、世界一れつの胸の掃除を仰せ出され、それに当たっては銘々の心を皆顕すと、号全体にわたる主題を提示される。

これを親神の残念を晴らすとして、その原因である積もるほこりを払い、話だけでは聞き分けのない人心を入れ替えるべく、親神自らが積極的に働くことを宣言される。

そして、この残念を晴らし、陽気づくめへと導く具体的な段取りとして、心づかいを身上や事情に表すとともに、いき、てをどりのさづけ、さらには、つとめと、心次第にたすかる道を教えられる。

また、こうした心尽くしは、全て、一れつ子供をたすけたい親心からであると、その所以《ゆえん》を明かし、銘々の我が身思案を「人をたすける心」へと入れ替えてもらいたいと、心の入れ替えの急所を諭される。

その上で、よろず互いにたすけする思召《おぼしめし》通りの世の状《さま》になったならば、どんなたすけも顕すと約束される。

さらに、病まず、死なず、弱らずのめづらしたすけを早く実証したいとして、その前提とも言うべき元の理の話が再度まとまって登場するが、第十二号では元の道具衆のいんねんある魂の者を寄せて、世の立て替えに着手する話になる。

こうした上で、〝しんを知らん〟〝しんの心を顕す〟などと、重ねて「しん」と仰せになって、なおも本真実に迫り、真に心の定まる求道を促される。

この間には、〝口は人間、心月日や〟と教祖の神のやしろたるのお立場を闡明《せんめい》されるなど、繰り返し、教祖には人間心のいささかもないと述べられる。

外冊《げさつ》には、明治九年七十九歳老女、と記したものがありますが、第十二号の初めの二首は陰暦の明治八年十二月のお歌と思われます。明治八年陰暦十二月二十七日は、陽暦の明治九年一月二十三日です。

世界一れつの胸の掃除

一番、二番のお歌に、世界一れつの胸の掃除というテーマが既に明示されています。

けふからハせかいを月日みさだめて
むねのそふぢにかゝる事なり　十二　1

このそふぢうちもせかいもへだてない
めゑ〱の心みなあらわすで　十二　2

今日から、世界の人々の心を月日親神が見定めて、その胸の掃除に取り掛かる。ですから、現状は、人々の胸にほこりが相当溜《た》まっているということです。この掃除については、それが内の者であろうが、世間の者であろうが、いささかの隔てもない。「めゑ〱の心みなあらわす」と、一人ひとりの心づかいを表に顕す、と仰せになります。それは結局、身上・事情という形で現れてくることになる。その身上・事情のふしを通して、それぞれが自分の心づかいの間違いに気づき、胸の掃除をする。心のほこりを払う。知らせてもらわないと分からない。その知らされ方は病気になったり、あるいはトラブルに巻き込まれたりというような形で現れてくる。明治八年の陰暦十二月というと、こかん様がお出直しになってから四カ月後であります。そして明治九年、「三月十四日より」とありまして、

いまゝでわ神のさんねん山〱と

むねにほこりがつもりあれども　　十二　3

今までは、親神の残念の思いが山積するほどに、人々の胸にはたくさんのほこりが積もっていたが……。

なさけないひがらもちいときたらんで　　十二　4
どのよな事もゆうにゆハれん

しかし、情けないことに、「ひがら」時節がまだ到来しないので、どんなことも言いたくても言えなかった。

このたびハ月日しんぢつみかねるで　　十二　5
どのよな事もみなあらハすで

今度という今度は、月日親神が本当に見かねる、見ておれない。そこで、どんなことも皆、表に顕す。表に顕すと、先に申しましたように身上・事情などのふしとして現れる場合が多い。

けふの日ハいかほとわがみはびかりて　　十二　6
まゝにしたとて月日しりぞく

現在は、「わがみはびかりて」、どんなに勢威《せいい》を振るい、恣《ほしいまま》にしていても、「月日しりぞく」月日親神が退く、親神の守護が退いてしまったならば、どうすることもできない。今は盛んに見えていても、それは親神様のご守護があってのこと。それが退いてしまったら、たちどころに萎《な》えてしまう。

このはなしなにの事をばゆうならば　　十二　7
にほんもからもてんぢくの事

これからハせかいぢうを一れつに
月日そふぢをするでしよちせ　十二　8

この話は何のことを言っているかと言うと、「にほん」というのは、親神様の教えがまず伝わるところ、「から」はその次に、「てんぢく」はその後、というような註がありましたが、「にほんもからもてんぢく」となると、世界中ということになります。何の話をするかと言うと、世界中のことなんだ。続いて、これからは「せかいぢうを一れつに」世界中の人間の胸の内を全て隔てなく「月日そふぢを」月日親神が掃除をする。そのことを承知せよ。

これまでもせへいゝばいにことハりを
月日だん〳〵ゆうてあれども　十二　9

これまでからも精一杯に、「ことハり」理、筋道、天の理を月日親神が順次説いてきたけれども。

くちさきでゆうたるまでハたれにても
たしかしよちをするものハない　十二　10

「くちさき」、教祖が口で仰しゃっているだけでは、誰も「たしかしよち」、しっかりと心に治める者はいない。この辺りにも、言っているだけでは分からないから形に表すというニュアンスがうかがえます。

いまゝでも月日の心だん〳〵と
せへいゝばいにつくしいれども　十二　11

せかいにハたれかしりたるものハなし

とふむこのたび月日せひない 十二 12

従来からも、親神はいろいろと精一杯に心を尽くしてきたけれども。子供かわいい親心からです。しかし、世界中に誰一人として、そのことが分かっている者がいない。そこで、この度はやむを得ない。

それゆへにせかいぢうをとこまでも

ことハりてをく月日しりぞく 十二 13

それゆえやむなく、世界中の人に隈《くま》なく、「ことハりてをく」。「ことわる」という語は、『おふでさき』に再々出てまいります。物事の筋道をはっきりさせる、筋道を立てて説明をするというのが基本的な意味です。ここでは、あらかじめ了解を求める。予告するの意味でしょう。「月日しりぞく」そんなことでは親神の守護が退いてしまうぞと予告しておく。むしろ警告です。

元となるよふ木が欲しい

けふの日ハなにのはなしをするならば

よふ木のはぢめ事ばかりゆう 十二 14

「よふ木」は、よふぼくと同じ意味合いで使われています。今日は、もっぱらよふぼくの段取りを始める話をする。

よふぎでもにんわたれともゆハねども
もとハ壹ほんゑだわ八ほん 十二 15

よふぼくについての話だが、誰のこととは言わないけれども、「もとハ壹ほん」元となる一人のよふぼくです。「ゑだわ八ほん」、八という字には、例えば八咫鏡《やたのかがみ》とか八百八橋とかいった具合に、大きいとか、多いとかいう意味があります。その元となる一人のよふぼくから枝分かれするかのように多くのよふぼくが育ってくる。

この木をはやくつぎたいせきこみで
月日のむねがつかゑきるなり 十二 16

「この木」というのは、その元となる一本です。「はやくつぎたい」、接ぎ木という言葉がありますが、何に接ぐのか。その意味では教えの土台に接ぐと申しますか、しっかりとした信仰を植え付ける。その元となる一人の人材に、早くしっかりと信仰を植え付けたいという急き込みで、月日親神の胸は一杯だ。

このきいも一ゑだしかとついだなら
あとなるハみなはやくさだまる 十二 17

このよふぼくというのも、「一ゑだ」元となる一人をしっかりと信仰の土台に接いだならば、信仰を根付かせたならば、後の者は皆早々に定まってくる。元となる一本が肝心。これはお互いにとっても大切な心得だと思います。

なにもかも月日ゆう事しかときけ
心にさだめつけた事なら　十二 18

それよりもみのうちなやみさらになし
だん／＼心いさむばかりや　十二 19

「なにもかも」どんなことも月日親神の言うことを、現実には教祖のお口を通して仰《おっ》しゃることを、しっかりと聞け。「心にさだめ」どういう定めか、仰せ通りにする心定めです。その心定めができたならば、身上の悩みはすっかり無くなる。そして、心が次第に勇み立ってくる。入信の動機は、身上の思いがきっかけになるケースが多いわけですが、親神様の仰しゃることをしっかりと聞いて、その思召に沿い切るという心を定めたならば、身上の悩みは全く消え去り、心は勇んでくる。

それしらすみなの心ハたれにても
せかいなみなる事ばかりゆう　十二 20

このところせかいなみとハをもうなよ
月日の心ばかりなるぞや　十二 21

それを知らないで、お前達は皆、誰もが世間並みなことばかりを言っている。「このところ」は、教祖を指すことが多い表現です。教祖のことを世間並みの人間と思ってはならない。そこにあるのは月日の心だけである。人間の心は混じっていない。

月日の残念は容易でない

今日の月日の心さんねんわ
よいなる事てないとをもゑよ 十二 22

目下《もっか》の月日親神の残念、もどかしい思いは、容易なことではない。生易しいものではないと承知せよ。

にんけんハあざないものであるからに
月日する事しりたものなし 十二 23

「あざない」は、浅はかなという意味です。人間というものは浅はかなものであるから、月日親神のすることを知っている者はいない。

月日にハなにかよろつをだん／＼と
ことハりてあるこれがしよちか 十二 24

月日親神は、どんなことも万事順を追って、「ことハりてある」、筋道を立てて説明してある、筋道立てて説いてきた。それが分かっているのか。

いまゝでもなにか月日のさんねんを
たいていくどきつめてあれども
せかいにハたれかしりたるものハなし 十二 25

十二 26
月日の心ざんねんをみよ

これまでから、月日親神の残念の思いを、何やかやと随分繰り返し徹底して言ってきたけれども。世界には誰もそれを知っている者がいない。その残念のほどを察してもらいたい。

十二 27
このたびハことハりたゆへまだくどき
そのゆへなるのことわりである

このお歌の「ゆへ」は、両方とも「うえ」と読みます。ローマ字版を見ますと、「ue」となっています。ですから、この度は「ことハりたゆへ」筋道を立てて説明をした上に、まだ繰り返し説いて、さらに、その上に「ことわり」道理を説いているのである。しかし、

十二 28
いかほどにくどきことハりゆうたとて
たれかきゝわけするものハない

どんなに「くどき」、これは動詞です。くどい断りではなくて、どれほど口説いても、理《ことわり》を言ってもということです。どれほど繰り返し説いても、また道理を述べても、誰もそれを聞き分ける者がいない。

十二 29
それゆへにだん〳〵ひがらたつけれと
いつかこれやとわかるめハなし

この「いつか」をローマ字版で見ますと「ka」となっています。「いつが」ではなくて「いつか」です。従って、日はだんだんと経《た》つけれども、いつの日か、「これやとわかる」これが神様の仰せにな

るところかと分かる「め」可能性はない。いつになっても分からない。

けふの日ハもふせへつゝがきたるから
月日でかけるみなしよちせよ　十二 30

今日という今日は、もう「せへつゝ」は節、時節が来たから、月日が自ら働きに出かける。そのことを皆承知せよ。親神様が自ら出向いて働かれるわけですから、これは何かが顕著に現れてくるということでもあります。

事態は切迫している

このさきのみちのすがらをゆてきかす
いかな事をばゆうやしろまい　十二 31

「すがら」は、初めから終わりまでずっと、一部始終。これから先の道の次第の一部始終を言って聞かせる。どんなことを言うか見当もつかないだろう。

にち〳〵になにをゆうてもそのまゝに
みゑてくるのがこれわふしぎや　十二 32

日々親神が何を言っても、そのままに形になって現れてくるのが、神ならではの不思議である。

とのよふな事をゆうやらしれんでな

そこでなんでもことハりばかり　十二 33
ことハりも一寸の事でハないほどに
いかな事をがみゑてくるやら　十二 34

どんなことを言うか知れないぞ。それは単に言葉だけの話でなく、その通りに人間には思いもよらないことが現れてくるということです。「そこでなんでもことハりばかり」また、「ことハり」という語が出てきました。断りまたは、理という字を当てます。拒絶の意味のお断りだと思いやすいのですが、辞書を見れば、事を割るに由来するとある。ちょうど、「分ける」とか「分かる」という語が、混沌《こんとん》とした泥水が泥と澄んだ上澄みに分かれる現象に由来するように、つまり、中味がはっきりするというのが元々の意味です。そういうところから、道理、あるいは筋道、さらには、判断、あるいは前もって理由を告げるという意味になる。お断りと言う場合も、理由を述べて相手の意思に沿わないことを告げるというのが本来の意味です。だから、門前払いは本来の断り方ではない。ここでは、どんな思いがけないことを言うか知れないぞ。そこで、「なんでも」どうでも、筋道、道理を話しておく。あるいは、前もって理由を告げておく。その断りを言うのもちょっとしたことではないからだ。「いかな事をがみゑてくるやら」、どんなことが先で見えてくるかしれないからだ、と注意を喚起しておられます。いきなりびっくりするような事柄を見せるのではなく、あらかじめ話をし、その道理、訳を説いておくということです。

どのよふな事がみゑるやしれんてな

まこときのどくをもていれども　十二　35
なんときにみゑる事やらこれしれん
月日の心つみきりてある　十二　36

どんなことが見えてくるか知れんぞ。実に気の毒に思っているが、と仰しゃるわけですから、厳しいふしとして現れてくると思われます。気の毒だが、理の必然として現れるということでしょう。故なくして起きることはないから、理、断りを仰しゃる。前もって理由を告げて注意しておられる。その気の毒なことが、いつ何時《なんどき》現れてくるか知れない。それほどに「月日の心つみきりてある」月日親神の思いは猶予できないところまで来ている。事態は切迫している。

こらほどに月日の心しんぱいを　十二　37
そばなるものハなにもしらずに
そばなるハしことばかりをふもている　十二　38
みへたるならばもんくかハるぞ

この前に、「きのどく」また「月日の心つみきりてある」と仰しゃっていますが、それほどに月日親神は心配している。事態は切迫しているのに、側《そば》の者は何も知らないで、気づかずにうかうかとしている。側の者は、「しこと」銘々の生業《なりわい》、仕事のことばかりを思って日を送っているが、「みへたるならば」心配している状況が出来《しゅったい》したならば、「もんく」様子、事態が一変するぞ、と仰しゃっています。そういう意味では何か驚くようなことが起きるという感じがします。

どのよふな事でもさきゑしらしをく
あとてこふくハいなきよふにせよ　十二 39

どんなことであれ、あらかじめ知らせておく。だから後で後悔することのないようにせよ。いきなりショッキングなことを見せられるということはない。逆に言えば、あらかじめ理由も告げ知らせてあるのに、それを軽視あるいは見逃して後で後悔することになる。

このよふを初た神の事ならば
とのよな事もみなみゑてある　十二 40

親神様はこの世界をお創《はじ》め下さった神様でありますから、どんなこともご存じです。将来のこともお見通しです。どんなことも皆、親神の目にはありありと映っている。

このたびハとのよな事もつみきりて
もふさしぬきハさらにてけんで　十二 41

今度という今度は、どんなことも「つみきりて」迫り切って、「さしぬき」もう抜き差しならぬ、のっぴきならない状況だ。

いまゝでハとんな事をばゆうたとて
またちいくりとしたるなれども　十二 42
けふの日ハよこめふるまもゆたんしな
なんどきとんな事があるやら　十二 43

今までは、親神がどんなことを言っても、まだ、「ちいくりと」猶予していた。しかし、今日という日は、「よこめふるまも」脇目をふるほどの間も、一瞬も油断しないように。いつ何時どんなことが現れてくるか知れないぞ。それほどに非常に緊迫した状況だということです。

ことわりが見えてきた

いまゝでにふでにつけたることハりが
さあみゑてきた心いさむで　十二　44

今までに筆をもって誌《しる》してきた「ことハり」理が見えてきた。「このよふハりいでせめたるせかいなり　なにかよろづを歌のりでせめ（一　21）」この世は理詰めの世界である、万事を歌で理を説き諭す、と仰しゃっています。これまで『おふでさき』に述べてきたところの理、天の理が、いよいよ目に見える形で顕れてきた。皆の心も勇み立つぞ。

これさいかみへきたならば一れつわ
とんなものでもよふきつくめや　十二　45

この理が顕れてくるようになると、世界中どんな者でも皆、「よふきつくめ」何もかも陽気、陽気づくめの境地になる。『おふでさき』にお誌し下さっているところの理、「天の理」がはっきりと顕れてくると、皆の心も勇み立って陽気づくめになる。

この心どふぞはやくに一れつわ
しよちしてくれ月日たのみや　十二 46

「この心」この親神の思いを、どうか早く世界中の人間は承知してもらいたい。それが月日親神の頼みだ。

けふからハめづらし事をゆいかける
なにをゆうとも一寸にしれまい　十二 47

このはなしなにをゆうてもそむくなよ
神のをもわくゑらい事やで　十二 48

今日からは、「めづらし事」今までに聞いたことのないような話を仕掛ける。お前達には何を言っているのか一寸《ちょっと》には分からないだろう。この話で親神がどんなことを言っても、それに背いてはならない。そこには大きな親神の思惑があるのだ。遠大な神慮《しんりょ》があって仰しゃっていることなのです。

これからのあとなるはなし山〳〵の
神のさんねんはらすもよふを　十二 49

これからする話というのは、「山〳〵の神のさんねん」山のように積もった神の残念を晴らす段取りの話である。

このさきハなんほむつかしやまいても
いきとてをどりみなたすけるで　十二 50

これから先は、どんなに難しい病であっても、「いきとてをどり」はおさづけです、いきのさづけ、てをどりのさづけによって皆たすける。明治七年の十二月に、初めて四種類の身上たすけのためのおさづけの理をお渡し下さっています。

どのよふなむつかしくなるやまいでも
これなをらんとゆうでないぞや　十二 51

どんな難病であっても、これは治らないというようなことは言わない。「ゆうでないぞや」の主語は親神様です。親神は決して言わない。

けふまでわひがらこくけんきたらんで
なにかちがいもありたなれとも　十二 52
だん／＼といかな事をもといてをく
どんな事てもちがう事なし　十二 53

「ひがら」というのは、日の良し悪《あ》しです。「こくけん」はもっと細かい時間です。今日までは、それにふさわしい日や時が未だ来ていないので、「なにかちがいも」親神の言うことと現実の間に、何かしら相違があったけれども。しかし、今後は、だんだんとどんなことも説いて聞かせるからして、何についても決して違うことはない。これから先は親神が言った通りになる。

いつまでも陽気づくめに

これまでのみちのすがらとゆうものハ
まことなんぢうなみちであれとも　十二　54

「すがら」は一部始終。これまでの道の次第というものは、ずっと実に難渋な、困難な道であったけれども。

このさきのみちハなんてもきがいさむ
どんなめつらしみちがあるやら　十二　55

これから先の道は、何がなんでも気持ちが勇んでくる。今までにないどんな結構な道になるか知れない。

とん〳〵ととびてる事をみたとても
心あんちハするやないぞや　十二　56

「とん〳〵ととびてる」ちょっと解釈しにくいところですが、とび出るというのは勢いよく出る状態を指します。親神様の活発なお働きがあちこちで次から次へと顕れてくると、それは人知を超えたものだけに「心あんち」不安になることもありがちです。しかし、そうした姿を見たとしても、決して心配をするのでないぞ、と仰しゃる。

あとなるハよろづ月日がひきうけて
いつ〳〵までもよふきつくめに 十二 57
一見不安になるような事柄が次々と現れてきたとしても、その後は万事月日親神が引き受けて、いついつまでも陽気づくめになるようにしてやるから心配するな。ですから、将来陽気づくめになる過程で見せられる事柄だということです。

いまゝてわなによのはなししたるとも
いつの事なるよふにをもふて 十二 58
やれこわやきくよりはやくもふみへた
どんな事てもゆたんでけんで 十二 59
今まではどんな話をしても、いったいいつのことかなと思っていた。しかし、「やれこわや」何と恐ろしい。「きくよりはやくもふみへた」聞くや否や、聞くか聞かないかという間に、もう現れてきたというようになる。だから、どんな話でも油断はできないぞ。

このさきをにち〳〵心いさめるで
どんな事でもゆへばそのまゝ 十二 60
「いさめる」は、勇ませるという意味です。これから先、日々お前達の心を勇ませるぞ。どんなことでも親神が言うことはそのままに現れてくる。

どのよふにむつかしくよふみへたとて

よふきつとめてみなたすけるで　十二　61

どんなに難しい事態と思えても、よふきづとめによって皆たすける、と請け合って下さっています。第十二号で、「つとめ」という語が出てくるのはこの一首だけです。先ほどは病について、「いきとてをどり」とありました。ここでは「よふきつとめ」で皆たすける。

口は人間、心は月日

これからわどのよなしことするやらな
心したいにとんな事でも　十二　62

「しこと」仕事、つまり親神様のお働きです。これからは、どんな働きをするか知れないぞ。「心したい」お前達の心次第、誠真実の心次第にどんなことでもする。どんな働きもする。

月日にわだん／＼心ざんねんを
どんな事てもみなはらすでな　十二　63

月日親神は、いろいろな残念の思いを何であれ皆晴らすぞ。

とのよふな事をゆうのもみな月日
いかなしごとをするやしれんで　十二　64
いかなるの事がみゑるもみな月日

にんけん心あるとをもうな 十二 65

どんなことを言うのも、つまり、教祖の口を通してどんな話をするのも、全て月日親神が言っているのである。親神はどんな働きを顕すか知れないぞ。どんなことが見えてくる、現れてくるのも、皆月日親神がしていることである。そこには人間心はいささかもない。

けふからハどのよな事もせきこんで 十二 66
どんなはたらきするやしろまい

今日からは万事の運びを急《せ》き込んで、どんな親神の働きを顕すか知らないだろう。

いまなるの月日のをもう事なるわ 十二 67
くちわにんけん心月日や

しかときけくちハ月日がみなかりて 十二 68
心ハ月日みなかしている

先に、教祖の口を通してのお話は、全て月日親神様が仰しゃっていることだ。また、どんなことも月日親神様がなさることだというお歌がありました。「いまなる」は、「今にある」の詰まった形かと思われます。今、月日の思っていることは、人間の口を通してお前達に伝えるが、しかし、その心はあくまでも月日親神の心である。月日親神様の思召を教祖のお口、つまり人間の口を通してお述べになるけれども、その心はあくまでも月日親神様のお心であって、人間の心はいささかもないということです。

「しかときけくちハ月日がみなかりて　心ハ月日みなかしている」、これは見方を変えれば、教祖のお口、人間の口を親神様が借りて、そして教祖の心には人間の心がいささかもなくて、全て月日の心だと言うのですから、教祖に対して親神様がその心を貸している、という言い方もできる。教祖の仰しゃることは、全て月日親神様の思召だということです。こうしたことを繰り返し仰せになるということは、お側で聞いている者の中には、人間の姿をした教祖の仰しゃることを、全て神様のお言葉と受け止めることができない者が、少なからずいたということでもあるかと思われます。

こればかりうらみあるならとのよふな
事も月日かみなかやすてな　十二　69

「うらみ」には、人に対して根に持つような憎しみや憤りといった意味合い、さらには残念に思う気持ち、不平不満という意味があります。語源的には、うら（心）を見るという説がある。つまり、不満を持ちながらもこらえている心の状態です。ここでは、教祖の仰せとは言いながら、承服できないという意味かと思います。そのことが承服できないようなことなら、何であれ皆、月日親神がその返しをする、と仰しゃいます。

どのよふな事をゆうのもみな月日
にんけん心さらにまぜんで　十二　70

ここでも繰り返して、何を言うのも皆、月日親神が言っているのである。そこには人間心はいささかも混じっていない。

いかほどにむつかしよふにをもたとて
月日ひきうけあんちないぞや　十二 71

どんなに難しい状況のように思えても、月日親神が引き受けるから、決して心配はない、と請け合って下さっています。

何事もたすけたい一条から

このさきのみちをたのしめ一れつわ
神のさんねんはらしたるなら　十二 72

これから先の道の次第を楽しみにせよ、皆の者よ。神の残念を晴らしたなら、と困難な状況の先にある楽しみを告げられます。

にち〳〵にむねのそふぢにかゝりたら
どんなものでもかなうものなし　十二 73
このそふぢどふゆう事にをもうかな
月日たいないみな入こむで　十二 74

親神が日々人々の胸の掃除に取り掛かったならば、誰であれ敵《かな》う者はいない。「このそふぢ」とは、どういうことかと言うと、月日親神が体内に入り込んで掃除をするのだ。

このはなしとこの事やとをもうかな
高いところでみなあらわすで 十二 75

この親神が体内に入り込んで胸の掃除をするという話は、どこのことだと思うか。「高いところ」とありますから、支配層、上層です。そうしたところで全て顕す。

なにもかも月日ゆう事しやんせよ
なにをゆうてもこれちがわんで 十二 76

何であれ月日親神の言うことをよく思案せよ。親神の言うことに決して間違いはない。

せかいぢう一れつ心すましたさ
どんな事をば月日するやら 十二 77

とのよふな事をするのも月日にわ
たすけたいとの一ちよはかりで 十二 78

世界中の人々の心を普《あまね》く澄ましたい。そのためには月日親神はどんなことをするか知れないぞ。そして、どんなことをするのも月日親神には、「たすけたいとの一ちよ」子供達を、人間達をひたすらたすけたい思いだけからすることである。親神様は、ひたすら一れつ人間をたすけてやりたいとの親心からどんなこともなさるのです。

このさきをたしかみていよ一れつわ
むねのそふちがひとりでけるで 十二 79

これから先をしっかりと見ていよ皆の者よ。起こってくる事柄を通して、胸の掃除が自《おの》ずとできるぞ。

このそふちすきやかしたる事ならば
そのまゝすぐにまむりごしらゑ　十二　80

この胸の掃除をすっきりとしたならば、そのまま直ちに「まむりごしらゑ」。これは解釈の少し難しいところですが、註釈を見ますと、「直ちにまもりを渡す用意に取り掛かる。」とあります。ちょっと見るとお守りのことかなという感じもしますが、〝守り〟〝こしらえ〟の用例を検討してみますと、ここでは、いわゆるお守りというよりも、守護という意味ではないかと思います。証拠守りなら、既に明治七年陰暦六月からお渡しになっています。また、すきやかに掃除をしたならばという前提とも整合しないように思います。「こしらゑ」というのは用意、準備という意味です。胸の掃除をすっきりとしたならば、直ちに全き守護の用意をする。

このみちを月日の心にち〳〵に
せきこんでいるたれもしらずに　十二　81

「このみち」というのは、胸の掃除をして、十分な守護をする道筋です。その道を月日親神は日々急き込んでいる。しかし、誰もそのことを知らない。

このみちゑはやくついたる事ならば
どんなものでもみないさむてな　十二　82

胸の掃除をし、十分な守護に与《あずか》ることができる道についたならば、誰でも皆心が勇んでくる。

このはなしたれがするとハをもうなよ
月日の心はかりゆうのや　十二 83

この話はいったい誰がしているのかなどと思ってはならない。これはもっぱら月日親神の思いを言っているのである。決して人間が言っていることではない。

このよふのしんちつなるをせかへちうへ
とふしてなりとしらしたいゆへ　十二 84

それというのも、この世の真実を世界中の人々に、何としても知らせたいからだ。この世の真実を教えてたすけたいということです。

よろづ互いにたすけする世に

けふまでわ一日なりとひをのばし
とのよな事もしかゑいれども　十二 85

このたびハもふひがつまりきるからハ
どふむしかゑる事ハでけんで　十二 86

今日まではたとえ一日でも日を延ばすといった具合に、どんなことも手控えてきた。しかし、もう今度という今度は日が迫り切っている、事態が切迫しているからして、どうしても手控えることはできない。従って、何かが起こってくる。

なんどきにとのよな事をきいたとて
これハ月日のざねんりいふく 十二 87

いつ何時どんなことを聞いたとしても、それは月日親神の残念立腹の思いが表に現れたものなのだ。となると、何か思いがけない、恐ろしいことが起こってくる感じがします。しかし、そう仰しゃったすぐ次のお歌で、

月日にわどのよなものもわが子なり
かわいばかりでみてハいれども 十二 88

と仰しゃって、「ざねんりいふく」というのも、決して憎いとか腹立たしいとかいう人間的な感情ではなくて、月日親神にとっては、どんな者も皆かわいい我が子なのだ。ひたすらかわいい子供をたすけてやりたいという思いで見ているのだが、と親の思いが通じないもどかしさの表現です。次の八十九番から九十四番までのお歌は、現真柱様の継承奉告祭に際しての諭達第一号にそっくり引用されている重要なお歌です。

いまゝでハせかいぢううハ一れつに
めへ／＼しやんをしてわいれども 十二 89
なさけないとのよにしやんしたとても
人をたすける心ないので 十二 90

これまで世界中の人間は誰も彼も皆、銘々に思案をしてはいるけれども。しかし、情けないことに、どんなに思案をしても人をたすける心がない。つまり、いろいろ思案をしても自分中心の思案だということです。人間思案、我が身思案。そこに人をたすける心がないことが実に情けない。

これからハ月日たのみや一れつわ
心しいかりいれかゑてくれ 十二 91

この心どふゆう事であるならば
せかいたすける一ちよばかりを 十二 92

今後は、「月日たのみ」月日親神の頼みとまで仰しゃって、世界中の人間は、その銘々の思案、人をたすける心のない自分中心の心をしっかり入れ替えてくれよ、と仰せになっています。しからば、どういう心に入れ替えるか。それは「せかいたすける一ちよ」ひたすら世界の人々をたすけたいという心です。これはまさに、世界一れつをたすけるために天降《あまくだ》られたをやの思いに沿う心です。単に人をたすけるというだけでなくて、ここでは「せかいたすける」と仰しゃっています。人をたすける心がないのが実に情けない、残念だ。その心を入れ替えてくれ。ひたすら世界の人々をたすけるという親の思いに沿う心になってもらいたい。そして、

このさきハせかいぢううハ一れつに
よろづたがいにたすけするなら 十二 93

これから先、世界中の人間が誰も彼も皆、「よろづたがいに」何かにつけて互いにたすけ合うように

なったらなあ、と願望をお述べになっています。親神様がお望みになる世のあり様《よう》がここにうかがえます。親神様は、人間達が何かにつけて互いにたすけ合う世の姿をお望みになっている。ここで言う〝たすけ合い〟は、ギブ・アンド・テイク的なものではなく、誰もが人をたすける心を持ち、実践している世の中です。それは、親神様の目からご覧になれば、互いにたすけ合う姿と映ることでしょう。そういう意味で、これは陽気ぐらしの世の一つの具体的な表現だと言っていいと思います。

月日にもその心をばうけとりて どんなたすけもするとをもゑよ

十二　94

月日親神は、そのよろづ互いにたすけする心を受け取って、どんなたすけもすると承知せよ。陽気ぐらしとはどういう世の中かを具体的に考えてみると、まず、〝陽気〟には、明るい、また活気のあるといったイメージがあります。〝陽気ぐらし〟を、親神様がどういう世の中をお望みになっているかと言い換えて、それを原典に尋ねてみると、この「よろづたがいにたすけする」、さらには第七号の終わりにある「せかいぢうみな一れつハすみきりて　よふきづくめにくらす事なら（七 109）」などが該当するように思います。この〝互いにたすけする〟ことと〝澄み切る〟こと、これが陽気ぐらしの二大要件だと言ってよいと思います。『みかぐらうた』では「こゝろすみきれごくらくや（十下り目四ッ）」とあります。『みかぐらうた』の中にも『おふでさき』の中にも、陽気ぐらしという言葉は出てこないけれども、それに近いのは「ごくらく」、「よふきづくめ」、「よふきゆさん」です。

辞書（『広辞苑』）を見ると、極楽というのは、「全く苦患《くげん》のない安楽な世界」と出てくる。しかし、これは陽気ぐらしとは違うと思うのです。何の苦しみも患いもない安楽な世界、それは心地よいかもしれないけれども、陽気ぐらしとは違う。何の苦しみも患いも無ければ、たすけ合う必要がないんです。陽気ぐらしというのは、苦しみや患いがあっても、皆がたすけ合ってそれを乗り越えていく世のあり様です。そういう世の中を親神様はお望みになっているように思います。これは重要な相違点だと思います。

このたすけどふゆう事にをもうかな
ほふそせんよにたしかうけやう　十二　95

またゝすけりうけ一れつどこまでも
いつもほふさくをしゑたいから　十二　96

その前のお歌で「どんなたすけもする」と仰しゃって、さらに、「ほふそせんよにたしかうけやう」疱瘡《ほうそう》にかからないようにしっかりと請け合う。続けて、「りうけ」五穀をはじめとする農作物を、「一れつどこまでも」世界中どこもかしこも、また、いつも豊作の守護に浴することができる道を教えたいのだ。疱瘡、すなわち天然痘《てんねんとう》は、その当時の代表的な疫病です。非常に恐れられた伝染病です。いつもどこもかしこも豊作、また、恐ろしい疫病のない世の姿を、たすけの具体例として挙げておられます。

このみちをはやくしこもとをもゑども
一れつ心わかりないので　十二　97

こうした疫病のない、いつもどこもかしこも豊作に恵まれる道を早く仕込んでやりたいと思っているけれども、お前達皆の心が、「わかりない」澄み切らず親神の思いを解さないので、仕込むことができない。

せかいぢうどこにへだてわないほどに
一れつしやんしてくれるよふ 十二 98

親神の目から見れば、世界中の人間は皆等しくかわいい子供であり、そこにはいささかも隔てはない。そこのところを皆よく思案してくれるように。

しんぢつに心にさだめみなついて
神のゆう事そむきなければ 十二 99
それよりも月日の心しいかりと
うけとりしだいたすけせきこむ 十二 100

お前達の心に本当に定めがついて、心定めができて、親神の言うことに背かないようになったならば。それからは月日親神はその真実をしっかりと受け取って、直ちにたすけを急き込む。

病まず、死なず、弱らず

このたすけ一寸の事やとをもうなよ

これわにほんの一のこふきや 十二 101

この「たすけ」は、ちょっとばかりのことではない。重く受け止めるよう注意を喚起しておられます。「にほんの一のこふき」、親神の教えをわきまえている者達にとって、何より大切な、末代までも語り伝え、たすけ一条の台となる話である。

これさいかはやくしいかりみせたなら 十二 102
とのよな高いところなるとも

「これ」は、前のお歌の「このたすけ」です。「このたすけ」を早くしっかりと、目に見える形で顕したなら、どんなに身分の高い、上層の者であっても、

こればかりにんけんハさでないからに 十二 103
月日ぢうよふそむきでけまい

したるならいかほと高いところても 十二 104
まねハてけまいしやんしてみよ

このたすけは人間業《わざ》ではないからして、その月日親神の自由《じゅうよう》の働きには決して背くことができない。このたすけを顕したならば、どんなに高い地位、身分の者でも、到底その真似《まね》はできないだろう。考えてもみよ。親神様の自由のお働きには、背くこともできないし、もとより真似をすることなどできようはずがありません。

月日よりやますしなすによわらんの

はやくしよこふだそとをもへど　十二　105

病まず死なず弱らずというのは、何度か出てくる表現ですが、病気にならない、若死にしない、年を取っても弱らない、言わば究極のたすけであります。これを、「めつらしたすけ」とも仰しゃっています。親神は病まず死なず弱らない究極のたすけを早く実証したいと思っているが。病まず死なず弱らずという世の中は、言い換えれば陽気ぐらしが実現された世の中と言っていいと思います。ただ単に病気にならないとか、若死にしないというだけでなくて、人々の心が澄み何事につけても互いにたすけ合う世の中になったならば、こうした究極のご守護を下さる。それを早く実証したいとお思いになっています。

一れつハみなうたごふてたれにても
せかいなみやとをもているので　十二　106

しかし、人々は皆、教祖の言葉を疑って、誰もが「せかいなみ」世間普通の人の言い草のように思っているので。つまり、教祖の仰しゃることを疑って信じないので実証することができない。

このところにんけん心さらになし
月日のをもう事ばかりやで　十二　107

「このところ」、おぢばを指す場合もありますが、『おふでさき』の中では、教祖を指している場合が多い。ここもそうです。場所で人を表すのは普通にあることですが、「このところ」という言葉で教祖をお指しになっている。教祖には人間心は全くない。教祖のお心は月日の心そのものです。月日親神の思い以外の何物もない。

その事をたれてもしらぬ事やから　十二 108
わかりないのが神のさんねん

教祖には人間心が全くない。月日親神の思いばかりだということを誰も知らないから分からない、理解できない。それが実に親神としてはもどかしい、残念だ。

この心どふぞしんちつ一れつの　十二 109
心すまするもよふないかよ

「この心」は、「わかりない」人間の心です。分からない一れつの人々の心を何とかして本当に澄ます「もよふ」手立てはないものか。そして、

心さいはやくハかりた事ならば　十二 110
そのまゝすぐにしよこだすのに

この「心」というのは「一れつの心」です。世界中の人々の心が「はやくハかりた」、以前から分かる、分けるについて何度も申してきましたが、註釈を見ますと、「一列の心さえ早く澄み切って来たならば」と、ここでは註釈も「ハかる」という言葉に澄み切るという解釈をあてています。人々の心が澄み切り、をやの思いが分かるようになったならば、直ちに証拠、先ほど「はやくしよこふだそとをもへど」とありましたが、病まず死なず弱らずの守護を実証したいのだが、と仰しゃっています。

この辺りは、我々が朝夕にも唱えております「かぐら」の第三節のお歌、「いちれつすましてかん

ろだい」の唱句が浮かんでくるところであります。甘露というのは、元来は仏教用語で不老長寿の霊薬と言われている。そういう意味では、病まず死なず弱らずということともつながっていると言えます。

早く証拠を出したい

いまゝでハとのよなうそもきいていた
もふこれからハうそハきかんで 十二 111

これからハうそをゆうたらそのものが
うそになるのもこれがしよちか 十二 112

今までは嘘《うそ》を言っていても、それを見許していた。とがめだてせずに聞いていた。しかし、もうこれからは嘘は聞かないぞ。今までとこれからとを峻別《しゅんべつ》しておられます。

そして、今後は嘘偽りを言ったならば、その者が嘘になる。その者の身が虚《むな》しくなるというわけですから、その者から親神の実の守護が無くなってしまう。それが分かっているか。

月日にハうそとついしよこれきらい
このさきなるわ月日しりぞく 十二 113

八つのほこりをお教え頂いていますが、その他に「うそとついしよこれきらい」と、このお歌で仰しやっています。「ついしよ」は、上の者に対しておべっかを使うことです。嘘とともに、そうした卑屈な保身のための心づかいは親神の嫌うところである。「このさきなるわ」これからもそんなことを言うようなら、月日親神の守護を退《ひ》いてしまうぞ、と厳しく警告なさっています。

それゆへに一日なりとひをのばし
たいていなにもみゆるしていた 十二 114

月日親神の守護が退いてしまっては哀れ、不憫《ふびん》であるからして、「一日なりとひをのばし」、心づかいを改めることを期待して、たとえ一日でもと先送りして、今まで大抵どんなことも見逃してきた。言い換えると、もうこれからは見許しはしないぞ。

このたびのはやくしよこふだしたいと
ゆうているのをなんとをもうぞ 十二 115

先ほどから「しよこ」という言葉が何度も出ていますが、親神様のご守護、お働きの証《あかし》、実証です。この度親神の働きを早く実証したい、証拠を以《もっ》て証明したいと言っているのを、お前達は何と思っているか。

しよこふもとふゆう事にをもうかな
みのうちよりにたしかためしを 十二 116

親神の働きの証拠をどういうことだと思うか。それは、「みのうち」身体を通して「ためし」験証するのだ。神の働きを身上を通して、しかと験証する。

このためしまこと月日のさんねんわ
よいなる事でないとをもゑよ　十二 117

そうした神の働きを験証できないという月日親神の残念の思いは容易なことではないと承知せよ。早く証拠を出したいとお思いになっているにも拘《かか》わらず、人々の心が分からないがゆえに、それができない。その残念は生易しいものではない。

百十八番から百二十番の註には、「秀司先生は、もともと身体に何処《どこ》も故障が無いのに云々」という説明がついています。

みのうちにとこにふそくのないものに
月日いがめてくろふかけたで　十二 118

元々は身体のどこにも不足のない方、秀司様。然《しか》るに、立教の一つの機縁とすべく、その身上に徴《しるし》を付けられた。それを「いがめて」と仰しゃっています。以来今までいろいろ苦労を掛けてきた。実際、秀司様の足の患いが立教の一つの糸口になっています。ずっと、その足の具合は良くなかったようです。お出直しの前年、芋ケ峠《いもがとうげ》を越えて地福寺へおいでになる時、足の悪い方を一人で行かせるわけにはいかないと、宮森与三郎さんがお伴《とも》されたという話が『稿本天理教教祖伝』にあります。

ねんけん八三十九ねんもいせんにて
しんばいくろふなやみかけたで　十二 119

このお歌をお書きになった年は明治九年と推定されています。そこから数えて三十九年遡《さかのぼ》りますと天保九年に行きつく。つまり、立教以来、実に様々な心配、また苦労、悩みを掛けてきた。立教の時に秀司様は十八歳でありますから、中山家の跡継ぎとして、その当時としてはもう成人しておられます。そういう意味では、教祖が貧のどん底に落ち切られる道中をはじめ、教祖のご苦労をつぶさにご覧になり、味わってきておられる。また、教祖にふりかかるご苦労を何とかして避けたいと、心を砕かれてきたわけであります。

それゆへに月日ゆう事なに事も
うたこふているこれむりでない　十二　120

長年、心配、苦労を掛けてきたせいで、月日親神の言うことを何かにつけ、「うたこふている」というのは少し厳しい表現でありますが、信じ切れないのも無理からぬことである。

このたびハ此むねのうちすきやかに
はらすもよふやこれがだい一　十二　121

この度は、親神の言うことを信じ切れない、疑っている、もやもやとした胸の内をすっきりと晴らしてやりたい。晴らす段取りをすることが先決である。

この心月日のほふゑしいかりと
つけん事にハどんなはなしも　十二　122

「この心」は、秀司様の心です。「月日のほふゑしいかりとつけん事にハ」、月日親神の思召にぴったりと沿うようにしないことには、どんな話もすることができない。秀司様の立場の難しさ、また、重さが感じ取れるところです。

いかなるの事をしたるもみな月日
こんな事をばたれもしろまい　十二 123

どんなことをしたのも、全て月日親神である。万事は月日親神様が差配なさっている。しかし、そんなことを誰も知らないだろう。

けふの日ハよこめふるまもないほどに
はやくしよこふだしてみせるで　十二 124

今日という日は、「よこめふるまもない」というわけですから、脇目を振る間、すなわち一瞬も気を抜くなということです。早々に証拠、親神の働きの証を出してみせるぞ。

これみたらとんなものでもとくしんせ
なにのはなしもみなこのどふり　十二 125

その親神の働きの証を見たなら、目《ま》の当たりにしたならば、どんな者でも得心、納得せよ。何の話についても皆これと同じ道理である。親神様のお働きの証拠の実例を出して、皆に得心をさせると仰しゃっています。

いまゝでのこのさんねんとゆうものわ
くちでゆうよな事てないぞや　十二 126

今までのこの残念、証拠を出すことができなかった残念。また、人々の胸の内が澄まず神意を解さない現状、さらには、秀司様のもやもやとした心情といったことに対する親神様の残念の思いです。それは口で表現できるような生易しいものではないぞ。残念の思いをずっと抱えておられた。その残念を晴らすというところに進むわけであります。

元を教えてたすける

先のお歌にも「さんねん」という言葉がありましたが、

いまゝで八山〳〵さねんとふりぬけ　十二 127
このたびこれをはらしたるなら

今まで「山〳〵」、山のように積もり重なった残念を抱えて通り抜けてきた。しかし、この度この残念を晴らしたならば。

あとなるハどんなやまいもいかなるの　十二 128
事であろふがみなたすけるで

その後は、どんな身上の患いも事情のもつれも全てたすける。残念を晴らすことの重要性がうかがえます。逆に言うと、残念をお掛けしないことの大切さが分かります。

このよふのにんけんもとをせかいちう　十二 129
しらしてをいた事であるなら

それからハどんなたすけもするほとに
一事までゝみなたすけるで　十二 130

「このよふのにんけんもと」つまり、この世人間をお創《はじ》め下さった元初まりの話、元の理の話を世界中の人々に知らせ、行き渡らせることができたならば、それからは、「どんなたすけ」どんな身上の患いも事情のもつれもたすける。しかも、「一事までゝみなたすける」、一言諭すだけで全てたすけるというほどの鮮やかなたすけをする、と仰しゃる。この辺りにも、元を教えてたすけるという天理教の教えの特徴と申しますか、重要な性格がはっきりと出ています。

これまでハたん〳〵くどきことハりを
ゆうてあれどもしんかわからん　十二 131

従来は、だんだんと「くどき」これはくどいというのではなくて、繰り返し話をするという意味です。「ことハり」は理です。繰り返し話をし、理合いを説いてきたけれども、「しんかわからん」、「しん」中心部分、肝心なところが分からない。

このしんハどふゆう事であろふなら
むねのしやんをこれがたいゝち　十二 132

「このしん」肝心なことは何かと言うと、「むねのしやん」銘々の胸で思案をすること、これが一番大切なことである。その肝心なことが分かっていないと仰しゃっています。

なにゝてもむねとくちとがちこふてハ

神の心にこれハかなわん 十二 133

何であれ、「むねとくち」思っていることと言っていること、それが違うようなことでは、神の心に適《かな》わない。例えば、どういう状況があるでしょう。口では建前を言っているけれども、その中身が本当はよく分かっていないことがありはしないか。親神様の仰せを本当に理解し我がものにするためには、よく胸で思案し、心の底から得心することが欠かせません。それを欠いたならば、胸と口とが違うことになる。

しんちつが神の心にかなハねば
いかほど心つくしたるとも 十二 134

「しんちつ」というのは、本当の心、本心ということになるでしょう。口ではもっともらしいことを言っていても、その本心が親神様の思召に適わないようなことでは、どんなに心を尽くしても、どんなにその人なりに精一杯につとめても、親神様はお受け取りにならない。

こればかりいかほどたれがそふたんも
とてもかなハん月日しりぞく 十二 135

胸と口とが違う、その本心が神の心に適わないということでは、誰がどんなに相談に来ても到底叶《かな》わない、どうにもならない。「月日しりぞく」親神の守護を退いてしまう。理の厳しさです。思召に適わないような本心でいて、どんなに心を尽くしても、誰が頼んでも無理だ、守護できないと仰しゃる。

なにもかも神のゆう事しかときけ

なにをゆうてもちがう事なし 十二 136

親神の言うことは何もかも全てしっかりと聞け。親神の言葉には決して間違いはない。

しんちつにめつらしたすけをしへたさ 十二 137
そこでとのよな事もゆうのや

「めつらしたすけ」、病まず死なず弱らずという究極のたすけです。第十七号の五十二番、五十三番に、「たすけでもあしきなをするまてやない　めづらしたすけをもているから」「このたすけどふゆう事にをもうかな　やますしなすによハりなきよに」とありまして、親神様の仰しゃっている究極のたすけ、「めつらしたすけ」というのは、悪いところを治すだけのたすけではない。病まず死なず弱りなきようにするたすけだと明示されています。「しんちつにめつらしたすけ」本当にめずらしい、今までにない究極のたすけを教えたい。だからこそどんなことも言うのだ。

このよふを初てからにない事を 十二 138
どんな事をもをしへたいから

それというのも、この世の元初まり以来今日まで無かったことを、「どんな事をも」悉く《ことごと》皆、お前達に教えてやりたいからだ。

このよふのほんもとなるのしんちつを 十二 139
しいかりしよちせねばいかんで

この世の本元の真実をしっかり承知しなければならない。「めづらしたすけ」のための理話の核心は元の理です。

このもとをしいかりしりているものハ　十二 140
とこのものでもさらにあるまい

「このもと」というのは、この世の本元です。この世の本元をしっかりと知っている者は、どこにもいるはずがない。

このたびハほんしんちつをゆてきかす　十二 141
なにをゆうてもしかとしよちせ

この世の本元なるの真実を「ほんしんちつ」と仰しゃっている。この度は、それを言って聞かせる。だから、どんなことを言ってもしっかりと聞き分けて心に治めよ。承知せよ。

寄せた道具を見分け、仕込む

ここまで、この世の本元なるの真実、本真実と仰しゃってきて、ここでまた、元の理の話が登場します。

このやしきにんけんはじめどふぐハな　十二 142
いざなぎいゝといざなみとなり

この元の屋敷、ぢばで人間を創め出す時の道具というのは、「いざなぎいゝ」と「いざなみ」である。

いざなぎのみことは男雛型《ひながた》・種。いざなみのみことは女雛型・苗代。元初まりの夫婦となられる。それをまずお挙げになって、続いて、

月よみとくにさづちいとくもよみと
かしこねへとが一のとふぐや　十二 143

月よみ、くにさづち、くもよみ、かしこねと、元初まりにお使いになった道具衆の神名を列挙されます。

それよりもをふとのべへとゆうのハな
これわりゆけの一のどふくや　十二 144

をふとのべのみことは、十全の守護の説き分けで言えば、出産の時、親の胎内から子を引き出す世話、世界では立毛《りゅうけ》万物引き出しの守護の理。立毛は五穀をはじめとする農作物で、米や麦が主たるものです。立毛の一の道具とは農作物の成育に一番大切な守護の理ということです。

つきなるハたいしよく天とゆうのハな
これわせかいのはさみなるぞや　十二 145

たいしよく天のみことは、切ること一切の守護の理。これを「せかいのはさみ」と仰しゃっています。

そして、

これまでハどふぐいゝさいみなよせて
とのよなみちもとふりぬけたで　十二 146

第六号で元の理の本論を展開されていますが、その時とどこが違うかと言うと、ここでは元初まりの道具衆のいんねんある魂の人々を元の屋敷に引き寄せて、陽気ぐらしへの世の立て替えに着手するという現実の問題になってくるのです。第六号で展開されているのは、立教を遡ること、九億九万九千九百九十九年前の元初まりの話です。ここでは、その道具衆の理を受けた人々、つとめ人衆ともなるべき人々を、今、元の屋敷に集めて仕込むという話になります。立教以来これまで、道具衆のいんねんある魂の人々を皆、元の屋敷に引き寄せて、どんな道中も通り抜けてきた。

このさきハよせたどふぐをみハけして
しこむもよふをいそぐばかりや 十二 147

これから先は、引き寄せた道具衆の理を受ける人々の見分けをして、それぞれにふさわしく仕込む段取りを急ぐ。見分けをする、仕込むと仰しゃる。道具衆のいんねんある魂の人間だというだけでは足りない。それを神様のほうで見分けをし、さらに仕込んで下さる。それでこそ、つとめ人衆にふさわしいと申しますか、教祖の道具衆にふさわしい人材に成人していく。

このものハとこにあるやとをもうなよ
としわ十一二人いるぞや 十二 148
この人ハにんけんはじめかけたると
りうけいヽさいしゆごふどふぐや 十二 149

そうした道具衆の理を受ける人々がいったいどこにいるのかなどと思うな。年齢は十一歳の者が二人いるぞ、と例をお挙げになる。その一人は、註にもありますように初代真柱様。もう一人は前川菊太郎さんです。共に当時十一歳でした。

そして、さらに詳しく、「この人ハにんけんはじめかけたる」というのは、いざなぎのみこと、また、「りうけいヽさい」は、をふとのべのみことの守護の理です。いざなぎのみことのいんねんある魂の方が前川菊太郎さん。をふとのべのみことのいんねんある魂のお方が初代真柱様ということでありまず。

第十一号の七十番、七十一番に「そのうちになかやまうぢとゆうやしき　にんけんはじめどふくみへるで」「このどふぐいざなぎいヽといざなみとくにさづちいと月よみとなり」とありました。このお歌で仰しゃっている「いざなぎいヽ」というのは善兵衛様、「いざなみ」は教祖、「くにさづちい」はこかん様、「月よみ」は秀司様、ということです。善兵衛様は既に嘉永六年にお出直しになっていますす。そのいざなぎのみことのいんねんある魂のお方が、前川菊太郎さんとして生まれ変わっておられるということなのです。前川菊太郎さんは、後に前橋事件を起こして本部から離れていく人ですから、魂のいんねんはあっても、親神様の思召に適わなければ道具としてお使い頂けない事例とも言えましょう。百四十七番に、「よせたどふぐをみハけして　しこむもよふをいそぐばかりや」とありますように、魂のいんねんある者であっても、見分けをして仕込んで頂いてこそ、神様の用にお使い頂けるということです。これは我々についても言えると思います。どこそこの家に生まれた、誰それの子だからというだけでは、御用の役に立たない。しっかりと仕込んで頂く、また、自ら成人する努力が欠かせないのであります。

何をするのも皆月日

けふの日にどのよな事もゆうほどに
なにをゆうてもしよちしてくれ　十二 150

今日という日は、どんなことも言うぞ。親神が何を言っても承知してもらいたい。

いまゝでも神のをもハくまゝあれど
ひがきたらんでしかゑいたるで　十二 151

今までも時々に親神の思うことがあったけれども、「ひがきたらん」その日限が来ていないので控えていた。手控えていた。しかし、

だん〳〵ともふひがつまりきるからハ
どんな事でもゆうてをくぞや　十二 152

今や、次第に日がギリギリまで迫っているからして、どんなことも言っておくぞ。

これまでハどこの人でもをなじ事
なにをゆうてもみなうたごふて　十二 153

従来は、どこの誰であれ皆一様に、親神が何を言っても疑って本気にする者がなかった。

このたびハほんしんぢつであるからに
これそむいたらすぐにかやすで　十二 154

この度は「ほんしんぢつ」、究極の真実を話すからして、これに背くようなら、すぐさま返しをする。

せかいにわあめをほしいとをもたとて
このもとなるをたれもしろまい　十二 155

このもとをしいかりゆうてかゝるから
どんな事でもしよちするなら　十二 156

このお歌には「明治九年陰暦六月二十八日、川東村小坂の松田利平の願により、（中略）雨ごいに行った時諭されたもの」という註が付いています。そういう史実が背景にあるということです。日照りが続くと、誰しも雨の恵みがほしいと思うが、その元、その雨の守護の根本については誰も知らないだろう。水という上から言えば、くにとこたちのみこと、人間身の内の眼うるおい、世界では水の守護の理。また、くもよみのみこと、人間身の内の飲み食い出入り、世界では水気上げ下げの守護の理、と説き分けて下さっています。そうした雨の恵みの根本にある親神の守護、働きについては誰も知らない。その根本をしっかり説いて掛かる、これから話をするから、何を言っても承知してもらいたい。

けふの日ハこのよはじめてないはなし
なにをゆうてもこれきいてくれ　十二 157

今日は、この世の初まり以来誰も聞いたことがない話をする。どんなことを言ってもしっかりと聞い

てもらいたい、と前置きをして、

このよふわ神のせかいとゆいながら
どんな事でもしんわしらんで 十二 158

この世は神の世界だと言っているけれども、何事につけても「しんわしらんで」その核心、肝心要《かなめ》のところは知らない。

このしんをまことしんぢつしてみせる
これみたならばみなとくしんせ 十二 159

この核心とは何か。それは親神様がこの世の一切を支配なさっている、ご守護下さっているということです。それを「まことしんぢつしてみせる」、事実として、目の当たりに見せる。それを見て、皆なるほどと得心をせよ。

どのよふな事をするのもみな月日
なにをゆうのもみな月日やで 十二 160

どんなことをするのも全て月日親神がしていることであり、また、何を言うのも、全て月日親神が言っているのである。

このたびハこのよはじめてない事を
どんな事でもみなあらわすで 十二 161

この度は、この世初まり以来なかったことを、何であれ皆、表に現して見せる。

月日にわたいないよりもこもりいて
どんなしごとをするやしれんで　十二 162

月日親神が人の体内に入り込んで、どんな働きをするかしれないぞ。

どのよふなゆめをみるのもみな月日
まことみるのもみな月日やで　十二 163

その働きの例として、どんな夢を見るのも皆月日親神が見せているのである。また、「まこと」事実、現実を見るのも皆月日親神のなすところである。

このよふの水のもとなる事をばな
まだこれまでわゆうた事なし　十二 164

先ほど、雨乞《あまごい》づとめに際してのお諭しだというお歌がありましたが、干ばつ時に雨がほしいというのは、特に農民の切なる願いです。この世界における水の守護の元、それをまだ今までは言って聞かせたことがない。しかし、

このたびハほんしんぢつの水の事
どんなはなしをするやしれんで　十二 165

この度は、その水の守護の「ほんしんぢつ」、根本の理合いを説いて聞かせる。どんな話をするかしれないぞ。

この元をたしかにゆうてかゝるから

せかいなみなる事でゆハれん　十二 166

その水の守護の根本をしっかりと説いて聞かせると言うからには、世間の普通の者には決してできない。教祖は神のやしろだからこそ、それを説いて聞かせることができるとの仰せです。

心づかいを身の内に表す

けふからわどのよな事もゆいかける
なにをゆうてもしかときくなり　十二 167

今日からはどんな話も仕掛ける。何を言ってもしっかりと聞き取るように。

にち〳〵に高山にてわだん〳〵と
どんな事をばたのみたつねる　十二 168

これさいかみゑきたならばどのよふな
事もあふなきさらにないぞや　十二 169

日々高山の者達が、「だん〳〵」いろいろと、どんなことをも頼んだり、あるいは尋ねたりするようになる。一つのご予言です。そして、「これさいかみゑきたならば」そのような姿になってきたならば、「どのよふな事もあふなきさらにない」何であれ、危ないことは決してないようになる。やがて、高山のほうから元の屋敷に出向いて来て、いろんなことを頼んだり、尋ねたりというような時代がやって来る。そうなってくれば、決して危ないことはないようになる、と励ましておられます。

けふの日ハなにのはなしをするやらな
どんな事でもしよちしてくれ 十二 170

今日はどんな話をするかしれないぞ。何を言ってもよく聞き分けて承知してもらいたい、と仰しゃって、やはり重要な話がその後に続いています。

めへ〳〵の心みのうちどのよふな
事でもしかとみなあらわすで 十二 171

これみたらどんなものでもしんぢつに
むねのそふちがひとりてけるで 十二 172

銘々の心づかいを身の内に、何であれ全て、しっかりと表す。そして、心づかいが身の内に現れるのを見たならば、誰でも自ずと本当に胸の掃除ができるようになる。身上に現れた姿を手掛かりに、胸の掃除をするようにということでもあります。第十二号の主要なテーマは世界一れつの胸の掃除です。その胸の掃除をするに際しては、銘々の心づかいを身上に表して掃除を促す。胸を掃除した後、どういう心に入れ替えるか。人をたすける心に入れ替えるという流れであります。しかし、心づかいが身上に現れる、身上を通して親神様が心づかいを改めるように仰しゃっていると申しましても、それが親神様からのメッセージだということを知らなければ、病気になっても、ただ痛い苦しいというだけで終わってしまう。ですから、やはり、親神様の思召を伝える、広める、知らしめる布教が欠かせないのであります。

このたびハどんな事でもすきやかに 十二 173
あらわれだしてみなしてみせる

この度は、どんなことも「あらわれだして」、これはちょっと変わった表現ですが、表に現して、明らかにするという意味だと思います。普通はあらわしだすというところではないかと思うのですが、現れるという自動詞と、出すという他動詞がくっ付いた形になっている。どんなことでも表面に出して「みなしてみせる」皆すっきりとさせる。

たいないになにがあるやらどのよふな 十二 174
ものでもしりたものわあるまい

誰であれ、人の身体の中に何があるかということを知っている者はないだろう。体の中、内臓も含まれているのでしょうか。肝心なことは、体内における親神様のお働き、ご守護、さらに言えば心です。それを知っている者は誰もないだろう。

このはなし月日のし事これをみよ 十二 175
心しだいになにをするやら

今している話は、「月日のし事」月日親神の働きについてである。これをよく見よ。「心しだいに」銘々の心に応じて、どんな働きも顕す。親神様のお働きを一言で言えば、心通りの守護ということになります。その銘々の心は、他人にはちょっとうかがい知ることができない。しかし、親神様は見抜き見通し、心通りにお顕しになる。

けふの日ハなにもしらすにたれにても
せかいなみなる事であれども 十二 176

今日のところでは、そうした親神の働きについて何も知らないで、誰も彼も世間並みにうかうかと過ごしているが。

あすにちハどふゆうみちをみるやらな
しんの心があらわれてくる 十二 177

しかし、明日には、どんなことになるか知れないぞ。「しんの心」これは人間の本心と申しますか、心の奥底です。それが身上をはじめとして表に現れてくる。今まで見許して下さっていた面もあるでしょう。そうなると、これまでと事態が大きく変わってきます。

この心あらわれでたる事ならば
たれもそむきわさらにてけまい 十二 178

その人間の本心が表に現れる、身上、あるいは事情に現れてきたならば、誰も神意に逆らうことはできない。

これみたらどんなものでもしんちつに
あたまかたけてみなしやんする 十二 179

百七十二番のお歌に、「これみたらどんなものでもしんぢつに　むねのそふぢがひとりでけるで」とありました。同じ流れです。心づかいが身上、事情に現れてきたならば、どんな者でも本気になってなぜだろうと思案をする。その意味するところを思案する。

さあしやんこの心さいしいかりと
さだめついたる事であるなら 十二 180

さあ、よく思案せよ。「この心」というのは、「しんの心」、人間の本心です。「さだめついたる」どういう定めか。親神様の思召に背いたりしない、思召に沿い切るという心を定めることです。ですから、銘々の本心が身上に現れてきた姿を見て、よく思案をし、胸の掃除をして、親神様の思召に沿ってつとめるという心さえしっかりと定めてくれたらと仰せです。

このはなし月日の心ばかりやで
にんけん心あるとをもうな 十二 181

今している話は、もっぱら月日親神の思いを述べているのであって、そこにはいささかも人間心はない。

この事をみな一れつハしんちつに
をもてたのめばどんな事でも 十二 182

今、親神が言っていることを、お前達みんなが「しんちつにをもて」、心の底から信じて願うならば、どんなことでも叶える。

第十二号は世界一れつの胸の掃除が大きなテーマです。それについては、人々の心を、身の内、身上に顕して、それを手掛かりに掃除をする。胸の掃除をしたその上で、人をたすける心になってもらいたい。人々が皆互いにたすけ合う世の姿こそ、親神様のお望みになるところです。そうなれば、どんな守護もする。病まず死なず弱らずの究極のご守護、めずらしたすけをお見せ下さるのであります。

第十三号

第十三号の概要

まず、往還道と仰せになって、今後は親神が積極的に働きを顕《あらわ》すと宣言すると共に、よふき（陽気）づとめにかかることを促される。

口先でどれほど説き諭しても聞き分けがない残念を繰り返し嘆かれ、この残念を晴らし、一れつの子供をたすけるべく、現実に顕して意見すると仰せになる。

また、この積もる残念を晴らす根本の道はつとめに掛かることであり、このつとめによって、利《り》益《やく》を顕し、一れつの胸を掃除して陽気づくめへと導くと約束される。

さらに、つとめの理合いを教える元の理に基づいて、一れつ兄弟姉妹《きょうだい》、同じ魂、神のかしものと、人間は等しく親神の子供であり、本来、上下、貴賤《きせん》の別はないと教えられる。そして、これを世界中に承知させれば、むほんの根は切れてしまうとも仰せられる。

立教に当たっての親神の思召《おぼしめし》を、「元初まりを教えて、よろづ互いにたすけする道へと導きたい」

と述べられる一方、「立毛《りゅうけ》つくるをたすけたさ」とも仰せになって、肥の守護などにも言及される。また、身上、事情に表して引き寄せ、心を澄ますことや、何があっても人を恨まず、我が身を恨めなどと銘々の心の治め方についても諭される。

全ては真実のたすけを急ぐ上からであると仰せになり、このたすけの段取りの例として、「ほふそせんよのまもりつとめ」、証拠守りを挙げ、最後に、どんな守護も銘々の胸次第と結ばれる。

〝ことわり〟から〝働き〟へ

一けふまでわなにかしんぱいしたなれど
あすにちからわをふくハんのみち　十三　1

今日までは何かと心配をしたけれど、明日からは往還の道に出る。往還の道というのは、人々が行き交《か》う広々とした道です。その根本はつとめです。

いまゝでハどんななんぢうなみちすちも
みへてあるからことわりばかり　十三　2

これまでは、行く手に、いろいろと困難な、容易でない道筋も見えているから、ことわりばかりを言ってきた。「ことわり」という語は、既に何度も出ていますが、その解釈は註釈書によって結構分かれています。『おふでさき』の註釈には「絶えず注意を」と、「注意」とあります。『續ひとことはなし』では、「人々は実行否定」つまり「お断り」という解釈になっています。『おふでさき通訳』には「予告」と出ていたりして解釈が分かれている。

私は、「理《り》」という意味の「ことわり」が基本じゃないかと思います。筋道という意味です。「理」と対になる語は「事」、事柄、事象です。目に見える事柄や事象の背後にあって、事象を支配している原理的なものが「理」です。ですから、それ自体は目に見えるものではありません。しかし、目に見える事象を支配している、より根本的な、本質的なものと言えます。いろんな解釈がある中で、「理」と考えてはというのが私の考えです。

このさきハたしかうけやう月日にハ
どんな事でもあふなきハない　　十三　3

前のお歌に難渋な道筋という言葉がありましたが、これから先はしっかりと月日親神が請け合う、保証する。だから何についても決して危ないことはない。

たん〳〵とどんなはなしをきいたとて
せかいたのしめ月日はたらき　　十三　4

従って、いろいろと「どんなはなしを」、何かびっくりするような話を聞いたとしても、それを「たのしめ」、決して恐れたりうろたえたりすることはない、むしろ楽しみに思うように。それは月日親神の働きの顕れなのだから。この先「はたらき」という言葉が繰り返して出てきます。「ことわり」

に対比するような形で、「はたらき」が出てくる。「理」は、事象を支配している、事象の奥にある原理ですから目に見えない。一方、「はたらき」は、形に顕すという意味合いが強い。次のお歌にも、

これからわ月日でかけるはたらきに
なにをするともたれもしろまい　十三　5

これからは、月日親神が積極的に出張って働きをする。何をするか、誰も知らないだろう。

にち〳〵にせかいのところみすませば
一れつこどもいぢらしい事　十三　6

日々、世界の様子を気をつけてよく見ていると、子供達が皆、実に「いぢらしい」不憫《ふびん》である。

月日にわたん〳〵どんな事でもな
たすけるもよふせくはかりやで　十三　7

「たん〳〵」が、「どんな」に付く時は、いろいろという意味になることが多いと前に申しました。月日親神は、いろいろどんなことであれ、不憫な状況に置かれている子供達、人間をたすける段取りをひたすら急ぐ。

これまでハことわりはかりゆてをいた
もふこれからハことわハりわない　十三　8

ここでは「ことわり」が二度出ています。この解釈についても見解が分かれています。私はこの「ことわり」も「理」「筋道」「道理」と解釈するのが良いと思います。ですから、今まではもっぱら理の

話をしてきたけれども、これからは、もう理の話はしない。しないというのも極端な話のような気がしますが、「ことわり」に代わって「はたらき」が、この後繰り返し登場することを念頭に置いて、続けて読んでいきたいと思います。

神にもたれてよふきづとめを

九番の前に「五月五日」という日付が記されていますが、ちょうどこの頃、秀司様が警察に拘留されておられます。

けふまでわなにもしらすににんけんの
心ばかりでしんはいをした 十三 9

今日までは、親神の思いや働きを知らずに、もっぱら人間思案から心配をしていた。しかし、

これからハ心しいかりいれかへて
神にもたれてよふきつとめを 十三 10

これからはしっかりと心を入れ替えて、親神にもたれる心になって、よふきづとめにかかるように。

したるならそのまゝすくにしいかりと
りやくあらわすこれをみてくれ 十三 11

親神にもたれてよふきづとめをするならば、直ちに、間違いなく、「りやく」は漢字を当てれば「利

益」神様のご守護、恵み、神の守護、働きを顕すから、よく見ていよ。

これさいかたしかりやくがみへたなら 十三 12
あとわいつてもみなかんろふだい

親神にもたれてのよふきづとめにより、利益さえはっきりと見えたならば、「あとわいつてもみなかんろふだい」これがなかなか解釈の難しいところです。註釈には「それから先は、かんろだい建設の世の中となって、親神の意のままによろづたすけを皆して見せる。」とあります。いろいろと註釈書を参考にしながら思案するのですが、その前につとめによる利益、よふきづとめによる利益を見せると仰《おっ》しゃっている上から、「かんろふだい」というのは「かんろだいのつとめ」によって、よろづのたすけをすると仰しゃっているのではないかと思います。親神にもたれてのよふきづとめをすることによって、利益を顕す。そのつとめによる利益がはっきりと見えたならば、それから後は、いつでもどんなことでも皆、かんろだいのつとめによって自由自在《じゅうようじざい》の守護をする、と解釈しておきます。
因《ちな》みに、『續ひとことはなし』には、かんろだいに慕い集まってくるという解釈になっています。

このさきわ月日一どふゆうた事 十三 13
どんな事でもそむきでけまい

今後は、月日親神がいったん口にしたことには、何であれ決して背くことはできないだろう。

月日よりゆうたる事をけすならば 十三 14
すぐにしりぞくしよちしていよ

「けす」は打ち消す、否定するということです。月日親神の言ったことを否定するならば、直ちに「しりぞく」、親神の守護が退いてしまうぞ。承知しておけ、と厳しく仰しゃっています。

いまゝでハうちもせかいもしんちつの
心にわかりさらにないので　十三　15

今までは、道の内らの者も世間の者も、「しんちつの心に」心の底から分かる、すなわち、心が澄み切って親神の思いが分かるということが全くないので。

月日にハ大一これがざんねんな
なんとこれをばすましたるなら　十三　16

月日親神には、それが何よりも残念だ。その心を何とかして澄ましたいものだ。

この心どふしたならばわかるやら
なんてもいけんせねばならんで　十三　17

「この心」は、内も世界もと仰しゃっている人々の心です。その人々の心を、どうしたら澄まし、親神の思いを分からせることができるだろうか。そのためには、どうでも意見をしなければならない。
「いけん」は、忠告とか諫《いさ》めることです。

いけんでも一寸の人でわないからに
をふくのむねがこれわむつかし　十三　18

意見をして、その心を澄まし、親神の思いを分からせると言っても、ちょっとばかりの人ではないから、大勢の胸となると、なかなかに難しい。

いかほどにむつかし事とゆうたとて
めへ〳〵のこどもいけんするぞや 十三 19

しかし、どんなに難しくとも、人間が銘々の子供に意見をするように、親神も我が子である人間達に意見をする。

このもよふどふしたならばよかろふぞ 十三 20
なんでも神のさねんあらわす

子供に意見をする段取りは、具体的にどうすれば良いだろう。それには何としても「神のさねんあらわす」神の残念の思いを表すことだ。そういうわけですから、これは何か身上、あるいは事情というような形で現れてくると察せられます。

にち〳〵に神のむねにハたん〳〵と
ほこりいゝばいつもりあれども 十三 21
このほこりそふぢするのハむつかしい
つとめなりともかゝりたるなら 十三 22

親神の胸には、日々だんだんとほこりがいっぱい積もっているけれども。これは言うまでもなく、親神様がほこりの心づかいをなさるということではありません。人々の心のほこりが、言わば親神様の胸に映っているのです。『おふでさき』の第一号には「そばがいさめバ神もいさむる（一 11）」とありますが、側《そば》の者の心の状態が親神様のお心に映る。皆がほこりまみれの心づかいであったならば、それは親神様のお心にも映らざるを得ない。それを仰しゃっている。このいっぱい積もっているほこりを掃除するのは容易なことではない。そのためには、「つとめなりとも」と仰しゃって、まずはつとめにかかるよう促されています。

心さいしんぢつ神がうけとれば
どんなほこりもそふぢするなり　十三　23

人々の心の真実さえ親神が受け取ったならば、どのようなほこりも掃除する。

いちれつのむねのうちさいすきやかに
そふちしたてた事であるなら　十三　24

「いちれつ」は「全て」と「等しく」という両方の意味のある言葉です。世界中の人々の胸の内を一人残らずすっきりと掃除したならば。

それからわせかいぢうハきがいさむ
よふきづくめにひとりなるぞや　十三　25

それからは世界中の人々の気分が勇み立ってきて、自《おの》ずと陽気づくめの世の姿になってくる。

よろづ互いにたすけばかりを

だんだんとお歌の調子が盛り上がってくるところであります。

しかときけ高山にてもたにそこも
みれば月日のこどもばかりや 十三 26

よく聞け、高山であれ、谷底であれ、いずれに暮らしている者も月日親神にとってはかわいい子供ばかりだ。

にんけんも一れつこともかハいかろ
神のさんねんこれをもてくれ 十三 27

人間も誰しも自分の子供はかわいいだろう。そこから、親神の残念のほどを察してもらいたい。

これまてハどのよな事をみたとても
神のほふにハぢいとみていた 十三 28

このたびわもふひがつんであるからな
どんな事でもみなゆうほどに 十三 29

これまではまだ時節が到来していなかったので、どんなことを見ても、親神は「ぢいとみていた」見守っていた、あるいは見許していた。直接に手を出したり、口を出したりせずにじっとご覧になっていた。しかし、今度という今度は、もう日限が迫っているから、「みなゆうほどに」、何であれ全て言うぞ。もう黙っていることはできないと、親神様がその思いのほどを仰しゃる。そして、

月日にわせかいぢううをみハたせど 十三 30
もとはじまりをしりたものなし
このもとをどふぞせかいへをしへたさ
そこで月日があらわれてゞた 十三 31

月日親神が世界中を見渡してみても、元初まりを知っている者は誰もいない。「このもと」すなわちこの世人間の元初まりです。それをどうかして世界中の人間に教えたい。そのために月日親神が世の表に現れて出た、と仰しゃる。「月日があらわれてゞた」というのは、立教を指します。そして、その思いは、立教のご宣言にあるように、「世界一れつをたすけるために」と仰しゃっている。つまり、世界一れつをたすけるについては、元を教えてたすけるということです。これはお道の教えの神髄と言っていいと思います。

このたびの月日ざねんとゆうものわ 十三 32
よいなる事でないとをもゑよ

この度の月日親神の残念は、並大抵なことではないと承知せよ。これは一般的には、従来からの残念に続くものかと思いますが、ここでは、特に明治十年に勃発《ぼっぱつ》した西南戦争に対する残念が含まれている感があります。

月日にハこのしんぢつをせかへぢうゑ 十三 33
どふしてなりとをしへたいから

「このしんぢつ」というのは、元初まりの真実です。月日親神は、元初まりの真実を世界中の人間に何としてでも教えたいから。

それしらず月日ゆう事みなけして 十三 34
あとわにんけん心はびかる

ところが、そうした思いを知らないで、月日親神の言うことを「けして」皆打ち消して、聞こうともせず、人間思案ばかりが幅をきかしている。

このさきハ月日のざねんりいふくを 十三 35
みなはらすでなこれがしよちか

月日にもざねんりいふくはらしたら 十三 36
あとハめづらしみちをつけるで

これから先は、月日親神の「ざねんりいふく」残念や腹立たしい思いを全て晴らすぞ。分かっているか。なかなか厳しいお言葉です。しかし、単に憂さ晴らしにそういうことをなさるのでなく、「あとハめづらしみち」今までにないありがたい道をつけるぞ、と仰しゃる。

このみちハどふゆう事にをもうかな 十三 37
よろづたがいにたすけばかりを

この「めづらしみち」とはどういうことだと思うか。「よろづたがいにたすけばかりを」、万事につけて、何かにつけて互いにたすけ合う道なのだ、と仰しゃいます。

せかいぢうたがいにたすけするならば

月日も心みなひきうける 十三 38

月日にも心ひきうけするからわ

どんな事でもはたらきをする 十三 39

世界中の人々が、互いにたすけ合うならば、月日親神もその心を皆引き受ける、受け取る。親神がその心を受け取るからには、どんな働きもするぞ。この三十七番、三十八番、三十九番の流れは、第十二号の九十三番、九十四番辺りの流れとよく似ています。第十二号の九十三番は「このさきハせかいぢうう八一れつに　よろづたがいにたすけするなら」、続いて「月日にもその心をばうけとりて　どんなたすけもするとをもゑよ」とあります。親神様はどのような世の中をお望みになっているかをよく表しているお歌です。世界中の人間が皆、何事についても互いにたすけ合う世の姿をお望みになっている。三十九番の「はたらき」について、

はたらきもどふゆう事にをもうかな

善とあくとをわけるばかりや 十三 40

その親神の働きは、どういうことかと言うと、善と悪との仕分けをするのだ。

世界一れつは皆兄弟姉妹

けふまでわどんなあくじとゆうたとて
わがみにしりたものハあるまい　十三 41

「あくじ」、『おふでさき』の第一号には秀司様の縁談事情に触れて、「あくじがのかんゆへの事なり（一 34）」と足の身上についてのお言葉がありました。今日までは、どんな悪《あ》しき行いも、それが我が身の上に現れるということを知っている者はないだろう。まさに、「このあしハやまいとゆうているけれど　やまいでハない神のりいふく（一 32）」との仰せが思い浮かぶところです。

この心神がしんぢつゆてきかす
みないちれつわしやんしてくれ　十三 42

この心づかいが身の上に現れるということについて、親神がその真実のほどを言って聞かせる。お前達皆、よく思案をしてもらいたい。心通りの守護というのは、お道の教えの重要なポイントです。

せかいぢういちれつわみなきよたいや
たにんとゆうわさらにないぞや　十三 43

世界中の人間は皆等しく互いに兄弟である。決して他人というものはない。全ての人間は親神様の子供として互いに兄弟姉妹だということです。皆親神様の子供だから、同じ親から生まれた子供同士だから、お互いに兄弟だ、という元の理の話に基づくお言葉です。

このもとをしりたるものハないのでな
それが月日のざねんばかりや 十三 44

「このもと」、その根本、人間が陽気ぐらしをすべく親神によって生み出された神の子であり、お互いは兄弟であるという、その元、根本を知っている者がないことが、月日親神の残念に思うところである。そして、

高山にくらしているもたにそこに
くらしているもをなしたまひい 十三 45

高い山に暮らしている、つまり上層、支配層といった、「高山」にたとえられる恵まれた暮らしをしている者も、逆に「たにそこ」、底辺にあえいでいる者も、皆等しく神の子供であって、元来同じ魂を持つ者である。

それよりもたん／＼つかうどふぐわな
みな月日よりかしものなるぞ 十三 46

さらに「たん／＼つかうどふぐ」と仰しゃって、九つの道具、目、耳、口、鼻、両手、両足、男女の一の道具といった自分のもののように使っている道具も、全て月日親神からのかしものである。どんな金持ちも貧乏人も、例外なく皆、親神様から体をお借りしている。魂が同じであるだけではなくて、その体も等しく親神様からお借りしている。そういう意味では、本来何の隔てもないわけです。

それしらすみなにんけんの心でわ
なんどたかびくあるとをもふて 十三 47

そうした根本の真実を知らないものだから、人間の心では、何かそこに高低があるように思っている。上下貴賤といった差別的な考えを持っている。

月日にハこのしんぢつをせかいぢうへ
どふぞしいかりしよちさしたい 十三 48

「このしんぢつ」というのは、その前の一連のお歌、例えば、四十三番から四十七番で仰せになっている内容です。人間は親神様の子供として互いに兄弟姉妹であって、元来同じ魂を持つ。また、体は皆等しく親神様からお借りしている。そこにはいささかの高低もない。月日親神は、この真実を世界中の人間に何とかしてしっかりと承知させたい。

これさいかたしかにしよちしたならば
むほんのねへわきれてしまうに 十三 49

世界中の人間が、この真実さえしっかりと承知したならば、「むほん」は一般的には内乱、国や主君に対する反乱です、謀反は根絶されてしまうのに。謀反は次のお歌にある戦いとの対比で言えば、上下間の争いと言えるでしょう。謀反も戦いも、親神様の目から見れば子供同士の争い、兄弟間の戦いということになります。

月日よりしんぢつをもう高山の

たゝかいさいかをさめたるなら　十三　50

この「高山のたゝかい」は、この号が執筆された明治十年に起きた西南戦争を想起させます。月日親神は真底から、支配層における戦いさえ治めたらなあと思う。

このもよふどふしたならばをさまろふ
よふきづとめにでたる事なら　十三　51

この状況、高山の戦いは、どうしたら治まるだろうか。「よふきづとめ」陽気づとめに取り掛かったならば治まる、と仰しゃいます。おつとめの大切さを改めて思います。おつとめによって豊年満作のご守護、災難を逃れるご守護、また、「をしでもものをゆハす（四　91）」といった不思議なたすけもすると仰せになっています。親の目から見れば、子供同士が殺し合い、傷つけ合う戦い、戦争は、一番お嘆きの事態だろうと思います。それをつとめによって治めると、つとめの実行を促しておられます。

この心たれがゆうとハをもうなよ
月日の心ばかりなるぞや　十三　52

この思いをいったい誰が言っているのかなどと思うなよ。これは月日親神の思い以外の何物でもない。

このつとめ高山にてハむつかしい
神がしいかりひきうけをする　十三　53

上の句の「むつかしい」の解釈が分かれるところでありまして、註釈では「このつとめをすると、上に立つ人々からいろいろ難しい事を言うて来るかも知れぬ」とあります。高山のほうからいろいろと難しいことを言ってくるかもしれないが、しかし、神がしっかりと引き受けるから心配するなという解釈であります。その他に、『續ひとことはなし』は、高山でつとめをするのは難しいという解釈になっています。「難しい」という言葉の意味ですが、『日本国語大辞典』によると、一番初めにくるのは、機嫌が悪いとか不快を顕《あらわ》にする、あるいは、気に入らず不愉快である、といった意味が並んでいまして、八番目に、困難でおぼつかないという意味が出てくるのです。我々は、難しいと言うと、困難を最初に思い浮かべるのですが、その点から言うと、機嫌が悪い、あるいは不快を顕にするというのは、註釈に近い意味合いかと思います。私としては、このつとめを官憲は快く思わず、干渉してくるだろうが、親神がしっかり引き受けるから案じることはない、と解しておきます。

このたびわどんな事でもしんちつに
たしかうけやいはたらきをする　十三　54

神がでゝせかいぢううをはたらけば
どんなつとめもこハみないぞや　十三　55

この度は、どんな事でも親神が本当に、しっかりと請け合って働きをする。親神が表に出て世界中で働くからには、「どんなつとめも」どんなつとめをしても、決して怖いことはない。干渉や取り締まりを恐れる必要はない。これは『おふでさき』の註釈では、「どんなつとめ」というところが、「どのような働きをしても」となっています。これは、ちょっと疑問に感じるところです。

しかときけ高山やとてたにそこを

まゝにしられた事であれども　十三 56
これからわ月日かハりにでるほどに
まゝにしよならすればしてみよ　十三 57

よく聞け。これまでは高山の者だからと言って谷底に暮らす人々をままにする、恣《ほしいまま》にしてきたけれども。これからは月日親神が代わって表に出て働くからして、恣にできるものならしてみよ。決してそのようなことをさせはしない。

いまゝでとなにかもんくがちがうてな
これからさきハ神のまゝやで　十三 58

「もんく」は様子、様相といった意味合いです。今までとは何かと様子、様相が違ってくるぞ。これから先は、高山のままではなくて、「神のまゝ」親神の思いのまま、思い通りにする。

立毛作るをたすけたさ

月日よりあまくだりたる心な
なんの事やらたれもしろまい　十三 59

月日親神が天降《あまくだ》った心、思いがどのようなものであるか、誰も知らないだろう。今日の我々であれば、立教のご宣言にあるように、世界一れつをたすけるために天降られた、そのために世の表にお現れになったと承知していますが、その当時の人々はその壮大な思召を知らなかった。

大一わりゆうけつくるをたすけたさ

こゑ一ぢよふをしへたいから

十三　60

世界一れつをたすけるという大きな命題をさらに細かく、具体的に、その第一は、「りゆうけ」立毛、米や麦といった五穀をはじめとする農作物です、農作物を作るのをたすけてやりたいのだ。一に百姓たすけたいと仰せられたと伝えられています。お屋敷周辺のほとんどの人がお百姓であり、また、決して恵まれた暮らしぶりではなかったという当時の状況を思い浮かべれば、これもまた、親心ゆえの仰せでしょう。「こゑ一ぢよ」肥の件、すなわち、肥のさづけ、肥のつとめを教えたいのだ。農民にとって肥やしの問題は切実です。早々に肥のさづけをお渡しになったことにもうかがえるように、農民にとっては、肥料、特にお金で買い求める金肥《きんぴ》の経費は切実な関心事でした。

こゑてもなどふしてきくとをもうなよ

こゝろを神がうけとりたなら

十三　61

「こゑ」は肥のつとめ、肥のさづけを指しています。「こゑ」と言っても、それがなぜ効くのかなどと思ってはならない。その者の心を親神が受け取ったなら効くのである。心の真実をお受け取り頂いてこそ、「こゑ」が効くということです。それは私たちが頂戴《ちょうだい》している身上たすけのおさづけについても同様です。

いまゝてハしんぢつ神がゆてあれど

うちからしてもうたがうはかり　十三 62
此たびハなにをゆうてもうたがうな

これうたがへば月日しりぞく　十三 63

今までは親神が真実の話をしていても、「うちから」屋敷内、教内の者からして、それを疑うばかりでまともに聞こうとしない。しかし、この度は、親神が何を言っても決して疑うな。これを疑うようであれば、月日親神の守護が退いてしまうぞ。ただ単に、疑ったら効かないという程度の話でなくて、親神様の守護が退いてしまうという非常に厳しい仰しゃり方です。

この事ハあくどいほどもゆうてをく　十三 64
これうたがへばまことこふくハい

疑うことを非常に厳しく戒めておられます。それを「あくどいほど」しつこいぐらいに言っておく。親神の言うことを疑うならば、心底後悔することになるぞ。悔やんでも悔やみきれないことになるぞと警告されています。

月日より一どふゆうてをいた事　十三 65
いつになりてもちがう事なし

月日親神が一度言ったことは、いつになっても決して間違いはない。だから疑うな。

いまゝでわ月日なに事ゆうたとて　十三 66
みなうたごふてゆいけすばかり

月日にハ大一これがざんねんな

なんでもこれをしかときめるで 十三 67

今までは月日親神が何を言っても、それを誰も彼も疑って、「ゆいけす」否定するばかりだった。疑うだけじゃなくて否定する。月日親神はそれが何よりも残念だ。「なんでもこれをしかときめるで」どうでもこれにしっかりと決まりをつける。だからして、

これからハ月日ゆう事なに事も

そむかんよふに神にもたれよ 十三 68

したるなら神のほふにもしんぢつに

たしかひきうけはたらきをする 十三 69

これからは親神の言うことには、どんなことでも背かないようにして、神にもたれよ。「そむく」と「もたれる」は、言わば反対語です。「そむく」、親神様に背を向けて、その仰せに従わない。その反対が親神様を信じ切って全てを委《ゆだ》ねる。親神にもたれるならば、親神のほうでも必ずしっかりと引き受けて働きを顕す、実の守護をする。

月日にハこらほどくどきつめるから

心ちがゑばすぐにしりぞく 十三 70

この辺りずっと、疑うな、背くな、もたれよと仰しゃっています。「くどく」は繰り返し言うことです。月日親神がこんなにも繰り返し厳しく言うからには、お前達の心が違えば、親神の思いに相違するよ

うなことがあれば、直ちに守護を退《ひ》いてしまうぞ。

しんちつに心にまことあるならば
どんなたすけもちがう事なし　十三　71

お前達の心に、本当に誠があるならば、どのようなたすけも決して違《たが》えることはない。必ず引き受けてたすける。

このさきハりゆけのこへをちがハんよ
どふぞしいかりしよちしてくれ　十三　72

今後は農作物に対する「こへ」、肥のつとめ、肥のさづけが効かないということのないように、どうか親神の言うことをしっかり承知してもらいたい。六十一番には、「こゑてもなどふしてきくとをもうなよ　こゝろを神がうけとりたなら」とありました。また、心の誠真実が効くとも仰せになっています。身上のおたすけに際しても親神様の思召をしっかりと心に治めて、お受け取り頂ける誠真実の心になることが肝心であります。

世界中の心を澄ます

けふからわ月日のをもう事をばな
どのよな事もみなゆいかける　十三　73

いまゝでもたいてはなしもといたれど 十三 74

月日をもハくまだゆうてない

これからハどんなはなしをしたるとも 十三 75

これをかならすうそをもうな

一連の前置きのお歌です。今日からは月日親神の思いをどんなことも全て言って聞かせる。今までも大抵いろいろと話を説いてきたけれども、親神の思惑をまだ十分には言っていない。これから重要な話が出てくるという前触れです。これからは親神がどんな話をしても、それを決して嘘《うそ》だなどと思ってはならない。真実と思って聞き分けるように。

どのよふな事をゆうやらしれんてな 十三 76

月日の心せゑているから

どのようなことを言うか知れないが、それというのも月日親神が急いでいるからなのだ。

この心どふゆう事にをもうかな 十三 77

にほんもからもてんちくまでも

前のお歌には「月日の心せゑているから」、さらに、その前には「月日をもハくまだゆうてない」とあります。何を急《せ》いているのか、どういう思惑があってのことかと言うと、「にほんもからもてんちくまでも」と仰しゃる。「にほん」「から」という対比は第二号から出てきていますが、教えが、まず行き渡るところ、次いで行き渡るところ、「てんちく」は、さらにそれよりも遠い所、というような註がついています。要するに、一まとめにすれば、世界中ということなのです。世界中をどうするのか。それは八十二番で明かされています。「にほんもからもてんちくまでも」心を澄ますということです。

このあいだみちのりよほどあるけれど
いちやのまにもはたらきをする　十三 78

「にほん」「から」「てんちく」、すなわち、世界中ということになれば、その間の隔たり、距離は相当なものであるが、しかし、どれほど隔たっていようと、親神は一夜の間にも働きをする。

このはなしにんけんなんとをもている
月日かしものみなわがこども　十三 79

この話をお前達人間は何と思っているか。月日親神からすれば、お前達人間は皆我が子供であり、その体は等しく神から貸し与えているものである。さらに言えば、この世界は親神様の体です。だからして、たとえどれほど隔たっていようとも、一夜の間にも働きを顕すと仰しゃっているわけです。

いつまでも月日ぢいくりしていれば
いつになりてもをさまるめなし　十三 80

それゆへに月日でかけるはたらきに
とこへでるやらしりたものなし　十三 81

「いつまでも月日ぢいくり」、じっくりは、落ち着いていてあまり動かないことです。つまり、親神様が積極的にお働きにならずに、じっくりと構えておられたのではの意。「をさまる」は乱れが落ち着き、あるべき姿になること。「め」は可能性。月日親神がいつまでもじっくりと構えていたのでは、いつまで経《た》ってもあるべき世の姿になる可能性がない。だから、親神は働きに出かける。働きを積極的に顕すべく出向く。「にほんもからもてんちくまでも」と仰しゃっているわけですから、どこへ出掛けられるのか誰も知らない。どこへでも出向くぞ、ということです。

せかいぢう心すますとゆうからわ
一寸の事やとさらにをもうな　十三　82

世界中の人間の心を澄ますと言うからには、ちょっとばかりのこととは決して思うな。世界中の心を澄ます。まさにこれは「いちれつすましてかんろだい」と仰しゃっている、あるべき世の姿であります。

どのよふな事てもめへ〳〵むねのうち
すましたならばあふなきわない　十三　83

銘々の胸の内、心を澄ましさえしたならば、何につけても決して危ないことはない。

一れつ我が子たすけたい

たん〳〵と月日にち〳〵をもハくわ
をふくの人をまつばかりやで　十三　84

この人をどふゆう事でまつならば　十三 85
一れつわがこたすけたいから

月日親神が日々思っていることは、だんだんと大勢の人がやって来るのを待つことのみである。なぜ大勢の人が来るのを待つのかと言うと、かわいい我が子である世界中の人間を皆たすけたいからである。

ことしにハどんなめづらしみちすじが　十三 86
みゑてくるやらこれしれんてな

「ことし」、この第十三号は明治十年のご執筆です。今年には、「めづらし」、今までにないような、どんな結構な道筋が見えてくるか知れないぞ、と予告なさっています。

口さきでなんぼしんぢつゆうたとて　十三 87
たれかきゝわけするものハない

それゆへに月日このたびどのよふな　十三 88
事もしんぢつみなしてみせる

口でどれほど真実を話しても、誰もそれを聞き分ける者がない。だからして月日親神は、この度は、どんなことも単に話をするだけでなくて真実にしてみせる。つまり、実際にして見せると仰しゃっています。この辺りにも、ことわりから働きへという流れがうかがえます。言うだけでなくて、働きを顕して実際に見せる。

どのよふな事をしたるもにんけんの
心まぢるとさらにをもうな　十三 89

どんなことが現れてきても、そこに人間の心が混じっているなどと決して思うな。全て親神様の親心からのなされ事だということです。

月日にハあまりしんぢつみかねるで
そこでとのよな事もするのや　十三 90

「あまりしんぢつみかねるで」あまりにも親神の思いと隔たった現状を見かねるがゆえに、どんなこともするのだ。

いかほどのごふてきたるもハかきても
これをたよりとさらにをもうな　十三 91

「ごふてき」力の強い者、剛の者です。どんな剛の者であっても、あるいは若い者、元気のよい若者であっても、決してそれを頼りに思ってはならない。そんなものを過信するから間違える。

このたびハ神がをもていあらハれて
ぢうよぢざいにはなしするから　十三 92

この度は、親神が表に現れて出て、「ぢうよぢざい」自由自在、思いのままに話をする。

どのよふな事もしんぢつするからハ
むねのうちよりひとりすみきる　十三 93

話をするだけでなくて、どんなことも「しんぢつする」、実際に形に表すからには、つまり、話を聞かせてもらい、それが実際に現れてくる姿を見たら、「むねのうちよりひとりすみきる」なるほどと得心して、心の底から自ずと澄み切ってくる。

いまゝでわ一れつハみなにんけんの　十三　94
心ばかりてしやんしたれど

このたびわどのよな事もにんけんの　十三　95
心しやんわさらにいらんで

これまでは、お前達は皆、もっぱら人間の心で思案をしてきたけれども、この度は、何事についても人間の心でする思案は全くいらない。無用である。人間は、人間の心でしか思案できないのではないかという質問をされたことがありますが、その意味では、親神様の思召を知った以上はということです。

なにもかもとのよな事もゆうてをく　十三　96
なにをゆうてもうそとをもうな

親神は何もかもどんなことも言っておくが、たとえ何を言っても、それを嘘と思ってはならない。

高山でとのよなものがはびかるも　十三　97
このしんぢつをたれもしろまい

「高山」支配層、上層で、どんな者が、「はびかる」増長する、幅を利かしていても、親神の言うところの真実を誰も知らないだろう。

月日にわどんなところにいるものも
むねのうちをばしかとみている　十三 98
むねのうち月日心にかのふたら
いつまでなりとしかとふんばる　十三 99

月日親神はどんなところにいる者も、たとえ地の果てにいる者であっても、その胸の内、心をしっかりと見ている。「むねのうち」すなわち心。胸は心の器です。その心が、親神の思いに適《かな》うならば、「いつまでなりとしかとふんばる」たとえ何があっても、神がいつまでも踏ん張って守護をする、と励ましておられます。

真実のたすけを急ぐ

月日よりにち〳〵心せきこめど
そばの心にわかりないので　十三 100
せきこみもなにの事やとをもうかな
りゆけつくれば水がほしかろ　十三 101

月日親神は日々急き込んでいる。たすけてやりたいと急き込んでいるけれども、それが側の者達に分からない。何の急き込みかと言うと、「りゆけつくれば水がほしかろ」米、麦をはじめとする五穀、より一般的には農作物、これらを栽培するとなると水が欲しいだろう。水が欠かせない。先ほどは、「こゑ」に関する話がありました。農民にとっては、水のほうがもっと基本的で重要な天の恵みです。

このはなしみな一れつの心にわ
なんとをもふてしやんしている　十三 102

この話をお前達は皆、何と思って思案しているか。

月日にわ大一これをたすけたさ
そこでとのよな事もゆうのや　十三 103

農作物に欠かせない水について、月日親神は何よりもこれをたすけてやりたい。水の恵みを十分にしてやりたい。だからどんなことも言うのだ。

なにもかも月日いかほどくどいても
まことにきいてくれるものなし　十三 104

それゆへに月日のざねんりいふくが
山〳〵つもりかさなりてある　十三 105

どんなことも月日親神がどれほど繰り返し言っても、それを「まことにきいてくれる」本当のこととして聞いてくれる者がない。それゆえに親神の残念や腹立たしい思いが、山のように積もり重なっている。

いまゝでわ月日きたらんそれゆへに

ぢいとしていた事であれとも
このたびわもふひがつんであるからな　十三 106

とんなしごともはやくかゝるで　十三 107

百六番の「月日きたらん」は、その旬が来ないのでという意味です。親神様という意味ではありません。今まではその時旬が到来しないので、じっと控えていたけれども。この度は、もう日が迫っているから、「とんなしごとも」何であれ親神の働きを顕すについても早々に取り掛かる。

このさきわどのよなみちがあるとても
人をうらみなハがみうらみや　十三 108

これから先どんな道中があっても、「人をうらみなハがみうらみや」たとえ辛《つら》いことや悲しいことが見えてきたとしても、他人を恨んではならない。自分を恨めよ。つまり、他人のせいにするのではなく、銘々の心通り、いんねん通りに現れてきたことと受け止めて、これまでの自分の心づかい、通り方を反省し、改めるべきは改めるようにということです。

このはなしとこの事ともゆハんでな
高山にてもたにそこまても　十三 109

これはどこに限った話ではない。高山の者にも谷底の者にも該当する話である。

どのよふな事をゆうのもたすけたさ
そこていろ〳〵くどきつめたで　十三 110

どんなことを言うのも、全てたすけてやりたいがゆえである。そこでいろいろと繰り返し厳しく言うのだ。

このさきわなにをゆうてもとのよふな
事でもあしき事わゆハんで 十三 111

これから先は、何を言っても、どのようなことであれ、決して悪いことは言わない。全てたすけてやりたい、子供かわいい親心から仰しゃることであります。

しんぢつのたすけばかりをせくからに
そこでたん〳〵いけんしたのや 十三 112

「しんぢつのたすけ」と、単に「たすけ」というだけでなくて「しんぢつの」と仰しゃる。この後に「やますしなずによハらんの」と出てきます。真実のたすけを急いでいるからして、そこでいろいろと意見をしたのである。

しんぢつに心すましたそのゆへわ
たすけるもよふはやくをしへる 十三 113

そうした意見を頂いて、本当に心を澄ました「そのゆへ」は、〝そのうえ〟と読みます、その暁《あかつき》には「たすけるもよふ」たすけるための段取りを早々に教える。

このたすけどふゆう事であるならば
ほふそせんよのまむりつとめを 十三 114

このたすけはどういうことかと言うと、一つには「ほふそせんよの」ほうそう（疱瘡）すなわち天然《てんねん》痘《とう》に罹《かか》らないように守護するつとめによるものである。願い筋のつとめの一つに、「ほふそ」のつとめがあります。これは天然痘に罹らないようにご守護を願うつとめです。

「ほふそ」天然痘は、今日では絶滅したとされていますが、当時としては大変恐ろしい伝染病でした。南米でインディオが激減したのは、ヨーロッパから持ち込まれた天然痘のせいだと言われています。

またたすけやまずしなずによハらんの
しよこまむりをはやくやりたい 十三 115

さらに「またたすけ」と仰しゃって、「やますしなずによハらんの」と、第三号にありました「めづらしたすけ」の具体的表現が出てきます。「やますしなずによハらん」というのは究極の守護と言えましょう。病気にならない、また若死にしない、年を取っても弱らない、そうした究極の守護をする証拠守りを早くやりたい。我々は現在証拠守りを頂いていますが、病まず死なず弱らんというところまではなかなか行かないというのが正直なところです。しかし、本来は病まず死なず弱らんという真実のたすけを下さるはずのものだと思います。まだまだ過渡的な段階でありますから、大難は小難、小難は無難とお守り下さる。

なにもかもよろづたすけをせくからに
心したいにどんな事ても 十三 116
一れつわみなめへ／＼のむねしだい

どんな事をがかなハんてなし　十三　117

「よろづたすけ」全てのたすけということです。その上に「なにもかも」とついています。ありとあらゆる全てのたすけを急いでいるからして、お前達の心次第に、どんなことでも叶《かな》える。続くお歌では「むねしだい」とあります。誰であれ、全てはお前達銘々の胸次第に守護する。お前達の胸次第で、どんなことでも叶う。真実を親神様にお受け取り頂いたならば、どんなことでも叶わないことはないと仰しゃいます。

あまごいもいまゝで神がしんぢつに　十三　118
なにもゆうたる事わなけれど

このたびハとのよな事もしんぢつを　十三　119
たづねくるならみなゆてきかす

『稿本天理教教祖伝』によりますと、明治十年前後に、雨乞いづとめに関する記述が出てきます。干ばつがあった様子がうかがえますが、農民にとっては大変な事態です。雨乞いについては、今まで何も本当のところを言ったことはないが。しかし、この度はどんなことについても、お前達が尋ねてくるならば、真実の話を全て言って聞かせる。

月日にハなにかなハんとゆハんてな　十三　120
みなめへ〳〵の心したいや

月日親神が真実を受け取ったならば、どんなことでも叶う。全てはお前達銘々の心次第である。

第十四号

第十四号の概要

上《かみ》を恐れていずむ側《そば》の人達をはじめ、世の人々が皆いずんだ心で暮らすあり様を残念と思召《おぼしめ》され、これを陽気づくめの心へと入れ替えるよう望まれる。これに関連して、元初まりの思召《おぼしめし》、「陽気遊山」を明かされる。

また、どれほど説き諭しても聞き分けのない人々の成人の鈍さをも残念とされ、今後は、速やかに神意を顕《あらわ》して、親神の思い通りにすると言明される。

こうした中で、「月日」の呼び名を「をや」と改められ、全ては一れつ子供をたすけたい親心からであると教えられる。

その上で、親心の真実を教えて、陽気づくめへと導いてやりたいと、たすけ一条の道すがら、布教伝道の推進に触れる一方、親神の残念を晴らす根本の道、鳴物を入れてのつとめの実行を切望される。

この間、上、高山の干渉を恐れ、躊躇《ちゅうちょ》する人々を、繰り返し励まし、安堵《あんど》させせつつ導かれる。

第十四号では親神様が自らの呼び名を「月日」から「をや」へとお変えになっています。また、「月日にわにんけんはじめかけたのわ　よふきゆさんがみたいゆへから（十四　25）」という人間創造の目的を明かされたお歌が出てまいります。なぜ、「月日」から「をや」へとお変えになったか、といったことも考えながら味わって頂いたらと思います。

いずんでいるのが残念

どのよふなゆめをみるのも月日なり
なにをゆうのもみな月日やで　十四　1

どんな夢を見るのも、月日親神が見させているのである。また、何を言うのも、全て月日親神が言わせているのである。あるいは月日親神が言っているのである。「なにをゆう」の主語は誰か。教祖か、あるいは人かと、二通りに取れるところです。一般的には「どのよふなゆめをみるのもみな月日　まことみるのもみな月日やで（十二　163）」のお歌のように、上の句と下の句の主語はどちらも同じであるのが普通ですが、ここでは、意味的には教祖が仰《おっ》しゃっていると考えるほうがいいように思われます。註釈は「どのような話を聞くのも」と、その辺りを考慮した表現になっています。
次のお歌から「いづむ」という言葉が繰り返し出てまいります。

月日よりにち〳〵心せきこめと
そばの心わいづむばかりで　十四　2

月日親神は、日々大層心が急《せ》いている、しかし、側の者達の心はいずんでばかりいる。「いづむ」は、辞書には見当たらない言葉なのですが、言わば、「勇む」の反対語と言えるかと思います。心が沈んだ、暗く萎縮《いしゅく》した、そうした心の状態です。親神様は、人々をたすけて、早く本来の目標である陽気ぐらしへと導いてやろうとお急ぎになっているのに、側の者達は逆に心をいずませている。

いつむのもどふしていつむ事ならば
上にハなにもしらんゆへなり　十四　3

どうして心をいずませるかと言うと、上に立つ者達が何も知らないからである。何も真実、すなわち教祖、また教祖の教えの何たるかを知らず、況《いわん》や親神様の思召を知らないままに取り締まりや干渉を繰り返すことが、側の者達がいずむ原因だと仰しゃる。さらに、

せかいにハそれをしらすになに事も
みなしたこふていつみいるなり　十四　4

三番で「いつむ」とあるのは、側の人がいずむことです。ここでは、世界の人もいずんでいる。それはなぜか。「それをしらすになに事も　みなしたこふて」の「それ」というのは、前の歌の「上にハ

なにもしらん」上に立つ者達が真実を何も知らないことです。ですから、世の人々は、そのことを知らないままに、全て上に立つ人に従って、いずんでいる。三番のお歌は、側の者は、上に立つ人が教祖の教えの何たるかを知らずに干渉を繰り返すがゆえに、心をいずませている。四番のお歌は、世界の人は、上が何も知らないということを知らないままに、全て上に従って心をいずませているということです。従って、側の人も世界の人も皆いずんでいる。それが、

月日にわ大一これがさんねんな
そこでどのよな事もするのや 十四 5

月日親神には、側の者も世界の人も、心をいずませていることが一番の残念である。そこでどんなこともするのだ。

月日よりにち〳〵心せゑたとて
くちでわとふむゆうにゆハれん 十四 6

月日親神は皆がいずんでいる状態を何とかしたいと、日々心が急くけれども、それを口で言おうにも言うことができない。

それゆへにゆめでなりともにをいがけ
はやくしやんをしてくれるよふ 十四 7

そこで、その親神の思いを夢によってでも知らせる。それを手がかりに早く思案をしてもらいたい。夢に見せてまで、をやの思いを早く分かってもらいたいということです。

月日にハこのざんねんとゆうものわ
くちてゆうよな事でないぞや 十四 8

人々が皆心をいずませていることの残念は、言葉にすることもできないほどだ。

積もる残念を晴らす

けふまでわどんなはなしもたん〳〵と
いろ〳〵といてきたるなれども 十四 9

なにゆうもひがらこくけんきたらんで
なにもみゑたる事わないので 十四 10

今日まで、どんな話も順次いろいろと説いてきたけれども、何を言っても、「ひがらこくけん」その日、その時が来ていないので、何も見えたことがない。つまり、これまでいろいろ説いてきたことが形になって現れるということがないので。

それゆへになにを月日がゆうたとて
みなうたごふてゆいけすばかり 十四 11

それゆえ、月日親神様が、すなわち教祖が何を仰しゃっても、全て疑って、「ゆいけす」否定するばかりだと、お嘆きです。

月日にハ大一これがさんねんな
なんでもこれをしかとあらわす　十四 12

教祖の仰せを疑う、否定する。月日親神は、それが何よりも残念だ。そこで、どうでも「これをしかとあらわす」、親神の言うことを、しっかりと形に表す、実現する。

いまゝでハどんな事をばゆうたとて
すぐにみゑたる事わなけれど　十四 13

今までは、どんなことを言っても、すぐにそれが目に見える形で現れるということはなかったけれども。

このたびわ三かのうちにたん〳〵と
せかいのはなしなにをきくやら　十四 14

「いまゝで」「このたび」と対比されています。「三かのうちに」、前歌の「すぐに」が「三かのうちに」と、より具体的な表現になっています。この度は時節が到来しているから、親神の言うことが三日のうちにも現れる。「せかいのはなしなにをきくやら」、すぐにも世界の上に現れて、いろいろとどんな話を聞くか知れないぞ、と仰しゃる。

これからハにち〳〵月日はたらくで
とんなしごとをするやしれんで　十四 15

これからは日々、月日親神が働くぞ。「とんなしごと」、仕事は働きの結果です。そこで、どんな目覚ましい仕事をするかしれないぞ。親神様ならではのお働きが顕れてくるというご予言です。

このよふにかまいつきものばけものも
かならすあるとさらにをもうな 十四 16

この世の中に、「かまい」は註を見ると、「たたり」となっています。かまうこと、邪魔をすることが元々の意味だと思います。「つきもの」、悪霊がつくとか、狐がつくとかという、憑依《ひょうい》と言われている現象。あるいは、「ばけもの」おばけ、妖怪、そんなものが「かならすある」必ずあるなどと決して思ってはならんぞ。そんなものは絶対ないと断言されています。

いまゝでに月日ざんねん山〳〵と
つもりてあるをみなはらすでな 十四 17

今までに、月日親神の残念が山のように積もっている。それを皆晴らすぞ。晴らすについては、それ相応の事が起こってくると思われます。

このはらしどふしてはらす事ならば
月日の心みなしてみせる 十四 18

どのようにして山のような残念を晴らすかと言えば、月日親神の思いを皆「してみせる」形に表してみせる、実現する。思い通りにする。そして、残念を晴らすということです。

けふまでハこのよはじめてひわたてど
月日しんちつまだしろまいな 十四 19

今日まで「このよはじめてひわたてど」この世の元初まり以来、九億十万年余りという大変な年限が経《た》っているけれども。「月日しんちつ」月日親神の思いの本当のところをお前達はまだ知らないだろう。

とのよふな事でも月日する事や
いかな事でもやまいでわない 十四 20

どんなことでも月日親神のすることだ。「いかな事」、この場合は身上に現れた異状と思われます、どんなことも病気ではない。それは積もる残念を晴らす上からの、月日親神様のなされ事だということです。

みのうちにとのよな事をしたとても
やまいでわない月日ていりや 十四 21

人間の体にどんなことをしたとしても、体に異状が現れても、それは病気ではなくて、月日親神の「ていり」手入れなのだ。身上の障《さわ》りを通して、親神様がいわば手を入れて、心づかい、通り方を正してやろうとなさっているのであります。

せかいにハこれらとゆうているけれど
月日さんねんしらす事なり 十四 22

この第十四号が執筆されたのは、明治十二年ですが、明治十年、十二年、十五年頃にコレラが全国的に流行したと言われています。世間では、コレラが流行していると言っているけれども、それは単なる伝染病の流行ではなくて、そのことを通して、月日親神の残念の思いを知らせているのである。コレラのような伝染病、疫病の場合は、病気になった当人に対する個人的なお知らせに止《とど》まらない、世の中のありように対するお知らせだと言えるように思います。そういう意味では、「ぢしんをふかぜ月日りいふく（六　91）」との仰せに通じるものがあります。

人間創造の目的は陽気遊山

この号の冒頭部分に、「いつむ」という言葉が繰り返し出ていましたが、人々が心をいずませていることについて、

せかいぢうどこの人でもをなぢ事
いつむばかりの心なれとも　十四　23

世界中どこの人々も一様に、心をいずませているけれども。

これからハ心しいかりいれかへて
よふきづくめの心なるよふ　十四　24

これからは、そのいずんだ心をしっかりと入れ替えて、陽気づくめの心になるようにしたい。それというのも、

月日にわにんけんはじめかけたのわ
よふきゆさんがみたいゆへから　十四　25

月日親神が人間を創《はじ》めかけたのは「よふきゆさんがみたい」からである、と人間創造の目的をお明かしになっています。その「よふきゆさん」と反対の心の状態がいずむばかりの心です。陽気は辞書を引けば、万物の動き出し、または生じようとする気とあります。そうした活気、明るさを感じさせる言葉です。また、晴れ晴れしいという意味合いがあります。

遊山は、物見遊山といった使い方をしますが、元来は、単なる見物とか遊びとかではなく、大きな辞書には、「一点の曇りもない晴れ晴れとした心境になって、美しい景色を楽しみ、悠々自適に過ごすこと」(『日本国語大辞典』)、『広辞苑』には、「……修行を終えた後、諸方に遊歴《ゆうれき》すること」とあります。ですから、元々は仏教用語としての意味があり、晴れ晴れとした、悠々自適の境地を指す言葉です。

その上に、陽気という力強い言葉がついている。それが親神様のお望みになっている世の姿だということです。これは、陽気ぐらしのもう一つの表現だと言えるでしょう。

せかいにハこのしんぢつをしらんから
みなどこまでもいつむはかりで　十四　26

世界中の人々は、「このしんぢつ」すなわち、人間創造の目的です。陽気遊山が見たいために人間を造ったという真実を知らないがゆえに、誰も彼も皆、心をいずませてばかりいる。まさに、人間創造の目的の反対と言ってもいい実状をお嘆きになっています。

月日よりよふきづくめとゆうのをな

これとめたならさねんゑろなる　十四 27

親神様は二十四番で「よふきづくめの心なるよふ」陽気づくめの心になるようにしたいと仰しゃっています。また、そのための具体的な道筋をつけようとして下さっている。それを止め立てしたならば、親神の「さねん」残念が一層募る、甚《はなは》だしくなる。

このはなしどふぞしいかりきゝハけて
はやくしやんをしてくれるよふ　十四 28

この話をどうかしっかりと聞き分けて、親神の思いに応えるよう早く思案をしてもらいたい。

「月日」から「をや」へ

いまゝでハ月日とゆうてといたれど
もふけふからハなまいかゑるで　十四 29

第六号で、「神」から「月日」へと親神様自らの呼称をお変えになった。今まで月日と称して話を説いてきたが、もう今日からは名前を変えるぞ、と宣言なさって、三十一番で「月日」から「をや」へとお変えになっています。

けふまでハたいしや高山はびかりて
まゝにしていた事であれとも　十四 30

「たいしや」大きな社、神社、「高山」は支配層です。神道を国教化しようという動きの中で、廃仏《はいぶつ》毀釈《きしやく》に代表される諸宗教に対する抑圧があった。そういった経緯が「たいしや」という言葉に出ているように思えます。今日までは、それらが「はびかりて」驕《おご》り増長して、恣《ほしいまま》にしていたけれども。そして、「をや」という語をお使いになる。

これからわをやがかハりてまゝにする 十四 31

これそむいたらすぐにかやすで

これからは、その「たいしや高山」に代わって、「をや」が「まゝにする」。これは、恣にということではなく、をやの思い通りにするという意味です。をやの思いに背くようなことがあったら、すぐにその「かやし」返し、返報をするぞ。

けふまでもをやのさねんとゆうものわ

一寸の事でわないとをもゑよ 十四 32

今日までも親神の残念のほどは、生易しいものではなかったと承知せよ。

このたびもまだせかいにハなに事も

はびかるばかりなにもしらすに 十四 33

この度もまだ、世界では何事につけても、「はびかる」もっぱら力のある者が驕り高ぶって、横暴に振る舞っている。しかも、何も知らないままに。親神様の深い思惑、親心も知らずにのさばっているのが、実に残念だということです。

にんけんもこ共かわいであろをがな
それをふもをてしやんしてくれ　十四　34

人間も子供がかわいいだろう。親神にとってはお前達は皆かわいい子供なんだ、という思いが伝わってきます。そこから、親神がお前達人間に掛ける親心のほどを察して、よく思案してもらいたい。

にち〳〵にをやのしやんとゆうものわ
たすけるもよふばかりをもてる　十四　35

実にありがたいお歌だと思います。日々、親神の思案というのは、「たすけるもよふ」子供達をたすける段取り、どのようにしてたすけてやろうかと、そのことばかりを思っている。ひと言で言えば、たすけ一条の親心、かわいい子供をたすけたい一条の親心です。

それしらすみなせかいぢうハ一れつに
なんとあしきのよふにをもふて　十四　36

そうした深い思惑、親心を知らずに、世界中の人間は皆、親神のすることを何か悪いことのように思っている。誤解をしている。

なにもかもをやのさんねんよくをもへ
こ共はかりにいけんしられて　十四　37

「をやのさんねん」へ、親神の残念の思いをよく察してもらいたい。「いけんしられて」意見、とがめ立てをされる。官憲は、天理王という神はないと言って、信仰の差し止めなど様々な取り締まり、干渉を加えてくる。何事につけても子供のほうから一方的にとがめ立てをされる。実に、をやとしては残念至極である。

これからわどんなところのいけんでも
をやがでゝいるうける事なし 十四 38

今後は、「どんなところ」官憲をはじめ、どれほど権威、権力のあるところの意見、とがめ立てであっても、「をやがでゝいる」親神が前面に出ているのだから、受ける必要はない。

このいけんとのよなものがはひかりて
ゆふとをもゑばすぐにしりぞく 十四 39

こうした取り締まり、とがめ立てを「いけん」と仰しゃっています。誰であれ、驕り高ぶって意見を言ったりすると、すぐに親神の守護を退《ひ》いてしまう。

とのよふなしごとするにもさきいより
せへいゝはいにことわりてをく 十四 40

親神はどんな「しごと」働きを顕すについても、前もって、精一杯に筋道立てて説明した上でする。いきなり不意打ちされることはない。

どんな事でも楽しみばかり

けふまてハどんな事をもにち〳〵に　十四 41
しんばいしたる事であれども
あすからわどんな事をばみたとても　十四 42
なにをきいてもたのしみばかり

今日までは日々、何事につけても心配をしてきたけれども、明日からは何を見ても何を聞いても、楽しみばかりというようになる。

これまでハ高山からわなにもかも　十四 43
どんなさしすもうけたなれとも
このさきハとのよな事をゆハれても　十四 44
をやのさしすやさらにうけんで

従来は、「高山」支配層から、何から何まで、様々な指図、指示を受けてきたけれども。これから先は、「をやのさしすや」親神の指図通りにするのだから、「高山」から何を言われても決して受けないぞ。受ける必要はない。

いまゝでわひがらもちいときたらんで

とんな事てもちいとしていた
もふけふハひがぢうふんにつんである　十四　45

とんな事でもそのまゝにする　十四　46

こういう対比の歌が、ここのところずっと続いています。「いまゝでわ」「もふけふハ」と仰しゃる。今までは、その日柄、その時がまだちょっと来ていなかったので、何事についても控えていた、抑えていた。しかし、もう今日は、その時が「ぢうふんにつんである」十分迫っているからして、どんな事でも、「そのまゝに」親神の思い通りにすぐに働きを顕す。

これからハをやのをもふう事はかり
一事ゆゑばこれちがわんで　十四　47

これからは、全てをやの思い通りにする。従って、親神が一言言えば、決して間違いはない。その通りになる。

せかいぢう一れつハみなとこまでも
どんな事をがあるやしれんで　十四　48

どのよふな事がありてもしんちつの
心したいにこわい事なし　十四　49

これから先、世界中のどこの誰であろうと皆、どんなことが起きてくるか知れないぞ。しかし、どんなことがあっても、真実の心さえあれば、決して怖いことはない。

心さいすきやかすんた事ならば
どんな事てもたのしみばかり 十四 50

先立つお歌で、どんなことがあるか知れないぞと仰しゃって、お前達の心さえすっきりと澄んでいたならば、どんなことでも「たのしみばかり」全て楽しむことができる。それを楽しみと受け止めることができる。これは実にありがたいお歌だと思います。逆に言えば、起こってきたことが喜べない、勇めないという時には、心が澄んでいないのだなという反省にもなります。

このはなしうたがう心あるならば
しよちしていよとんなみちやら 十四 51

この話を疑うようならば、どんな道を通ることになるかしれないと承知せよ。親神様の仰せを疑うことを強く戒めておられます。

せかいぢうわをやのたあにハみなこ共
かわいあまりてなにをゆうやら 十四 52

世界中の人間は、「をやのたあにハ」親神にとっては、皆子供である。「たあにハ」は、「とっては」という意味です。その子供がかわいいあまりに、どんなことを言うか知れない。かわいいあまりに厳しいことを仰しゃることもある。

このせかい高山にてもたにそこも
をやのたにわこ共はかりや 十四 53

子供である。この世界中の人間は、それが支配層の者であろうが、底辺に暮らす者であろうが、親神にとっては皆

このたびわなんてもかてもしんぢつの
をやの心をしらしたいから
これさいかたしかにしよちしたならば
いつまでいてもよふきつくめや

十四 54
十四 55

この度は、どうでもこうでも「しんぢつのをやの心」本当のをやの心を知らせたい。その親神の心さえしっかりと胸に治まったならば、いつまでも陽気づくめでいることができる。

このみちハをやがたのみや一れつわ
どふそしいかりしよちしてくれ

十四 56

この道というのは、いつまでも陽気づくめ、すなわち陽気ぐらしへの道です。これは「をやがたのみや」親神様が頼むと仰しゃっている。この陽気ぐらしへのたすけ一条の道は、親神の切なる願いである。どうか、そのをやの心を皆しっかりと承知してもらいたい。

親神が先頭に立って働く

けふまでもどのよなみちもたん〳〵と

とふりぬけてわきたるなれども 十四 57
これからのみちハなんてもめつらしい
このみちとふりぬけた事なら 十四 58

今日まで、どんな道もだんだんと通り抜けてきたけれども、しかし、これからの道は、「なんてもめつらしい」何事につけてもめずらしい、今までにない目覚ましい道になる。この道を通り抜けたことならば。

それからハをやの心がいさみでゝ
とんな事でもはじめかけるで 十四 59

このめずらしい道を通り抜けたならば、それからは、「をやの心がいさみでゝ」親神の心が勇み立って、万事親神の思惑の実現に着手する。

これさいかはぢめかけたる事ならば
とんなものでもをやにもたれる 十四 60

この親神の思惑の実現に取り掛かったならば、どんな者でも皆、親神にもたれるようになる。人々が皆、親神様を全面的に信頼して、帰依《きえ》し、ついて来るようになると、先の楽しみをお述べ下さっています。

このみちをつけよふとてにしこしらゑ
とんなものてもまたしろまいな 十四 61

この頼もしい道をつけたいと、「しこしらゑ」の「し」は接頭語で、準備をしてきた。そのことをお前達は誰もまだ知らないだろう。

さあかゝれもふこれからのみちすじハ
とんなものでもあふなきわない　十四 62

もうこれから先の道筋には、誰であれ危ないことはない。さあ勇んで取り掛かれ。

いまゝでわうちのものにもいろ〳〵に
しんばいかけてきたるなれども　十四 63

あすからハをやが一はなでるほとに
とんな事でもかやしゝてやる　十四 64

「うちのもの」は、屋敷内の人々です。今までは屋敷内の者にもいろいろと心配を掛けてきたけれども。「をやが一はなでる」、「はな」は先端です。韓国語では、「はな」は数字の「一」を指し、韓国語の『みかぐらうた』では、「一ッ」と言うところを「はなえ」と発音します。「一」に先端という言葉を重ねて、先頭に立ってといった意味です。日本語と韓国語には、けっこう共通の語彙《ごい》がありますが、その一つの例です。明日からは親神が先頭に立って働くぞ。どんなことがあっても、どんな抑圧、迫害があっても「かやし」返報、バックアップをしてやるから心配するな。この辺りは、今まで心配を掛けてきたけれども、これからは、をやが先頭に立つから安心するようにと、まさに「月日」という言葉から「をや」という呼称にお変えになったにふさわしい内容だなと感じます。をやがついている、心配するな。をやが先頭に出て働くぞと。

さあけふわなにのはなしもだん／＼と
こまかしくゆへもふせへつうや 十四 65
なにゝてもゆハすにいてハわからんで
なにかいさいをみなゆてきかせ 十四 66

さあ今日という日は、どんなこともだんだんと事細かに話をせよ。「せへつう」は、節です。その時節が到来した。どんなことでも言わずにいては分からない。「いさい」は、委《くわ》しく細かしくという字を当てます。よろづよ八首にも出てきます。どんなことも全て委しく細かしく言って聞かせるように。

このはなしなにの事やらしろまいな
をやのはたらきみなゆうてをけ 十四 67

細かく委しく話をせよと前置きして、それは何の話かと言うと、「をやのはたらき」を皆言っておくように、と仰しゃる。をやの働きとは、いったいどういうことか。それを次のお歌で、

はたらきもなにの事やらしろまいな
せかいの心みなあらわすで 十四 68

をやの働きというのは、「せかいの心」を「みなあらわす」ことだ。非常に重要な仰せです。親神様のご守護のあり方の端的な表現です。世界中の人間の心づかいを全て表す、顕《あらわ》にすることが親神の働きなのだ、と仰しゃる。銘々について言えば、心づかいが身上に、あるいは身辺に現れることになる

し、世界の人々の心づかいの傾向と言うか総和と言うか、それは世界の事情の上に現れることになる。いずれにせよ、人々の心づかいを身上、事情に表すことが神の働きだと仰しゃる。心通りの守護です。

これをはなあらハれだすとゆうのもな　十四　69
めゑめゑのくちでみなゆいかける
どのよふな事てもわがみくちいより　十四　70
ゆう事ならばぜひハあるまい
これからハめゑめになにもゆハいでも　十四　71
をやが入こみゆうてかゝるで

前のお歌で、世界の心を表すと仰しゃった、それをこの場合にはさらに具体的に、人々の心をどのようにして表すかと言うと、お前達銘々の口で言わしめる。さらに続いて、何であれ、自分の口で言っていることならば、「ぜひハあるまい」良いも悪いもない。その通りと認めざるを得ない。一例を挙げれば、身上を通してお知らせを頂く。それについて思案をし、その通り自分はこれまでこんな心づかいでいた、通り方でいたとさんげの言葉が出てくる。それを銘々の口で言い掛けると仰しゃっていると解せるように思います。

続く七十一番のお歌では、さらに念を入れて、自分では何も言う気がなくても、身上などを通して心づかいを振り返り、見つめ直させて、言わずにおれないようにする。そのことを「をやが入こみ」、をやの働きを通して、自分の今までの心づかいを反省し、胸の掃除をして、心の入れ替えに進むようにさせる。

身上を通して胸の掃除

このさきハどんなものでもしんちつに

むねのそふちをみなしてかゝる 十四 72

これから先、誰であれ皆、本当に「むねのそふち」胸の掃除、心のほこりを一掃することに取り掛かる。

このそふぢどふしてするとをもうかな

とんないけんをするやしれんで 十四 73

胸の掃除をするには、具体的にどのように進めるかと言うと、「いけん」注意、忠告を発して掃除をさせる。その意見は、どんな形で現れるか知れないぞ。

とのよふな事がありてもあんちなよ

なにかよろすわをやのいけんや 十四 74

従って、大なり小なり辛《つら》いことが起こってくると思われます。しかし、どんなことがあっても心配するな。どんなことも全ては、「をやのいけん」胸の掃除をさせたいという親心からの意見である。そこが罰との違いです。

くちさきでなんぼしんぢつゆうたとて
きゝわけがないをやのさんねん　十四　75

口でどれほど真実を話しても、お前達は聞き分けない。それがをやとして残念だ。つまり、教祖がそのお口を通して、どんなに真実の話を聞かせて下さっても、それだけではなかなか人間は聞き分けることができない。そこで、

それゆへにをやがたいない入こんで
とんな事をばするやしれんで　十四　76

それゆえ身上に表して知らせる。身上に知らされなければ気がつかないということでもあります。そこまでいく前に、お話の段階で聞き分けていれば、というようなものですが。だからして、をやが体内に入り込んで身上に表して思い知らせる、分からせる。それを、どんなことをするか知れないぞ、と警告しておられます。

とのよふなせつない事がありてもな
やまいでわないをやのさねんや　十四　77

身上にどれほど切ない苦しいことが起きてきても、それは単なる病気ではない。「をやのさねん」親神の残念の現れだ、と少し厳しいことを仰しゃった後で、

このはなしどこの事ともゆハんてな
をやのたあにわみなわがこやで　十四　78

今している話は、どこの誰のことというわけではない。親神にとって、お前達は皆我が子なのだ。我が子かわいいがゆえの意見だと仰しゃいます。

つとめするなら世界治まる

しんぢつのをやのさんねんでたならば
このをさめかたたれもしろまい 十四 79

親神の残念が本当に表に現れたならば、「このをさめかた」これをどのようにして治めればよいか、誰も知らないだろう。をやの残念が厳しい形で現れてきた時、どうして治めるか、鎮めるか。

これをばなまことしんぢつあるならば
どんな事でもゆうてきかする 十四 80

この治め方を、お前達に誠真実があるならば、どんなことも言って聞かせる。この治め方とは何か。

どのよふな事をゆうやらしれんでな
これそむいたらすぐにしりぞく 十四 81

どんなことを言うか知れないが、これに背いたら直ちに親神が退いてしまうぞ。これに背いたら退くぞと警告しておられる治め方とは何か。

これまでハなにをしたとてとめられて

そむくはかりの事であるから　十四 82

けふの日ハとのよな事をしたとても
なにをゆうてもそむきなきよふ　十四 83

それというのも、これまでは親神が何をしても止め立てされ、背くようなことばかりだったから。今日という今日は、親神がどんなことをしても、何を言っても、決して背かないように。この辺りずっと、具体的な内容を仰しゃらずに、前置きと言うか、聴く者の心構えを諭しておられます。

このみちハくれ〳〵たのみをくほとに
をやがひきうけあんぢないぞや　十四 84

「このみち」は、この治め方と言っていいでしょう。返す返すも頼んでおくぞ。をや、親神が引き受けるから、決して心配はない。まさに、をやという言葉にふさわしい表現です。そして、具体的に仰しゃったのが、

この事ハなにの事やとをもうなよ
つとめなりものはやくほしいで　十四 85

つまり、七十九番で仰しゃった「このをさめかた」というのは、「つとめ」なのです。八十一番の「これそむいたら」の「これ」も「つとめ」の急き込みです。このようにずっと前置きをなさった後で、その治め方というのは、実はつとめだと明かされる。そのおつとめについても特に、鳴物を入れてのつとめを早く実行してもらいたい、と仰しゃる。

もふけふわどんな事をばしたとても
なにもあんぢなをやのうけやい　十四 86

もう今日は、どんなことをしても何も心配することはない。をやが請け合う、保証するから。

いまゝでハ上にわなにもしらんから
さしとめはかりいけんしたれと　十四 87

このたびハどんなものでもかなハんで
ゆう心ならをやがしりぞく　十四 88

今までは上に立つ者が、何も知らないがゆえに信仰を差し止めたり、「いけん」いろいろ文句をつけたりしてきたけれど。しかし、今度という今度は、どんな者でも敵《かな》いはしない。親神に敵いはしない。「ゆう心」何を言うのか、前のお歌の差し止めや意見です。差し止めや意見を言うような心なら、をやが、親神の守護が退いてしまうぞ。

この事をはやく心しいかりと
さだめをつけてはやくかゝれよ　十四 89

従って、親神の言う通りにするという心を早くしっかりと定めて、早くつとめに掛かってもらいたい。その段取りに掛かってもらいたい。

なにもかもはやくつとめのしこしらへ
をやのうけやいこわみないぞや　十四 90

何もかも、つとめの「しこしらへ」準備、用意です。全てつとめの用意を急ぐように。親神が請け合うから、保証するから決して怖いことはない。

これをはな心さだめてしやんして
はやくにんぢうのもよふいそぐで 十四 91

このことを心に定めて思案するように。早くつとめの人衆を揃《そろ》える段取りを急ぐぞ。

はや〳〵と心そろをてしいかりと
つとめするならせかいをさまる 十四 92

早々と心を揃えて、しっかりとつとめをするならば、世界は治まる。先に「このをさめかたたれもしろまい」と仰しゃっていましたが、世界を治める道はつとめの実行なのだ、と結んでおられます。

そして、第十五号がおつとめの実行を最も厳しく急き込んでおられる号なのです。第十四号の初めに、いずむばかりの世のありようをお嘆きになって、それを陽気づくめの心にしてやりたい、親神は陽気遊山を見たいがゆえに人間を造ったんだ、と仰しゃっていましたが、その根本の手立てであるつとめ、その実行を第十五号で最も厳しくお急き込み、お促しになる。そこへ続いていく第十四号の末尾であります。

第十五号

第十五号の概要

今日までは控えていた、じっとしていたと、これまでは神意を十分に説き聞かし、神意を遺憾なく顕《あらわ》すことができなかった残念の思いを繰り返し述べ、次いで、今や時が至ったからには、親神の言うことを承知し背かぬよう強く求められる。

また、親神の働きをすぐさまにも顕し、残念を晴らすとされる一方、これを手掛かりとしての胸の掃除、心の入れ替えを促される。

さらに、秀司様の足の障《さわ》りに触れて、本題であるつとめの急《せ》き込みへと話を進め、「これがこの世の初まり」と、つとめの意義に言及しつつ、「えらい試し」と述べて、つとめこそ立教以来の世界一れつたすけたいとの親神の思いが凝《こ》ったものであることを明かされる。

その上で、よふぼくを仕込み、その成人を促しつつ、鳴物を入れ、人衆を揃《そろ》えてのつとめの段取り、つとめの実行をひたすら急き込まれる。

をやの言うこと承知せよ

第十五号の冒頭から、これから大事な話をするぞ、という前置きに相当するお歌が何首か並んでいます。

けふまでわなにの事でもちいくりと
ゆハすにいたる事であれども　十五　1

もふけふわなんでもかてもゆうほどに
をやのざんねんこれをもてくれ　十五　2

今日まではどんなことも、「ちいくり」は、じっくりで、控え気味、抑え気味といった意味です。今まで控えていて言わずにいたけれども。もう今日は、「なんでもかてもゆう」どうしても言うぞ。今まで言わずにいた「をや」親神の残念のほどを察してもらいたい。

けふまてハなにをゆうてもにんけんの
心のよふにをもていたれど　十五　3

さあいまわなにをゆうてもにんけんの
心あるとハさらにをもうな　十五　4

今日までは、（教祖が）何を言っても、お前達は何か人間の心で言っているように思っていた。しかし、今という今は、どんなことを言っても、そこに人間の心があるなどと決して思うな。神の言葉としてしっかりと聴けよ、と前置きをしておられます。

とのよふな事をゆうやらしれんでな
なにをゆうてもしよちしてくれ 十五 5

これからどんなことを言うかしれないが、何を言っても、それを聞き分けて心に治めてくれるように。非常に重要なことを仰《おっ》しゃる前触れです。

このたびハどんなためしをするやらな
これでしいかり心さだめよ 十五 6

「ためし」は、解釈が難しい言葉の一つですが、試すというのは、嘘《うそ》か真《まこと》か、あるいは良いか悪いかといったことを調べる、判断するという意味です。八番のお歌から考えますと、この場合の「ためし」は、試練と言っていいかと思います。この度は、どんな試練を与えるかしれないぞ。それを通して、しっかり心を定めるように。

このはなしたれが事ともゆハんてな
みなめゑ〳〵の心さだめや 十五 7

この話は特定の誰かのことではない。その「ためし」を通して、お前達皆、銘々の心定めを促しているのである。

いかほどにせつない事がありてもな

をやがふんばるしよちしていよ　十五　8

「せつない事」というわけですから、やはり、何か厳しい辛《つら》いことが起こってくると思われます。どんなに切ないことがあっても、をや、親神が踏ん張って、守ってやるから心配ないと承知せよ。だから、しっかりと心を定めて通れよ、という流れになっています。そういう意味では、その切ないことが「ためし」、試練ということになる。切ないことで心を倒してしまうのではなくて、そのことを通してしっかりと心を定めるように。そうすれば、をやが踏ん張るから、決して心配はない。九番では、「あんぢない」と仰しゃっています。

これからハをやのゆう事しいかりと
しよちしてくれあんぢないぞや　十五　9

今後はをや、親神の言うことをしっかりと聞き分けて心に治めてもらいたい。決して心配はない。

あすからハをやがはたらきするほとに
どんなものでもそむきでけまい　十五　10

明日からは、親神がこれまで以上に働きを顕すから、どんな者でも逆らうことはできない。

立教以来の残念を晴らす

いまゝでも四十三ねんいせんから

をやがあらハれはじめかけたで 十五 11

「四十三ねんいせん」というのは、数えで年を繰りますと天保九年。四十三年以前から今日まで、この世人間を創《はじ》めた親なる神が、直々にこの世の表に現れて始め掛けた道である。教えである。

けふまてハたいてさねんもいくたびも

ちいとしていた事であれとも 十五 12

今日までは、「たいて」大抵、随分残念な思いを何度となくしてきたが、じっとしていた。控えていた。しかし、

さあけふハ月日のはらがはぢけたで

しかゑていたる事であれとも 十五 13

「月日のはらがはぢけた」は、今日まで抑えてきた残念の堪忍袋の緒が切れたとでも申せましょうか。今日という今日はもう我慢がならない。これまでは控えていたことであったが。

いまゝでわ村やとをもてちいくりと

まだをさまりていたるなれとも 十五 14

註には、「村とは、当時の三島村で、そのころの村方は、本教の何ものたるかを知らず、事毎に好意を持たず反対していた。」とあります。『稿本天理教教祖伝』を見ますと、明治十二年、十三年の頃には、村人達がいろんな嫌がらせ、川に突き落としたとか、ようない（補償）を出せと言ったとかいう記述があります。今までは、村方の者だと思って「ちいくりとまだをさまりて」じっとまだ手控えて

いたけれども、

このたびハとのよな心いるものも
みさだめつけてすぐにはたらく　十五　15

この度は、どんな心でいる者も、その心を見定め、それに応じて、すぐさまに働きを顕す。

こらほどにさねんつもりてあるけれど
心しだいにみなたすけるで　十五　16

これほどにも残念が積もっているけれども、お前達の心次第、真実の心次第に、皆たすけるぞ。

いかほどにさねんつもりてあるとても
ふんばりきりてはたらきをする　十五　17

たとえどれほど残念が積もっていても、「ふんばりきりて」親神が徹底的に踏ん張って働く。守護する。
この「ふんばりきりて」には、残念が積もっているからたすけない、見捨てるというのではなく、何としても心を入れ替えさせ、たすけてやりたいという親心がこもっています。

けふの日ハなにをゆうやらしれんでな
をやのざんねんみなあらわすで　十五　18

今日は、どんなことを言うかしれないぞ。「をや」の残念を全て形に表す。

いまゝでわ人の心のしんちつを
しりたるものハさらになけれど　十五　19

今までは「人の心のしんちつ」は、真実の心と言うよりも、人の心の本当の姿といった意味です。誰もそれを知っている者はいなかったけれども。

さあけふハどんなものてもしんちつの
むねのうちをばたしかあらハす 十五 20

今日という今日は、誰であれ、「しんちつのむねのうち」これも、心の内奥《ないおう》、その本当のところです。「たしかあらハす」、人の本心は傍《はた》からはなかなかうかがい知れないものですが、それをはっきりと表して見せる。

これさいかみなあらハした事ならば
むねのそふぢがひとりでけるで 十五 21

「これ」は、人の心の本当の姿、本心です。それを皆表したならば。そのことを通して胸の掃除が自《おの》ずとできる。

つとめ一条を頼む

けふからハどんなはなしをしかけても
なにをゆうてもしよちしてくれ 十五 22
たん〱となにをゆうやらこれしれん

とんな事てもをもわくをする　十五 23

今日からは、どんな話をし始めても、何を言っても承知してくれるよう。聞き分けて得心してもらいたい。「たん〳〵と」いろいろと、どんなことを言うかしれないが、「どんな事てもをもわくをする」全て親神の思惑があってすることである。

いまゝてハ四十三ねんいせんから　十五 24
あしをなやめたこれがしんはい

「四十三ねんいせんから」という表現は、第十五号に六回出てきます。つまり、立教以来という言葉が六回も出てくる。これは非常に特徴的なことで、その第十五号で最も厳しくおつとめをお急き込みになっているということは、立教以来の教祖の思いが、おつとめの実行、おつとめの完成、ここに凝《こ》っているということであります。立教以来、天保九年以来今日まで、「あしをなやめた」というのは、秀司様の足の患いです。このことが心に掛かっていた。第十五号が記された明治十三年には、足の悪い秀司様が官憲の取り締まりを免れる方便として、転輪王講社を開筵《かいえん》するために金剛山地福寺へ出向かれました。そうした史実を思い合わせると、「あしをなやめたこれがしんはい」とのお言葉に一層の感慨を覚えます。

このたびハなんでもかでもこれをはな　十五 25
もとのとふりにしてかやすでな

この度は、何としても「これ」、すなわち足の患いを元通りにして返すぞ、と仰しゃっている。実際には、秀司様は翌明治十四年の四月にお出直しになっています。「もとのとふりにしてかやす」とはどういう意味か、考えさせられるところです。

このはなしなにを月日がゆうたとて
どんな事てもそむきなきよふ　十五　26

ここで重ねて、月日親神が何を言っても、どんな話でも背かないように、と念を押されて登場するのが、二十七番、二十八番です。

これからのをやのたのみハこればかり
ほかなる事わなにもゆハんで　十五　27

これからのをや、親神の頼みは、これだけだ。他のことは何も言わない。

この事をなにをたのむとをもうかな
つとめ一ぢよの事ばかりやで　十五　28

ここで、この号のテーマが明かされます。「をやのたのみハこればかり」と前の歌で仰しゃって、それは何かと言うと「つとめ一ぢよ」なのだ。もっぱらつとめのことだ、と仰しゃる。おつとめの大切さがよくうかがえるところであります。そして、

このつとめこれがこのよのはぢまりや
これさいかのた事であるなら　十五　29

おつとめの意義を端的にお述べになっているお歌の一つです。このつとめというのは、「これがこの

よのはぢまり」この世の元初まりの理を受けるものである。このつとめさえ叶《かな》う、神の思いに適《かな》う形で勤められたらなあ。親神様の願望です。切にお望みになるところです。「このよのはぢまり」というのは、元初まりの理を頂くおつとめという意味と、第七号に、「いまゝでも今がこのよのはじまりと　ゆうてあれどもなんの事やら（七　35）」とあるように、おつとめが人間創造の目的である陽気ぐらしの世の始まり、陽気ぐらしへ向けての世の立て替えの出発点、原動力という意味合いも含まれていると思われます。ですから、「これさいかのた事であるなら」と仰しゃっている。

さあけふハをやのゆう事なに事も　十五　30
そはの心にそむきなきよふ

そはなるの心ちがゑばぜひがない　十五　31
そこでくど／＼ゆうてをくぞや

さあ今日は、親神が何を言っても、側《そば》の者は決して背かないように。側の者の心が違えば、つまり、側の者の心が親神の思いと違うようでは、「ぜひがない」どうしようもない。そこで繰り返し言っておくぞ。二十七、八、九番と「をや」の胸の内を明かされた上で、重ねて背くなよと仰しゃる。

けふの日ハなによの事もせかいにハ　十五　32
しりたる人ハさらになけれど

をやのめにしいかりみへてあるほどに　十五　33
とんな事やらたれもしろまい

今日の時点では、どのようなことも知っている人は世界に一人としていない。しかし、「をやのめに」は、親神の目には、しっかり見えている。これは将来の姿だけでなく、後に続くお歌からしますと、この世の元初まりから、今日まで、さらに将来にわたってということになるでしょう。親神の目には元初まりから先々に至るまでしっかり見えているのだ。しかし、お前達はそれがいったいどんなことであるか、誰も知らないだろう。

このよふをはじめてからにいまゝてハ
たれてもしらぬ事ばかりやで 十五 34

その事をふしゑたいからたん／＼と
そこでとのよな事もするのや 十五 35

この世元初まり以来今日までのことは、誰も知らないことばかりだ。そのことを教えたいから、そこでいろいろどんなこともするのである。

なにもかもとのよな事もゆてをいて
それからをやがはたらきをする 十五 36

何もかもどんなことも言っておいて、それから親神が働きを顕す。このように人間達の知らないことを全て教えておいてから働く、と仰しゃる。

はたらきもとんな事やらしろまいな
せかいちうハをやのからだや 十五 37

前のお歌で、「それからをやがはたらきをする」と仰しゃっています。その働きというのはどんなことであるか、お前達は知らないだろうが、全世界は親神の体なのだ。「たん〳〵となに事にてもこのよふわ　神のからだやしやんしてみよ」というお歌が第三号に、四十番、百三十五番と二回出てきます。非常に重要なお歌です。この世は神の体である。世界中は親神の体であるからして、全て親神が天理を以《もっ》て支配し、自由自在《じゅうようじざい》に守護するということです。

いまゝてのをやのざんねんしらしたさ
そこでこのたびみなしてみせる　十五　38

これまでの「をや」の残念の思いを知らせたい。そこでこの度は「みなしてみせる」全て実際に現してみせる。だからして、

とのよふな事をするやらしれんてな
みな一れつハしよちしていよ　十五　39

その残念を現してみせたならば、どんなことが出来《しゅったい》するかしれない。そのことを世界中の人間は皆承知していよ。

このたびのさねんくときのこのはなし
みな一れつわなんとをもてる　十五　40

この度の残念の思いを繰り返し言っているこの話を、お前達は皆何と思っているか。

大きなためしが掛けてある

このもとわ四十三ねんいせんから
ゑらいためしがかけてあるぞや　十五　41

また、四十三年以前という言葉が出てまいりました。この元を遡《さかのぼ》れば天保九年、立教以来、「ゑらいためし」大きなためしが掛けてあるのだ。「ためし」は、「試し」、あるいは「験し」と書いたりしますが、ここでの「ためし」は、世界一れつをたすけるという大きなたすけの実証と言っていいでしょう。この元はと言えば、立教以来の大きな「ためし」、つまり、世界たすけ、よろづたすけの実証が掛かっているのだ。

これさいかしいかりしよちしたならば
とんな事をがかなわんでなし　十五　42

この理合いさえお前達の心にしっかりと治まったならば、どんなことも叶わないということはない。全て叶う。

せかいちうをみな一れつをたすけたさ
そこでためしがゑらい事やで　十五　43

世界中の人間を全て隔てなくたすけたいがゆえに、そこで「ためしがゑらい事」、ちょっとやそっとの「ためし」ではない。非常に大きなたすけの実証です。その根本の手立てがつとめです。親神様の思召《おぼしめし》に適うつとめの勤修《ごんしゅう》です。

けふまでわとのよなみちもとふりぬけ
ぢいとしていた事であれども　十五　44

今日まで、立教以来どんな道中も通り抜けてきたが、「ぢいとしていた」控えてきた、抑えてきたけれども。しかし、

もふけふハなんでもかでもしんぢつを
してかゝるでなしよちしていよ　十五　45

もう今日は、何としても「しんぢつをしてかゝる」、親神の真実の思いの実現に取り掛かる。今までは控えていたけれども、今や陽気ぐらしへのたすけ一条の道を積極的に推進するとのご宣言です。それを承知していよ。従って、

いまゝでとみちがころりとかハるでな
みな一れつわ心さためよ　十五　46

今までと道の様子がころっと変わる、一変する。だから、誰も彼も皆しっかりと心を定めよ。

このみちハうちもせかいもへたてない
せかいちうのむねのそふぢや　十五　47

このたすけ一条の道にあっては、内らの者であれ、世間の者であれ、何ら隔てはない。世界中の人間

の胸の掃除をする。それが眼目である。まさに、一れつ澄ますです。

このよふをはじめてからにけふまでわ
ほんしんぢつをゆうた事なし　十五 48
けふの日ハほんしんちつをゆいかける
とふぞしいかりしよちしてくれ　十五 49

この世初まり以来今日までは、「ほんしんぢつ」と、「しんぢつ」に「ほん」がついている、つまり真実の中の真実を言ったことがない。その核心はつとめの勤修です。しかし、今日は、その本真実の話を説き始める。どうかしっかりと心に治めてもらいたい。

このはなし四十三ねんいせんから
ゑらいためしがこれが一ちよ　十五 50
このためしなにの事やとをもうかな
つとめ一ぢよせくもよふやで　十五 51

「このはなし」この本真実の話は、もっぱら立教以来の大きな「ためし」についてのものだ。世界たすけの実証、これが立教以来の大きなためしであると先に申しました。このためしをお前達は何だと思うか。その大きなためしを実証する根本の手立ては、外《ほか》でもないつとめであり、もっぱらつとめの勤修を急ぐ段取りを言うのである。

このつとめどふゆう事にをもうかな

なりもの入て人ちうのもよふ　十五 52

このつとめはどういうものかと言うと、鳴物を入れ、人衆の用意をしてするつとめである。第十五号では「なりもの」という言葉が何度か出てまいります。これは、この明治十三年九月に鳴物を揃えてのおつとめが勧められたという史実とも対応しているわけであります。

このつとめどんなものでもしやんせよ
これとめたならわがみとまるで　十五 53

このつとめについては、誰もがよく思案をするように。「これとめたなら」このつとめを止め立てするならば、その者の身が「とまる」身上の守護が止まるぞ。註釈には「我が身の息の根が、とまってしまう」と、はっきり書いてあります。

このよふをはじめかけたもをなぢ事
ないにんげんをはぢめかけたで　十五 54

つとめは、この世の創め出しと同じ理合いのものである。無い人間を創め掛けた元初まりの守護の理を頂くものだ、ということです。泥海の中から人間世界を創め掛けたように、泥海のような世の中、人の心を陽気ぐらしへと立て替えるとの仰せです。

これさいかはじめかけたる事ならば
とんなたすけもみなうけやうで　十五 55

「これ」というのは、つとめです。つとめさえ始め掛けたならば、「とんなたすけもみなうけやう」

親神が皆引き受けてどんなたすけもする。

この事ハしいかりしよちせんならん
これとめたならすくにしりぞく　十五 56

このことはよくよく承知しなければならない。このつとめを妨げるようなことをしたら、親神の守護が直ちに退《ひ》いてしまうぞ、と警告を発しておられます。

をやがよふぼくに入り込む

いまゝてハ高山やとてけん〳〵と
まゝにしていた事てあれども　十五 57

今までは、「高山」支配層、上層の者達は、「けん〳〵と」は、とげとげしい態度を表す語です。「まゝにしていた」恣《ほしいまま》に振る舞っていたが、

これからハいかほどたかい山でもな
たにそこまゝにさらにてけまい　十五 58

今後は、どれほど権威、権勢のある者でも、谷底に住まう者達、底辺の者達を恣にすることは、決してできないだろう。

このさきわたにそこにてハだん〳〵と

をふくよふきがみゑてあるぞや 十五 59

今後は、今まで蔑《さげす》まれてきた、あるいは虐《しいた》げられてきた谷底、底辺の人々の中に、多くの「よふき」よふぼくと同じ意味です、多くのよふぼくが見えている。つまり、陽気ぐらし世界建設の人材が輩出するというのです。

たん／＼とよふぼくにてハこのよふを 十五 60
はしめたをやがみな入こむで

このよふをはじめたをやか入こめば 十五 61
どんな事をばするやしれんで

これはよく引用されるおふでさきです。よふぼくには皆、この世を創めた「をや」、親神が入り込むぞ、と仰しゃる。一れつの陽気ぐらしを楽しみに、この世人間をお創め下さった、言わば全知全能の親神様が入り込んで下さるのですから、「どんな事をばするやしれんで」どんなことをするかしれない、と仰せられます。註釈には、「仕込みをする」とあります。

なにかよろつわをやのうけやい 十五 62
とのよふな事をしたとてあんぢなよ

その前のお歌で「どんな事をばするやしれんで」と仰しゃったのを受けて、どんなことをしても心配するなよ、何であれ万事、「をや」が請け合う、保証する。何ゆえ、心配するなよ、と仰しゃっているのでしょうか。先に、高山の者が谷底の者を恣にしていたとあって、次いで、谷底からもよふぼくが多く出てくると仰せられる。そして、よふぼくに親神が入り込んだなら、どんなことをするかしれないと仰しゃる。神が人々に入り込んで胸の掃除をするという用例もありますが、ここでは特に、よふぼくに入り込むと仰せになっているのですから、親神様が入り込まれたよふぼくが、人間の力だけでは到底考えられないような働きをすると解釈するのが流れに沿っているように思います。その場合でも、いったいどんな具合になるのかちょっと心配になるのではないでしょうか。しかし、親神様が入り込んで、つまり、よふぼくとしてお使い下さる上からのことですから、決して心配することはないとの仰せだと思います。

この事をはやく心をしいかりと
さためをつけてはやくかゝれよ　十五　63

こうしたことを速やかに心に治めて、しっかりと心を定めて掛かれよ。何に掛かれと仰しゃっているのか。六十三番の註釈には、「たすけ一条の道に取り掛かれ。」とあります。実は、この第十五号の六十三番は第十四号の八十九番と同じお歌なのです、字が少し違うけれども。第十四号のほうでは、「心を」の「を」が抜けている。しかし、『おふでさき』の外冊《げさつ》では、ここに「を」が入っているのです。ですから、これは全く同じお歌だということになります。第十四号の場合は何を仰しゃっているか。第十四号のほうでは、つとめに掛かれと仰しゃっています。先行するお歌を合わせ考えてみますと、「はやくかゝれよ」というのは、ここでもつとめの実行、及びそのための用意に取り掛かることだと思われます。

しんの心をあらわす

けふまてハどんなみちやらたれにても
しりたるものハさらになけれど　十五 64

今日までは、この道がどんな道であるか、誰一人として知っている者はなかったけれども。

もふけふハしんの心をたん〱と
みなあらわすでしよちしていよ　十五 65

「しんの心」は本心と言いますか、本当の心。今日という今日は、人々の本心を皆表すぞ。承知していよ。そうなると、

をやのめにかのふたものハにち〱に
だん〱心いさむばかりや　十五 66

「しんの心」が現れてくるわけですから、「をやのめにかのふた」親神の思いに適う心でいる者は、日々だんだんともっぱら心が勇み立ってくる。しかし、

をやのめにさねんのものハなんときに
ゆめみたよふにちるやしれんで　十五 67

「をや」に残念の思いを掛けている者は、いつ何時《なんどき》、「ゆめみたよふにちる」あっけなく散ってしまう、

身上を返すことになるかしれないぞ。

このはなしとこの事ともゆハんでな
せかいちうゝハみなわがこやで 十五 68

この話は、どこの誰について言っているというものではない。世界中の人間は皆我が子なのだ。すなわち、誰についても言える話である。

一れつのこどもハかわいばかりなり
とこにへたてわさらになけれど 十五 69

厳しいお言葉の後に、このように「一れつのこどもハかわいばかりなり」と、親神にとっては世界中の人間、子供はひたすらかわいい。どこにも全く隔てはない、と仰しゃいます。しかし、

しかときけ心ちがゑばせひがない
そこでだん／＼ていりするのや 十五 70

よく聞けよ。かわいいばかりであるけれども、その心が親神の思いと違うとなると、「せひがない」やむを得ない。そこで、その心を正すために、心の向きを変えさせるために、いろいろと手入れをすることになる。お手入れを頂くことになる。

この事ハ高山にてもたにそこも
ゆだんなきよに心さだめよ 十五 71

これは、高山であっても谷底であっても同様であるからして、決して気を緩めることなく、「心さだ

めよ」親神の思いに沿う心を定めるように。

鳴物なりと出し掛けよ

つとめを強く急き込まれるお歌が並んでいます。

さあたのむなにをたのむとをもうかな
はやくなりものよせてけいこふ 十五 72

親神様が頼むとまで仰しゃっています。いったい何を頼まれるのか。早く鳴物を寄せてつとめの稽古《けいこ》をしてもらいたい。先ほども申しましたように、鳴物を揃えてのつとめが、この年の秋に勤められています。

これまてハとんな事てもちいくりと
またをさまりていたるなれども 十五 73

これまでは何事も、まだじっと抑え気味にしてきたけれども。

もふけふわなんてもかでもはや〳〵と
つとめせゑねばならん事やで 十五 74

もう今日は、「なんでもかでも」どうでもこうでも、早々とつとめをしなければならんぞ。非常に強くつとめの実行をお急き込みになっています。

いまゝてハどんな事てもたん／＼と　十五 75
いろ／＼たのみかけてあれとも

なに事をたのんだとてもたれにても　十五 76
きゝわけがないをやのさんねん

今までは、どんなことでもその時々に、いろいろとお前達に頼んできたけれども。しかし、何を頼んでも誰も聞き分ける者がなかった。それがをやとして実に残念である。

このたびのざねんくときのこのはなし　十五 77
とふぞしいかりきゝわけてくれ

けふの日ハをやがなに事ゆうたとて　十五 78
どんな事でもそむきなきよふ

今している「ざねん」「くとき」、残念の思いを繰り返し言うこの話を、どうかしっかりと聞き分けてもらいたい。今日ばかりは、親神が何を言っても、どんなことでも決して背かないように。

いまゝでハどんなはなしをしたとても　十五 79
なにをゆうてもにをいはかりや

これまでは、どんな話をしても、何を言っても、「にをい」それらしい感じ、気配です、気配だけで、それが実際に現れてくるということはなかった。しかし、

けふの日のはなしとゆうハせへつうや

もふそのまゝにすぐにみへるで　十五　80

今日しているところの話は、「せへつう」時節が来ているからして、「そのまゝにすぐに」その通りに直ちに見える、現れてくる。今までは気配だけだったが、今日の話はもう時節が来ているから、すぐに現れる。

このはなし四十三ねんいせんから
むねのざんねんいまはらすてな　十五　81
それしらすうちなるものハなにもかも
せかいなみなるよふにをもふて　十五　82

この話というのは、天保九年以来、立教以来親神の胸に積もっていた残念を、今晴らすという話なのだ。そんなことを知らずに内の者達は、全て世間によくある話のように思っている。

このみちハ四十三ねんいせんから
まことなんぢうなみちをとふりた　十五　83
その事をいまゝでたれもしらいでも
このたびこれをみなはらすでな　十五　84

このたすけ一条の道は、立教以来「まことなんぢうな」実に容易ならん困難な道を通ってきた。それを今まで誰も知らなくても、この度、その残念の思いを全て晴らすぞ。

このはらしどふしてはらす事ならば

つとめ一ぢよてみなあらハすで 十五 85

立教以来の残念をどうして晴らすかと言うと、「つとめ一ぢよてみなあらハすで」もっぱらつとめによって皆顕す、というわけですから、つとめにより親神様のお働きが顕れて晴らすということです。外でもないつとめの実行によって、親神の働きが顕現《けんげん》して、残念の思いが晴れる。立教以来の難渋も全てつとめの実行、つとめ完成のための道中です。だから、

このつとめをやがなに事ゆうたとて
とんな事てもそむきなきよふ 十五 86

このつとめに関して、親神が何を言っても、どんなことでも背かないように。

こればかりくれ〳〵たのみをくほとに
あとでこふくハいなきよふにやで 十五 87

「こればかりくれ〳〵」というわけですから、まさに念を入れてお頼みになっている。これだけはよくよく頼んでおくぞ。親神の頼みに応えずに、後で後悔することがないようにせよ。

このたびのつとめ一ちよとめるなら
みよだいなりとすぐにしりぞく 十五 88

「このたびのつとめ一ちよ」今急き込んでいるつとめを止め立てするなら。「みよだい」は、註には「名代で、秀司先生の名代として音次郎氏を迎い取るという御予言である、と思われていた。」とありますが、二代真柱様の『おふでさき』の講義では、名代という名に値するのは、こかん様と秀司様

以外にはないと仰しゃっています。そうしたことを思い合わせると、明治十四年、つまり翌年の四月に秀司様がお出直しになっていますから、秀司様を迎い取るという意味合いかとも思われます。教祖の名代である者が退いてしまうぞ、との仰せです。名代については、必ずしも誰と特定しなくても、名代たる者が直ちに退いてしまうぞ、という警告です。

このはなしなんとをもふてそはなもの
もふひといきもまちていられん　十五　89

つとめのお急き込みの激しさが伝わってきます。この話を側にいる者達は何と思っているのか。もう一刻も待っておれない。そして、

はや〳〵となりものなりとたしかけよ
つとめはかりをせへているから　十五　90

早々《そうそう》に、せめて鳴物だけでも出して、つとめに掛かる用意をせよ。親神はひたすらつとめを急いでいるのであるから。つとめの実行を強くお急き込みになっている厳しいお言葉です。

『稿本天理教教祖伝逸話篇』には、七四「神の理を立てる」に、「明治十三年秋の頃、教祖は、つとめをすることを、大層厳しくお急き込み下された。」という書き出しで始まる逸話が出ていますから、是非読んでおいて頂きたいと思います。『おふでさき』を『教祖伝』、また『教祖伝逸話篇』を参照しながら味わうことをお奨《すす》めします。

『教祖伝』によりますと、明治十四年秋、教祖が官憲に拘引されるという六年ぶりの御苦労がありま

した。さらに、明治十五、十六、十七年は、最も取り締まりが厳しく、教祖は再々御苦労下さいました。そうした弾圧に先立って、つとめの完成へ向けての重要な布石をなさったように思えるところです。まだ、十三年ぐらいまでは、事態はそれほど厳しくなかった。明治十四年の御苦労は、七年に山村御殿に召喚され、翌年に県庁に行かれて以来の御苦労です。そうしたことを思い合わせますと、厳しい弾圧が降りかかってくる前に、鳴物を入れてのおつとめの形を整え、実行させたいという思召がうかがえるように思えます。

第十五号は、最も強くつとめをお急き込みになっている号だということを憶《おぼ》えておいて下さい。

第十六号

第十六号の概要

まず、元初まりの真実を教えたいと宣《の》べられ、つとめの理に触れつつ、元の神たる月日の理に対応する残る二つの神名を「くにとこたちにをもたりさまや」と明かされる。

続いて、残念を晴らすためのかやしが胸の掃除を促すものであること、さらに残念の例として、つとめの妨害を挙げられる。

また、この道の目指すところを「世界一れつ胸の掃除」と示し、そのために世界を駆け巡って働くと仰せられる。

繰り返し、事態の切迫を告げられる中で、身上を通しての心の成人の急《せ》き込み、直ちに返し（かやし）をすること、親神自ら出て働くことなどを宣べられ、その結果至る所で現れる返しを治める道はつとめ以外にないと、いずれもがつとめの勤修《ごんしゅう》に収斂《しゅうれん》される段取りであることを示される。

この世、人間の元を教える

一番から五番まで、「もと」という言葉が繰り返し出てきます。

いまゝてハこのよはじめたにんけんの
もとなる事をたれもしろまい 十六 1

今までは、この世を創《はじ》めた、すなわち人間の元の由来を誰も知らないだろう。

このたびわこのもとなるをしいかりと
とふぞせかいゑみなをしゑたい 十六 2

ここで仰《おっ》しゃっている「このもと」は、前の歌にある「このよはじめたにんけん」の元です。この度は、この元を何とかして世界に、世界中の人間に全てをしっかりと教えたい。

このもとハかぐらりよにんつとめハな
これがしんぢつこのよはしまり 十六 3

ここで「このもと」の中身に踏み込まれます。この世人間を創めた元というのは、「かぐらりよにん」、「りよにん」は両人で、かんろだいを囲んでのかぐらづとめで獅子《しし》面をかぶってお勤めになる、北、くにとこたちのみこと、南、をもたりのみことのお役のお二方です。それぞれの天での姿は、月、日であります。この元というのはかぐら両人、すなわち月日親神であり、つとめ、かぐらづとめはこの世の初まりの真実を表す。言い換えれば、この世人間を創めたのは月日親神であり、つとめは元初まりの理を戴くものだ、ということです。

さらに、

このたひのかぐらとゆうハにんけんを
はじめかけたるをやであるぞや　　十六　4

「このたひのかぐら」は、かぐら両人のことです。くにとこたちのみことと、をもたりのみことの両人、すなわち月日親神様です。これは人間を創め掛けた親なる神である。北、真柱様がお勤めになる、くにとこたちのみことのお役の守護の理は、天にては月、父親の理合いです。南、をもたりのみことのお役は奥様がお勤めになる。これは、日、母親の理です。月、日がそれぞれ、元初まりの夫婦の雛《ひな》型《がた》に入り込んで人間を宿し込まれた。従って、月日親神様は全ての人間の親、元の親であり、人間は皆、その子供、お互いは兄弟姉妹であります。

このもとをしりたるものハないのてな
このしんぢつをみなをしゑるで　　十六　5

月日親神が人間を創め掛けた元を知っている者がないので、「このしんぢつ」元初まりの真実を全て教えるのだ。

お道の教えは、元を教えてたすける、という点に大きな特色があります。だめの教え、十のものならば九つまで既に教えてある。残る最後《だめ》の一点、元の親を明かして陽気ぐらしへのたすけ一条の道をつけると仰せられます。元の親とは月日親神様です。月日親神様が陽気ぐらしを見て共に楽しみたいと、この世人間をお創めになった。これが、その元の核心部分です。

くにとこたち・をもたり様

いまゝてもにち〳〵くときたん〳〵と
ゆうてきかした事ハあれとも 十六 6

「くとき」は、繰り返して言うことです。今までからも日々繰り返し言い、順次言って聞かせてきたことであるが。

もふけふハいかほど月日ゆうたとて
一れつ心わかりないので 十六 7

それゆへにもふせへつうがきたるから
せひなくいまわかやしするぞや 十六 8

これまで繰り返し言ってきたけれども、しかし、どれほど月日親神が言っても、誰も皆それが分からないので。そこで、今はもう「せへつう」時節が来たから、やむを得ず「かやし」をする。「かやし」は仕返しというような意味ではなく、返報、対応といった意味です。今までからいくら言っても皆分からないので、今や放っておけない時が来たから、やむを得ずそれに対応する策を講じる、と仰しゃっています。

このかやし一寸の事とハをもうなよ

あゝちこゝちにをふくみゐるで　十六　9

やむなくするその返しは、「一寸《ちょっと》の事とハをもうなよ」生易しいことではないと承知せよ。それがあちこちに数多く現れる。

このよふのにんけんはじめ元なるを

どこの人でもまだしろまいな　十六　10

この世の人間を創め出した元、根本を、どこの誰であれ、まだ知らないだろう。

このたびハこのしんぢつをせかへぢうへ

どふぞしいかりみなをしゑたい　十六　11

この度は、人間を創めた元、つまり元初まりの真実、元の理を、何とかして世界中の人々に全てしっかりと教えたい。元の理の話はお道の基本教理の中でも、その土台をなすものです。

しかときけこのもとなるとゆうのハな

くにとこたちにをもたりさまや　十六　12

よく聞け、「このもと」人間を創めた元は「くにとこたちにをもたりさま」である。つまり、いわゆる十全の守護の神名で言うところの、くにとこたちのみこと、天にては月、人間身の内の眼うるおい、世界では水の守護の理、と教えられる「くにとこたち」と、をもたりのみこと、天にては日、人間身の内のぬくみ、世界では火の守護の理とお聞かせ頂く「をもたり」、すなわち、月日親神が、その人間を創造した元だとの仰せです。

いわゆる十柱の神名の八つまでは、既に第六号でお明かしになっています。いざなぎ、いざなみに始まって八つまでを明かされている。残る二つ、月日に相当する神名が、この第十六号の十二番で初めて登場します。しかも、それには「さま」と付いているのです。ここが違うところです。

他の八つの神名については、「よせてつこふたこれに神なを（六 51）」と仰しゃっています。ですから、これらの道具衆をお引き寄せになった月日に対応する神名、くにとこたち、をもたりは別格です。それが「さま」という敬称に表れている。他の八つ、寄せてお使いになった道具衆の理に授けられた神名には敬称はありません。

このをかたどろみづなかをみすまして
うをとみいとをそばいひきよせ　十六　13

人間をお創めになった時の様子です。月日親神様が、「このままでは味気ない。人間というものを造り、その陽気ぐらしをする様を見て共に楽しもう」と思いつかれて、まず夫婦の雛型をお拵《こしら》えになる。その材料となる道具を見出そうと泥水の中をじっとご覧になり、その中から「うを」と「み」を引き寄せられ、「うを」に「しやち」を仕込んで月様が入り込まれる。「み」に「かめ」を仕込んで日様が入り込まれる。これが元初まりの最初の夫婦、父親、母親となるわけです。

残念を晴らすべく返しをする

ここで、少し話題が変わって、

このたびのざねんとゆうわしんからや
これをはらするもよふないかよ　十六　14

「このたびのざねん」とは、基本的にはたすけ一条の道の妨害に対する残念です。明治十四年頃から、官憲の取り締まり、干渉が厳しさを増してきます。この後（五十四番）には「たいことめられ」という言葉が出てきますように、具体的にはおつとめの差し止めが、その最たるものです。この度の親神の残念は真底からのものだ。この残念を晴らす手立てはないものか。

このことを神がしいかりひきうける
どんなかやしもするとをもゑよ　十六　15

「このこと」は、残念を晴らすことです。それは神がしっかり引き受ける。神自らがその残念を必ず晴らす、と仰しゃっている。そして、残念を晴らすためには、「どんなかやしもする」どんな厳しい返しも辞さない、と言い切っておられます。親神様の残念を晴らすことを自ら引き受けるというのは変な感じがしないでもありませんが、そのための返しは、単なる仕返しではなく、残念の原因の除去、解消を目指すものだと解すれば納得できます。そのことを承知せよ。

このかやしみへたるならばどこまでも
むねのそふぢがひとりでけるで 十六 16

その残念を晴らすための返しが見えたならば、形に現れてきたならば、どこの誰であろうが胸の掃除が自《おの》ずとできる。神の残念を晴らすために返しをする。その返しが現れることによって、人々の胸の掃除が自ずとできるという流れです。

いまゝでハとのよな事もみゆるして
ちいとしていた事であれとも 十六 17
けふの日わもふひがつんであるからな
とんな事でもすぐにかやすで 十六 18

今までは、どんなことも見許していた。すぐに返しをせずに、控えていたが。しかし、今やもう「ひがつんである」詰むは、迫る、切迫しているという意味です。日限が迫っているから、何であれ直ちにその返しをする。

このところとめる心でくるならば
そのまゝとこい月日でるやら 十六 19

「このところ」は、お屋敷、教祖の許《もと》です。「とめる」は、何を止めるのか。おつとめを止める、信仰を差し止めに来るということです。「そのまゝとこい月日でるやら」、この「でる」という言葉の解釈が問題です。註釈を見ますと「親神は、直ちに何処《どこ》へ出て了《しま》うかも知れぬ。」という含みのある表現になっています。『おふでさき講義』では、ここは退くと解釈しています。「でる」の用例を調べてみますと、『おふでさき』の中では退くというネガティブな意味よりは、ほとんどは積極的な意味で使われている。ですから、直ちにどこへ月日親神が働きに出るかしれないぞ、と解釈するのが自然ではないかと思います。次のお歌にも「でる」という言葉が出てきます。

てるのもなどんな事やらしろまいな
月日むかいにでるでしよちせ　　十六　20

出ると言っても、それがいったいどんなことか、お前達は知らないだろう。月日親神が迎えに出ると承知せよ。ここも解釈の分かれるところです。迎い取るといった具合です。『續ひとことはなし』では、官憲を迎えに出向くと解釈されています。『おふでさき講義』では、迎いになっているという点から申しますと、月日親神が「でる」という用例は概《おおむ》ね積極的な意味でお使いになっています。先ほども申しましたように迎えに出るとは、親神様の御用に使うべく人々を迎えに出る、と解釈するのがいいのではないかと思います。二十二番のお歌にも「なんとき月日つれにてるやら」とあります。

けふの日ハもふぢうふんにつんてある
とのよなみちがあるやしれんで　　十六　21

今日という日は、もう事態が十分に切迫している。従って、どんな道の次第になるかしれないぞ。何か、大きな転換があるという雰囲気が伝わってきます。明治十四年、十五年というのは、模様替えと言われているお道の歴史の上でも大きな節目となった時期です。様子が変わるという点では、例えば、十四年には秀司様がお出直しになります。また、つとめ人衆の紋をお渡しになっている。「こふきを作れ」と仰せられたり、かんろだいが二段まで積まれたけれども頓挫《とんざ》し、十五年には、取り払われる。また、まつゑ様がお出直しになります。つとめ人衆については、いんねんのある魂の者から、紋を頂くことでつとめ人衆になるという切り換わりが感じられるところです。さらに、初代真柱様が中山家へお入りになり、真柱様を中心とする態勢へと移り変わっていく。

また、かんろだいの取り払いを契機として、おつとめのお歌が変わる。これも大変大きな出来事です。そうしたお道の歴史の上でも一つの大きな節目をなしているのが、明治十四年、十五年です。

せかいぢうみな一れつハしかとせよ
なんとき月日つれにでるやら　十六　22

世界中の人間は皆、誰彼《だれかれ》の別なくしっかりせよ。いつ何時《なんどき》月日親神が連れに出るかしれないぞ。これは否定的な意味ではなくて、人々を連れ出して、世界たすけの用に使うという積極的な意味だと思います。

神の思惑を知る者はない

けふの日ハめづらし事をゆいかける
なにをゆうともたれもしろまい　十六　23

ここでちょっと変わった話題が登場します。今日は、めずらしい、あまり聞いたことのないような話を仕掛ける。何を言うか誰も知らないだろう。

二十四番、二十五番には、「秀司先生の庶子音次郎氏を、田村の質屋村田某の分家の養子にやられる時云々」という註が付いています。

せかいにハみなとこまてもをなし事

子共かたずけこしらゑをする　十六　24

いかほどにこしらゑしたとゆうたとて

そのさきなるわたれもしろまい　十六　25

世間では、どこの誰も皆同じようなことだ。「かたずけ」というのは、縁付けることです。子供を縁付ける用意をする。庶子の音次郎さんを婿養子にやる。普通は片付けると言うと嫁にやるケースに使われますが、婿養子の場合も同様です。「こしらゑ」は準備、支度。しかし、どれほど準備をしたと言っても、その先のことは誰も知らないだろう。良かれと思い十分な支度をしたからと言って、うまくいくか幸せにいくかと言うと、必ずしもそうはならない。先のことは人間には計り知れない。

月日にわどんなをもハくあるやらな

このみちすじハしりたものなし　十六　26

月日親神には、どんな思惑があるか、その道筋、先の成り行きは誰も知っている者はない。人間の思案と親神様の深い思召《おぼしめし》、思惑との隔たりであります。

このさきハとのよなゆめをみるやらな
もんくかハりて心いさむで　十六 27

「もんく」というのは、言葉という意味ですが、その言葉、表現の奥にある事態、様子の意味に使われています。これから先どんな思いがけない夢を見るか知れないぞ。今までと様子が変わって心が勇んでくるぞ。

とのよふなめづらしゆめをみるやらな
これをあいつにつとめにかゝれ　十六 28

前のお歌でどのような夢を見るやらと仰しゃっていたのを、さらに重ねて「めづらしゆめ」、今まで見たことのないような夢を見ることになるだろうが、そのめずらしい夢を合図に「つとめにかゝれ」つとめの実行に踏み切れ、と仰しゃいます。

けふの日ハとのよな事もきいている
なんどきもんくかわる事やら　十六 29

今日という日はどんな話も聞いている。これは、人間が何を言っても親神は黙って聞いているという意味だと思います。ここも解釈の分かれるところで、註釈では、お前達人間は話としては聞いているとなっています。つまり「きいている」の主語が人間か神かということです。しかし、後の流れから言えば、やはり親神様が黙って聞いていて下さるというほうが尤《もっと》もらしく思われます。十七号の二十五番に似たお歌「いまゝでハとのよな事もきいていた　このたびこそわざねんはらすで」があります。

この註釈には、どのような言い分も聞いて見のがしてきたが、とあります。だが、いつ何時様子が変わってくるかしれないぞ。

とのよふな事がありてもうらみなよ
みなめゑ〳〵にする事やでな　十六　30

どんなことがあっても決して恨むのではないぞ。それらは全て「めゑ〳〵にする」銘々の心通りにすることだから。

月日にわみな一れつハわが子なり
かハいゝはいをもていれども　十六　31

月日親神にとって世界中の人間は皆我が子だ。こういう意味合いのお歌は繰り返し出てきます。どんなことも全てはたすけてやりたいとの親心からのことであります。かわいいいっぱいの思いでいるけれども。

めへ〳〵にする事ばかりせひハない
そこでちいくりみているのやで　十六　32

お前達が銘々勝手にすることばかりは「せひハない」仕方がない。心は銘々の自由を許されているわけですから、どうしようもない。「そこでちいくりみているのやで」だから、やむなくじっくり見ているのである。

けふの日ハなにもしらすにいるけれど

あすにちをみよゑらいをふくハん 十六 33

今日の時点では、お前達は何も知らないけれども、「あすにちをみよ」明日にも、「ゑらい」立派な往還、堂々たる広々とした道に出るぞ。

このみちがみへたるならばとのよふな
ものでもかなうものわあるまい 十六 34

この立派な広々とした道が見えてきたならば、どんな者でも敵《かな》う者はないだろう。

月日にハどんなをもハくあるやらな
この心をばたれもしろまい 十六 35

月日親神にはどんな思惑があるか、その心のほどは誰も知らないだろう。

これをばなみへかけたならとこまでも
むねのうちをばひとりすみきる 十六 36

親神の思惑が見え掛ける、実現し始めたならば、「とこまでも」世界中隈《くま》なく、人々の心が自ずと澄み切ってくる。

人の心の真実を知らせる

これからハこのよはじめてなにもかも

ない事ばかりゆいかけるなり　十六　37

これからは、この世初まり以来ないことばかりを言い掛ける。今まで誰も知らない話をする、と予告をされています。

いまゝでハ人の心のしんちつを
たれかしりたるものハなけれど　十六　38

「人の心のしんちつ」は、人の心の本当の姿、心の奥底といった意味です。心というものは見ることができないわけですから、これは容易に計り知ることができない。従って、今までは人の心の本当の姿を誰も知っている者はなかったけれども。しかし、

このたびハ神がをもていでゝるから
どんな事でもみなをしゑるで　十六　39

この度は、親なる神が直々世の表に顕現《けんげん》しているからして、何でも全て教えるぞ。

このはなしとこの事ともゆハんてな
みのうちさハりこれでしらする　十六　40

人の心の本当のところは、今までは誰も知らなかった。しかし、親神が現れ出たからには何でも教えると仰しゃって、どのような形で教えるかを、「みのうちさハり」身上の障《さわ》りを通して、人の心の真実を知らせる、と明かされています。「このはなしとこの事ともゆハんてな」この話はどこの誰の話とも言わない、これは誰にでも当てはまる話だということです。つまり、誰であれ、心通りの守護に

よって身上に現れた姿を見て、その元である心づかいを知れということです。

こんな事なんでゆうやとをもうなよ
かわいあまりてゆう事やでな　十六　41

どうしてこんなことを言うのかなどと思うなよ。それも「かわいあまりて」お前達がかわいいあまりに言うことなのだ。かわいい子供であれば、何も身上の障りによって知らせなくていいのにというようなものですが、そうではない。たすけるために敢《あ》えて言うと仰しゃる。

どのよふな事でもわがみする事に
神のしらんとゆう事わない　十六　42

何であれ、銘々が自分ですることに神が知らないということはない。何でもご存じ、見抜き見通しだということです。我々の心づかい、行いは全て見抜き見通し、それを見定めた上で、心通りに身上に表される。何も悪いことばかりではありません。何も身上の障りを通して知らせる必要がなければ、本来の健康をご守護下さいます。

それゆへになにもよろづをことハりて
そのゆゑかゝるしことなるぞや　十六　43

「ことハりて」、「ことわる」は、物事の筋道をはっきりさせる、筋道を立てて説明するといった意味です。また、あらかじめ了解を求める、予告するという意味もあります。ここでも、だからして、何もかも万事を筋道を立てて説明をした上で掛かる仕事なのだ。いきなりにはなさらない。あらかじめ、どうすればどうなるという道理、筋道を説いた上で、働きを顕すと仰しゃる。だから、身上を頂いた、何か災難に遭ったという時に、何でこんなことにとか、何で自分がとか思ったりするのは、あらかじめ告げられたその道理、訳が分かっていないということです。

神の残念、立腹は容易でない

いまゝでハなによの事もぢいくりと
しかゑていたる事であれども 十六 44

これまでは、どんなことも「ぢいくりと」すぐに実現することをせずに、控えていたけれども。

しかときけいまゝでなるのはなしハな
なにをゆうてもきいたばかりや 十六 45

よく聞け、今まで親神がしてきた話というのは、何を言ってもお前達は聞いただけだった。しかし、

けふの日ハみちがいそいでいるからな
どんな事てもはやくみへるで 十六 46

今日という日は、「みち」たすけ一条の道を急いでいるから、神の言うことはどんなことでも、速やかに見えてくる。これまでは話に聞くだけでなかなか実際には現れなかったが、今日という旬は、たすけ一条の道を急ぐ上から、何であれ神の言葉が早々に実現してくる。

それゆへにでかけてからハとむならん
そこで一れつしやんするよふ　十六　47

従って、実際に現れてからではどうにもならないから、その前に皆よく思案するように。

いまゝでも神のくときわたん〳〵と
いろ〳〵といてきたるなれとも　十六　48

従来からも「神のくとき」親神は繰り返し、順次いろいろと説いてきたけれども。

いかほとにくどいたとてもたれにても
きゝわけがないをやのさんねん　十六　49

どれほど繰り返し話をしても、誰も聞き分ける者がいないのが、親神としては実に残念だ。

こゝまてもよいなくときやないほとに
このたびこそハしやんするよふ　十六　50

これまでも、「よいなくときやない」一方《ひとかた》ならず繰り返し話をしてきたが、今度こそは、よくよく思案してもらいたい。何か事態が切迫している、今までとは違うぞという雰囲気が伝わってきます。

このはなしなんとをもふてきいている
つもりかさなりゆへの事やで　十六　51

今、親神のしている話をお前達は何と思って聞いているか。「つもりかさなり」親神のもどかしい思い、残念が積もり重なったがゆえの話である。

けふの日の神のさんねんりいふくわ
よいなる事でないとをもゑよ　十六 52

今日の親神の残念、立腹は「よいなる事でない」並々ならぬものだと承知せよ。何か大変なことが起こってくるのじゃないかという予感さえします。そして、

月日よりないにんけんやないせかい
はじめかけたるをやであるぞや　十六 53

容易ならざる残念、立腹という表現をお使いになって、ここで改めて、何ゆえそこまで言うのかを根本に遡《さかのぼ》って仰せになります。月日親神は、無い人間、無い世界を創め出した親なる神であるぞ。

そのところなにもしらざる子共にな
たいことめられこのさねんみよ　十六 54

そうであるのに、何も知らない子供、ここでは官憲に、「たいことめられ」、つとめを差し止められた。太鼓はおつとめの鳴物の中で目立つ存在です。人間世界を創造した親に対して、何も知らない子供が、親が苦心してその段取りを進めるところのつとめを差し止める。実に残念極まりない。容易ならん残念、立腹の原因は、つとめの妨害です。

このたびハこのかやしをばするほとに
みなとこまでもしよちしていよ　十六 55

この度は、「このかやし」、つとめを止められたことに対しての返しをするぞ。どこの誰であれ、皆承

知していよ。

世界一れつ胸の掃除や

けふまてわなにもしらすにいたけれと
さあみへかけたゑらいたのしみ 十六 56

今日までお前達は何も知らずにいたけれども、いよいよ見え掛けてきたぞ、大きな楽しみが。何か心が勇むお歌です。先の〝えらい往還〟を想起すると、その大きな楽しみの道が見えてきたと言えるでしょう。

このみちハどんな事やとをもうかな
せかい一れつむねのそふぢや 十六 57

「このみち」は、お道、たすけ一条の道とも解せるし、この大きな楽しみへの道とも解せるところです。結局両者は一つのものです。それは「せかい一れつ」世界中の人々の胸の掃除をすることなのだ。「このみちハどふゆう事にをもうかな」で始まるお歌には、お道の教えの特質を端的に表現するお歌が多いということを前にも申したかと思います。例えば「このみちハどふゆう事にをもうかな　このよをさめるしんぢつのみち（六　4）」や「よろづたがいにたすけばかりを（十三　37）」、さらに第十七号に入ると「このみちハどふゆう事にをもうかな　かんろふたいのいちじよの事（十七　2）」という御歌があったりします。ここでは「どんな事やとをもうかな」と仰しゃって、「せかい一れつむねのそふぢや」とあります。これも本教信仰の角目です。世界中の人間の胸の掃除をするのだ。胸の掃除をして、心を入れ替える。どういう心に入れ替えるか。それはつまるところ、人をたすける心に入れ替えてもらいたいということになりますが、それに先立って胸の掃除をする、ほこりを払うということです。

この事ハなんの事やとをもている
神のざんねんはらす事やで 十六 58

この世界一れつの胸の掃除というのは、どういうことだと思っているか。これすなわち、親神の残念を晴らすことなのだ。人々の胸に積もっているほこりが、自分中心の心づかいが、親神様の残念の因《もと》です。それを晴らすとの仰せです。

このさきハとこの人ともゆハんてな
むねのうちをばみなみているで 十六 59

これから先は、どこの誰とも言わないが、誰であれ、その「むねのうち」、すなわち心づかいを親神は全て見ているぞ。

けふからわ月日でかけるはたらきに
どんな事をはするやしれんで 十六 60

今日からは、月日親神が自ら働きに出掛ける。従って、どんな想像もつかないようなことをなさるかしれないということです。

いまからの月日はたらきするのハな
どこでするともたれもしろまい 十六 61

高山もたにそこまでもせかいぢう
一れつをみなあ丶ちこ丶ちと 十六 62

今から月日親神が働きに出掛けると言っても、いったいどこでその働きを顕すか誰も知らないだろう。「高山」支配層、上層から、「たにそこ」下層、底辺に至るまで、世界中を隈なくあちこちと出向いて働く。世界中の人々の胸の掃除をすべく働く。

月日よりせかいぢうをばはたらけば
このをさめかたたれもしろまい 十六 63

月日親神が、世界中を駆け巡って、世界の隅々にまで出向いて働くとなると、その治め方は誰も知らないだろう。一連のお歌の流れからしますと、月日親神様がその残念を晴らすために出掛けて働かれるというわけですから、多くの場合厳しい事態を伴うと思われます。それがあっちにもこっちにも現れてくる。従って、その治め方は人知を超えたものです。

それゆへにこのしづめかた一寸しらす
一れつはやくしやんするよふ 十六 64

その親神様の絶大なるお働きは、神意が分からなければ、うろたえるような身上・事情、あるいは災厄災難といった大変な事態としか思えないでしょう。そこでその鎮め方をちょっと知らせるから、皆早く思案するように、と諭されています。つまり、そうした厳しい事態に際して、いかにすべきかを教えると仰しゃっています。六十三番、六十四番で「をさめかた」「しづめかた」と仰しゃっていることの根本はつとめです。その大変な事態をつとめによって治める、つとめによって鎮めるということです。

つとめてもほかの事とわをもうなよ
たすけたいのが一ちよばかりで　十六　65

親神様がお急き込みになっているつとめは、他でもない「たすけたいのが一ちよばかりで」ただただかわいいお前達人間をたすけたい一筋の思いからだ、と仰しゃる。まさに、つとめは、たすけ一条の道の根本です。

それしらすみなたれにてもたん〳〵と
なんどあしきのよふにをもふて　十六　66

それを知らずに、誰も彼も皆いろいろと「なんどあしきのよふに」、何か悪いことのように思っている。おつとめ、もっと広く言えば教祖の仰しゃっていることを何か悪いことのように誤解している。

にんけんハあざないものてあるからな
なにをゆうともしんをしらすに　十六　67

「あざない」は、浅はかなという意味です。人間は浅はかなものだからして、何を言ってもその「しん」核心、肝心なところが分からない。

今後は神の思惑通りにする

けふまてわとんな事てもゆハなんだ
ぢいとしていたこのさねんみよ 十六 68

今日までは、親神に言いたいことがあっても、何も言わずにじっと抑えていた。この「さねん」残念を思ってもみよ。

これからハ神のをもハくするからハ
とんな事をばするやしれんで 十六 69

今までは控えていたけれども、これからは「神のをもハくする」親神の思惑を実現する、親神の思惑通りにするからして、どんなことをするかしれないぞ。今までとは違うぞと警告しておられる感があります。

いまゝてハなにもゆうたりをもふたり
まゝにしていた事てあれとも 十六 70

人間達は、今までどんなことも、好き勝手に言ったり思ったりしてきたけれども。

このさきわ神がしはいをするからハ

とんな事てもまゝにてけんで　　十六　71
これから先は親神が支配をするからして、何事につけても好き勝手にはできないぞ。

にんけんのめゑにハなにもみへねども　　十六　72
神のめゑにハみなみへてある

こしらゑをやるのハしばしまちてくれ　　十六　73
とろみづなかいはめるごとくや

註によりますと、これは音次郎さん関連の話だということです。人間の目には将来どんなことがあるか何も見えないけれども、親神の目にはこの先どうなるかが全て見えている。だから、「こしらゑをやるのハ」つまり、養子にやる支度を先方に渡すのは、ちょっと待て、との仰せです。それは言わば「とろみづなかいはめるごとくや」どぶに捨てるようなものだ。そんなことをしても何にもならない、無駄だよと仰しゃっています。この辺りにも、人間の良かれと思ってすることと神様の思惑との食い違いがうかがえます。

いまゝでハとんな事でもゆハなんだ　　十六　74
けふハなんてもゆハねはならん

六十八番にも、言わずに「ぢいとしていた」とありますが、ここでも、今まではどんなことも言わなかったが、もう今日はどうしても言わなければならない、と仰しゃっています。

もふけふハなんてもかてもみへるてな

こくけんきたら月日つれいく 十六 75

もう今日という今日は、何もかも目に見える形で現れてくる。その時が来たら月日親神が連れて行く。刻限というのは、時、それも非常にきっちりとした時間です。例えば、刻限のさしづというのは、親神様のほうからどうでも言わねばならない時に発せられるお言葉を指します。それに対して伺いのさしづは、人間がお尋ねした時にお応えになるお言葉を言います。刻限とは、そうした神様がお決めになった時です。いったい誰をどこへ連れて行かれるのか、思案を要するところです。

けふの日ハもふぢうふんにつんてきた
なんときつれにでるやしれんで 十六 76

今日という日は、もう十分に時旬が迫っている。従って、いつ何時連れに出るかしれないぞ。

つれいくも一寸の事てハないほとに
をふくみへるがたれもしろまい 十六 77

「つれいく」、「つれにでる」と前の歌で仰しゃっていますが、それもちょっとばかりのことではない。「をふくみへるが」大勢の人間を連れて行く。しかし、誰にもそれが分からないだろう。この「つれいく」には、註がついていまして、「教祖様に対する官憲の呼び出しなどを仰せになっている、と拝する」とあります。ですから、この「つれいく」は、教祖を警察署へ、あるいは監獄へ連れて行くという意味だとする解釈です。また、「をふくみへる」を多くの人が集まって来ると解釈しています。しかし、「この心どふしていさむ事ならば　月日にんそくつれてゞるぞや（十　83）」、「それよりも月日

一れつせかゐぢう　つれてゞたならひとりでけるで（十　32）」、さらには、第十六号でも「せかいぢうみな一れつハしかとせよ　なんとき月日つれにてるやら（十六　22）」と、〃連れる〃の用例を見ると、月日親神様がよふぼくを、人足を連れて出て、世界たすけの上にお働きになるといった感があります。また、警察の拘引を「こくけんきたら」と仰しゃるかなどと考え合わせると、私は、月日親神様が大勢のよふぼくを連れて世界たすけに出向かれると積極的に解してはと思います。因《ちな》みに、『續ひとことはなゐ』には、「つれゆく人も多くの人である」とあります。ともかく、ここは、そういう二通りの解釈があることを心に留めておいて下さい。

いかほどのたかいところとゆうたとて
もふけふからわもんくかハるで　十六　78

どれほど「たかいところ」、支配層、上層部、一番高いところとなると、政権の中枢や天皇にまで及ぶでしょうか。「もんく」は様子です。もう今日からは、その様子、状況が変わってくるぞ。世の中の大転換が始まるというご予言のように思われます。

さあしやんこれから心いれかへて
しやんさだめん事にいかんで　十六　79

そういう重大な時旬だから、しっかり思案をするように、これからは心を入れ替えて、思案し、神意に沿う心を定めなければならない、との仰せです。

第十七号

第十七号の概要

まず、この道は「かんろだいの一条の事」と、道の次第がかんろだいの建設に集約されることを示され、次いで、ぢば、かんろだいの意義に触れられる。さらに、かんろだいの完成に先立ってなされるべきとして、「世界中の胸の掃除」に話を進め、親神による銘々の心の見分け、受け取り、また、心の入れ替えに言及される。この胸の掃除も子供たすけたい一念からであること、そのたすけというのも「めづらしたすけ」を目指すものであることを表明される。

一方、銘々のほこりの思案から来る親神の残念とその返し、そして、かんろだいの取り払いに際しての容易ならん残念と返しを述べて、強く残念を晴らす旨を仰せ出される。

この間には、陽気づくめに続く本道の近いこと、また、事態の切迫、一れつ子供かわいい親心を繰り返し述べられる。

『おふでさき』を擱筆《かくひつ》されるに際して、今後は、これまで教えたことに基づき、神意を悟り、よく思案をするようにと結ばれる。

この道はかんろだい一条

まず、かんろだい、ぢばについて仰《おっ》しゃっています。

いまゝでハなんのみちやらしれなんだ
けふからさきハみちがわかるで 十七 1
このみちハどふゆう事にをもうかな
かんろふたいのいちじよの事 十七 2

今までは、どういう道であるか、何を目指す道であるかが分からなかった。道ということですから、目的地、どこへ行く道であるかが肝心です。しかし、今日から先は、この道がどういう道であるか分かってくるぞ。それを具体的に、「かんろふたいのいちじよの事」、「いちじよ」は漢字を当てると一条、もっぱらという意味です。この道は、もっぱらかんろだいのことなのだ。言い換えますと、この道の次第はかんろだいの建設に集約される。単に形の上で、かんろだいを据えるだけではなくて、名実共に建ち上がることに集約されるということです。名実共に建ち上がるとは、十三段のかんろだいが石造りで出来ればいいというだけでなく、そこにかんろ（甘露）が降ることをも意味します。かんろが降ってくるようになるには、その前提として、「いちれつすましてかんろだい」、人々の心が澄み切ることが求められる。かんろだいが名実共に建ち上がることと世界一れつの胸の掃除は、共に進められるべきものです。相携えて進むものだということです。

このだいをどふゆう事にをもている　十七　3

これハにほんの一のたからや

「このだい」かんろだいをどういうものだと思っているか。「にほん」、形で言えば、教えがまず行き渡る所。その内容で言えば、教えをわきまえた者達といった意味です。かんろだいは、「にほん」の一番の宝である。形の宝ではなくて、理の上の宝です。

このもとなるをたれしろまい　十七　4

これをばななんとをもふてみなのもの

「たれもしろまい」と〝も〟を入れて読むのは、『おふでさき』外冊《げさつ》に補われているものがあるからです。このかんろだいを皆の者は何と思っているか。「このもと」元の由来と言いますか、その根本の理合いを誰も知らないだろう。

このたびハこのもとなるをしんぢつに　十七　5

とふぞせかいゑみなをしへたい

この度は、その根本の理合いをどうかして世界中へ全て本当に教えたい。こうした前置きがあって具体的に、

このもとハいさなきいゝといざなみの　十七 6
みのうちよりのほんまんなかや

「いさなき」は元初まりの男雛型《ひながた》。「いざなみ」は元初まりの女雛型です。その「みのうち」体の「ほんまんなか」、いざなぎのみことに月様が入り込み、いざなみのみことに日様が入り込んで、元初まりの子数を宿し込まれたその中心点ということです。そこがぢばです。夫婦の雛型によって最初の子数が宿し込まれた地点です。そのゆえをもって、ぢばにかんろだいが据えられるのであります。

そのとこでせかいぢうのにんけんわ　十七 7
みなそのぢばではじめかけたで

その地点、元の子数が宿し込まれた地点で、世界中の人間は全て、はっきりとその地点を「ぢば」とご明示になって、その「ぢば」で「はじめかけた」。これは『おふでさき』で一貫している表現ですが、おぢばで人間を造ったとは仰しゃっていないのです。創《はじ》め掛けたと仰しゃっている。元初まりにぢばで、ホモ・サピエンスとしての人間が造られたわけではなく、やがて人間に至る存在、命が始まったということです。

そのぢばハせかい一れつとこまでも　十七 8
これハにほんのこきよなるぞや

その宿し込みのぢばは、世界中のどこにいる者にとっても、「にほん」の故郷である。元の子数が宿し込まれた所ですから、当然全人類の地理的な意味での故郷です。そこに敢《あ》えて「にほん」と付けられたのは、その元の屋敷で、元の親によってだめの教えが開かれ、まずぢばの周囲にある「にほん」に教えが伝えられ、やがては世界中に教えを行き渡らせるという思惑があってのことと思われます。ぢばは、全人類の心の故郷でもあるということです。ぢばは、元の子数を宿し込まれた所であり、そのゆえを以《もっ》て、人間をお創めになった親なる神がお鎮まり下され、そのをやの思いを私達にお伝え下された教祖が存命のままおわすのであります。「にほんのこきよ」という言葉を実あるものにするためには、教えを世界に及ぼす布教伝道が欠かせません。

にんけんをはじめかけたるしよこふに
かんろふたいをすゑてをくぞや　十七　9

元初まりに、「にんけんをはじめかけた」、ここでも「はじめかけた」と仰しゃっています。我々はよく、人間創造の地点、ぢばと言ったりするのですが、正確な言い方をすれば、人間を創め掛けられた地点です。人間に至る命の始まりです。その証拠にかんろだいを据えておく。その地点にかんろだいを据えるということは分かるのですが、それが、なぜ証拠になるのか。証拠というのは、普通、凶器に犯人の指紋がついていた、といったものです。かんろだいが据えられて、これが人間を創め掛けた証拠なのだと言われて、「はい、そうですか」という感じはしない。なぜ、これが証拠になるのかということになると、この証拠は未来、将来に実証されるということだと思います。親神様の仰せ通りに、かんろだいを囲んで、人間創造のお働きを手振りに表して勤めるおつとめが完成した暁《あかつき》には、天からかんろが降る。「めづらしたすけ」が成就される。それが、証拠になるということだと思うのです。

ですから、ここで人間を創め掛けた証拠は、我々の努力に親神様のお働きを頂いて、人々の心が澄み、互いにたすけ合う世の中を実現することによって証《あか》される。

このたいがみなそろいしたならば
どんな事をがかなハんでなし　十七　10

「このたいがみなそろい」、かんろだいは六角形の台が十三段積み重ねられたものです。明治十四年に二段まで出来た石造りのかんろだいが、十五年に取り払われる。それ以後は、小石が積まれていたり、板張り二段の六角の台が置かれていたりしました。現在は木製の雛型かんろだいが据えられています。このかんろだいが完成したならば、どんなことも叶《かな》わないことはない、と自由自在《じゅうようじざい》のご守護を請け合われます。そして、

それまでにせかいぢうをとこまでも
むねのそふぢをせねばならんで　十七　11

かんろだいが名実共に建ち上がるまでには、「せかいぢうをとこまでも」世界中の全ての人々の胸の掃除をしなければならない。これはまさに、おつとめの「いちれつすましてかんろだい」の唱句に対応しているお歌と言っていいと思います。世界中の胸の掃除をした暁に、かんろだいが名実共に建ち上がり、何叶わんことのないご守護をお垂れ下さるということです。

このそふぢとこにへだてハないほとに
月日みハけているとをもゑよ　十七　12

この世界中の人間の胸の掃除にはいささかも隔てはない。どこの誰であれ、月日親神はその胸の内を見分けて、それぞれに掃除をさせると承知せよ。

月日にハどんなところにいるものも
心しだいにみなうけとるで　十七　13

月日親神様は、どこにいる者であっても、その胸の内は見抜き見通しです。その心をお受け取り下さって、心通りにご守護下さる。

いまゝでハとんな心でいたるとも
いちやのまにも心いれかゑ　十七　14

しんぢつに心すきやかいれかゑば
それも月日がすぐにうけとる　十七　15

たとえ、今までどのような心でいたとしても、「いちやのまにも」一晩のうちにも心を入れ替えることができる。心は自分のものですから、自分の思うようにできるはずです。「とんな心」という時は、少しネガティブと申しますか、否定的なニュアンスが感じられます。たとえほこりまみれの心でいたとしても、心というものは一夜の間にも入れ替えることができる。そして、「しんぢつに心すきやか」心を本当にすっきりと入れ替えれば、それも月日親神は直ちに受け取る。

月日にハせかいぢうハみなわが子
かハいいゝばいこれが一ちよ　十七　16

どんな心でいる者であっても、心を入れ替えさえすればすぐに受け取るというのは、月日親神にとって世界中の人間は皆我が子だからである。「かハいい、ばい」溢《あふ》れんばかりの子供かわいい親心です。ひたすら子供かわいい思いで一杯である。親なればこそであります。普通ならば、この間まであんなことを言ってたじゃないか、思っていたじゃないか、していたじゃないか、というようなものですが、そこを親神様は、すっきりと心を入れ替えさえすれば、それを直ちに受け取ると仰せ下さいます。

えらい本道が見えてきた

いまゝでハどんなものでもむねのうち
しりたるものわさらにあるまい 十七 17

今までは、誰であれ、胸の内、すなわち人の心を知っている者は決してないだろう。

このたびハとんなところにいるものも
むねのうちをばみなゆてきかす 十七 18

先に、今まではと仰しゃって、この度は、どんな所にいる者であっても、その「むねのうち」心のほどを親神が全て言って聞かせる。人の心というものは、外からはうかがい知れないものですし、自分でもよく分からない。自分では却《かえ》って分からないことだってある。それを見抜き見通しの親神様が言って聞かせるとの仰せです。

これまでハかへひとよにてへたてたら
なにをゆうても一寸もしろまい 十七 19

これまでは、「かへひとよ」壁一重《ひとえ》隔てたならば、何をしゃべっていても全く分からないというのが人の常であった。まして、遠方にいる者の心など人間には到底分かるはずがない。それを神が言って聞かせると仰しゃる。

けふからハよこめふるまもないほどに
ゆめみたよふになにをするやら 十七 20

今日からは、「よこめ」横目、脇目を振る暇もないぞ。一瞬たりとも油断するな。「ゆめみたよふに」、現実とは思えないような不思議な神の働きを顕《あらわ》すぞ。

いまゝでの月日ざねんとゆうものわ
なか〱一寸の事でないぞや 十七 21

今までの月日親神の残念は、なかなかちょっとやそっとのものではない。

けふまでハなにもしらすにいたけれど
さあみへてきたゑらいほんみち 十七 22

このみちをはやくみとふてせきこんだ
さあこれからハよふきつくめや 十七 23

お前達は今日まで、何も知らずにいたけれども、いよいよ目の前に「ゑらいほんみち」立派な本当の道が見えてきたぞ。この本道はおつとめによって裏付けられたたすけ一条の道であります。この本道を早く見たくて急《せ》き込んだのだ。おつとめをその根本とするたすけ一条の道、陽気ぐらしへの道を早く見たいと親神は急き込んできたのだ。さあ、この本道が見えてきたからには、これからは陽気づくめの世の様《さま》に立て替わっていくぞ。

このはなしどふゆう事にをもうかな

ふでのさきがなみへてきたなら 十七 24

この本道が見えてきた、これからは陽気づくめの世になるぞという話を、どういうことだと思うか。「ふでのさきがな」、今まで筆先をもって教えてきたことが見える、実現されてきたならば、陽気づくめの世に立て替わっていくということだ。

いまゝでハとのよな事もきいていた

このたびこそわざねんはらすで 十七 25

このはらしとふゆう事にをもうかな

なんどきどこでしりぞくやらな 十七 26

今までは親神はどんなこともじっと聞いていた。聞き流してきた、見逃してきたという含みがあります。しかし、今度という今度は残念の思いを晴らすぞ。この「はらし」は、どういうことだと思うか。いつ何時《なんどき》どこで、「しりぞく」親神の守護を退《ひ》いてしまうか知れないぞ。

これまでのながいどふちうこのざねん

一寸の事でハないとをもゑよ 十七 27

これまでの長い道中に積もり重なった残念は、生易しいものではないと承知せよ。従って、晴らし、あるいは、返しも厳しいものが予想されます。

これからハこのかやしをばするほとに 十七 28
みな一れつハしよちしていよ

今後は、その積もる残念に対する返しをする。お前達皆承知しておれよ、と警告を発しておられます。

せかいぢうどこのものとハゆハんてな 十七 29
月日しいかりみな見ているで

どのよふな事をゆうてもをもふても 十七 30
月日しらんとゆう事ハない

世界中の人間は、どこの誰であれ皆、月日親神は全てしっかりと見ている。従って、どんなことを言っても、また心に思っても、月日親神が知らないということはないのだ。言ったり、したりしたことならば、誰かが見ていたり、聞いていたりするからばれるかなというようなものですが、思っただけでも親神様には伝わっていると思うと、気を緩めることはできません。

このさきわどよな事をするにもな 十七 31
月日さきゑとことわりてをく

「どのよな」と〝の〟を補うところです。ここまで、返しをする、晴らすと仰しゃっているわけですから、何か厳しいお知らせ、お仕込みがあると思われます。それについて、この先どんなことをするにしても、「月日さきゑと」月日親神があらかじめ断っておく。「ことわる」には、訳を言って了解させるという意味があります。単なる予告ではなくて、訳を言って了解を求めた上でなさる。いきなりなさるということはない。我々が、何で突然？　と思うことも、よく考えてみれば、その兆候はあった。我々がそれに気づかずにいたと言いますか、さらには、無視していたということにもなるかと思います。

これから八月日ざんねんでたならば
とのよな事があるやしれんで　十七　32

これから先、月日親神の残念が表に現れたならば、どんなことが出来《しゅったい》するかしれないぞ。ちょっと怖いようなお歌です。

けふの日ハどのよな事もつんできた
神のさんねんはらすみていよ　十七　33

今日という日は、万事事態が切迫してきた。だからして、神の残念を晴らすぞ。よく見ていよ。

元のぢばにかんろだいを

いまゝでハこのよはじめたにんけんの

もとなるぢばわたれもしらんで 十七 34

これまでは、この世人間を創め掛けた元のぢばを誰も知らなかった。しかし、

このたびハこのしんちつをせかへちうゑ 十七 35
どふぞしいかりをしゑたいから

今までは誰も知らなかったけれども、この度は、「このしんちつ」元のぢばでこの世人間を創めた、つまり、元初まり、元の理の話を、何とかして世界中の人々にしっかりと教えたい。この辺りにも元を教えてたすけるというお道の教えの特質が出ています。

それゆへにかんろふたいをはじめたわ 十七 36
ほんもとなるのところなるのや

この元初まりの真実を教えたいがゆえに、本元、すなわちこの世人間を創め掛けた元のぢばにおいてかんろだいの建設に着手したのだ。

　ですから、かんろだいには、陽気ぐらしを見て共に楽しみたいと思召《おぼしめ》して、ぢばにおいて人間を創め掛けられた親神様の思い、そして、やがてかんろだいにかんろが降ると申しますか、「めづらしたすけ」が成就される世という、出発点と目指すところ、これが共に象徴されていると言うことができます。

こんな事はじめかけるとゆうのもな 十七 37
せかいぢううをたすけたいから

「こんな事」とはかんろだいの建設です。かんろだいの建設を始め掛けるのも、世界中の人間をたすけたいからなのだ。世界中の人間をたすけて、元初まりの思召《おぼしめし》である陽気ぐらしをさせたいからだとの仰せです。それなのに、

それをばななにもしらさるこ共にな
とりはらハれたこのさねんわな 十七 38

世界中の人間、子供達をたすけたいと思って、かんろだいの建設に着手したのに、それを何も知らない子供、実際には警察によって取り払われてしまったこの残念は、如何《いかん》ともしがたい。

しかときけこのさきなるハとのよふな
かやしあるやらこれしれんでな 十七 39

よく聞け。これから先どんな返し、かんろだいを取り払われた残念に対する返しがあるかしれないぞ。

月日よりこのざんねんとゆうのわな
なか〳〵一寸の事でないぞや 十七 40

かやしても一寸の事とハをもうなよ
どんな事をば月日するやら 十七 41

この辺り、繰り返しかんろだいを取り払われた残念の思いをお述べになっています。「なか〳〵一寸の事でない」、この残念は容易ならざるものだぞ。従って、その返しも生易しいものではないと承知せよ。どんな手厳しいことをするかしれないぞ、と警告しておられます。さらに、

このはなしなんとをもうぞみなのもの
神のざんねんゑらい事やで 十七 42

「このはなし」つまり、残念を晴らすべく返しをするという話を、お前達は皆何と思って聞いているか。世界中の人間をたすけるために始めたかんろだいの普請を止められ、取り払われたことに対する神の残念は大変なものだぞ。

究極のたすけを成就したい

いまゝでハどのよなみちもたん〳〵と
とふりぬけてわきたるなれども 十七 43
もちいとのこくけんきたらんそれゆへに
ちいとしていた事てあれとも 十七 44

今までは、どんな道中もだんだんと通り抜けてきたけれども。「もちいと」もうちょっと、今少し、「こくけん」その時が来ていなかったがゆえに、じっとしていたけれども。親神のほうには返しを控えていたが。

けふの日ハもふぢうふんにつんてきた
こくけんきたらすぐにかやすで 十七 45

今までは控えてきたけれども、今日という日はもう十分に「つむ」時が迫ってきた。従って、刻限、その時が来たならば、すぐに返しをする。容易ならん残念に対する返しをする。

この日ハないつの事やとをもている
廿六日がきたる事なら　十七　46

刻限が来たらすぐに返しをすると言っているその日は、いったいいつのことだと思っているか。二十六日が来たならば、返しを現す。この二十六日というのは、何年、何月の二十六日か？　二十六日は、立教の日柄であり、以来月々おつとめをしてきた今日で言う月次祭の日です。また、その日柄に教祖が現身《うつしみ》をおかくしになった理のある日です。一番に思い浮かぶのは、やはり明治二十年陰暦正月二十六日でしょう。このお歌が記されて以後の二十六日という日は全て、親神様のお働きが顕著に現れる理のある日だと言うこともできます。基本的には、明治二十年陰暦正月二十六日が来たならば、返し、晴らしをすると仰しゃっていると言っていいと思います。それは結果的には、教祖が現身をかくされた日になりますが、決して否定的なものではない。昨日（立教百七十五年春季大祭）の真柱様のお言葉にもありましたように、たすけ一条の道の新しい段階への展開、その出発点でもあります。

それからハなんてもかてもしんちつの
心それ〳〵みなあらわすで　十七　47

二十六日が来たならば、と前のお歌に仰しゃって、それ以降は、何であろうと全て「しんちつの心」本当の心、心の奥底を皆表に表す。そして、胸の掃除をするということです。

こんな事なんでゆうやとをもうなよ
かハいあまりてゆう事やでな 十七 48

本心を表して、胸の掃除をする。それが返しの流れの中で出てきますと、何か厳しい事態が起こってくることが予感されます。どうしてそんな厳しいこと、きついことを言われるのかと思うかもしれないが、子供かわいいあまりに言うことなのだ。ここでも厳しいお言葉の後に、子供かわいいゆえだと親心でフォローされています。

月日にハせかいちうのこどもわな
かハいばかりをふもているから 十七 49

月日親神にとって、世界中の人間、子供達は、ひたすらかわいい。かわいいからたすけてやりたい。たすけてやりたいから、厳しいことも言う、見せる。そのまま放っておいたのではたすからない、という親心からなさることであります。

それゆへにせかいちうをどこまても
むねのそふぢをしたいゆへから 十七 50

このそふぢどふゆう事にをもている
たすけばかりをふもているから 十七 51

子供がかわいいから、世界中の人間、すなわち親神の子供の胸の掃除をしたいから、本心を皆顕すのだ。どうしてこの掃除をするのかと言うと、「たすけばかりをふもているから」ひたすらたすけてやりたいと思っているからなのだ。つまり、たすけ一条ということです。次に重要なお歌が出てきます。

たすけでもあしきなをするまでやない
めづらしたすけをもているから 十七 52

ひたすらたすけてやりたい。しかし、そのたすけと言っても、「あしき」悪いところを治すだけのものではない。例えば、単に病気を治すだけといった類《たぐい》のものじゃない。「めづらしたすけ」今まで聞いたことのない、ありがたいたすけをしてやりたいと思っているからなのだ。だから世界中隈《くま》なく胸の掃除をしたいと仰しゃるのです。そして、この「めづらしたすけ」がどういうものかを、次に仰しゃっている。

このたすけどふゆう事にをもうかな
やますしなすによハりなきよに 十七 53

この「めづらしたすけ」とは、どういうものかと言うと、「やます」病気にならない、「しなす」若死にしない、また、「よハりなき」弱らない、年を取っても弱らないというたすけだ。まさに究極のたすけです。「めづらしたすけ」は、病まず死なず弱らず、百十五歳定命《じょうみょう》と定めつけたいというわけですから、個人のたすけと言うより、むしろ世のあり様を仰しゃっているように思われます。かんろの降る理想世界、陽気ぐらしの世界とは、いったいどんな世の中か。いろんな表現ができると思いますが、その一つが〝病まず死なず弱らず、百十五歳定命が達成された世〟ではないかと思います。その「めづらしたすけ」をしてやりたいというのが親神様の思いです。第三号には、「ほこりさいすきや

かはろた事ならば　あとハめづらしたすけするぞや（三 98）」「しんぢつの心しだいのこのたすけやますしなずによハりなきよふ（三 99）」「このたすけ百十五才ぢよみよと　さだめつけたい神の一ぢよ（三 100）」とありました。また、第四号では、三十七番で「しんぢつにたすける」と仰せになった後、三十七番で「やまずしなすによハらすに」と続けておられます。

こんな事いまゝでどこにない事や
このしよこふをしらしたさやで　十七 54

病まず死なず弱らずという「めづらしたすけ」、こんなことは、今までどこにもないことだ。「このしよこふ」この証《あかし》です。この証をお前達に示したいのだ。この究極のたすけ、そうした世の中を実現したいというのが、親なる神の切なる思いです。

これまてハどこたつねてもない事や
このたび神がはじめたさやで　十七 55

これまでこんなたすけは、どこを探してもなかった。それをこの度親神が始めたいのだ。陽気ぐらしの世への立て替えに着手するとの仰せです。

かんろだい取り払いの残念

けふまでハとんなみちやらしれなんだ

これからさきハみちをしらする　十七　56

今日までは、この道の次第がどういうものであるか知れなかった。しかし、これから先は、この道がどういうものであるかを教える。

このみちハどふゆう事にをもうかな

月日ざんねんいちじよの事　十七　57

前のお歌で、どんな道であるかを教えると前置きされていますが、それを「月日ざんねんいちじよの事」、もっぱら月日親神の残念のことだと仰しゃる。これはちょっと意外な気がするところです。先ほどは「かんろふたいのいちじよの事（十七　2）」かんろだいの建設に集約されるというお歌がありましたが、同じ上の句に続いて、ここでは月日親神の残念一条と仰しゃる。このお歌では、月日親神の残念を、〝晴らす〟という言葉を補うべきところです。残念を晴らす一条、すなわちもっぱら月日親神の残念を晴らす道である。次いで具体的に、

このざねんなにの事やとをもうかな

かんろふ大が一のざんねん　十七　58

この残念の一番の原因は、かんろだいを取り払われたことだ。取り払われたが省略されています。かんろだいの建設にこの道の次第が集約されるとすれば、かんろだいを取り払われたことが一の残念だと仰しゃることはよく分かる。そして、前歌で「月日ざんねんいちじよ」と仰しゃるのもうなずけるところです。

このざねん一寸の事でハないほどに
どんなかやしを月日するやら　十七 59

この、かんろだいを取り払われた残念は生易しいものではないからして、月日親神はどんな返しをするかしれないぞ。

どのよふな事がありてもうらみなよ
みなめゑ〳〵にしてをいたのや　十七 60

その返しは厳しい形で現れるだろうと想像がつきます。どんなことが起こってきても恨むなよ。「みなめゑ〳〵にしてをいた」全て銘々の心づかい、通り方に応じてしたことなのだ。

このさきハせかへぢうハとこまでも
高山にてもたにそこまでも　十七 61

これからハせかい一れつたん〳〵と
むねのそふぢをするとをもへよ　十七 62

これから先、返しをするについては、世界中を隈なく、また、高山であれ谷底であれ、上下の隔てなく、順次世界中の人間の胸の掃除をすると承知せよ。ですから、残念を晴らす、返しをするというのは、銘々の心づかいを顕して、それを手がかりに胸の掃除をさせるということであります。

このそふぢなんとをもうぞみなのもの
神の心をたれもしろまい　十七 63

この胸の掃除を、お前達は皆何と思っているか。親神の思い、思惑を誰も知らないだろう。我々は難しい身上、事情が起こってきたら、何で親神様はこんな厳しいことをなさるのかなあと思ったりするのですが、実は、そのふしを通して胸の掃除をさせて、たすけるために見せておられる。

月日にハどんなざねんがあるとても
いまゝでぢいとみゆるしていた 十七 64

さあけふハ日もぢうふんにつんできた
なんてもかやしせずにいられん 十七 65

今までは、どれほど残念に思っても、じっと見逃してきた、大目に見てきた。しかし、今日は、もう日が十分に迫ってきたから、どうでも残念に対する返しをせずにおれない。

このかやしなにの事やとをもている
神のさんねんばかりなるぞや 十七 66

このざねん一寸の事とハをもうなよ
つもりかさなりゆへの事やで 十七 67

この親神の返しを、何と心得ているか。それはもっぱら、神の残念を晴らすがためのものである。この残念は、ちょっとばかりのものではないぞ。「つもりかさなり」というわけですから、今だけじゃない。これまで、長年積もり重なってきたがゆえのことである。積年の残念を晴らすと仰しゃった後で、また、

月日にハせかいぢううハみなハが子
かハいゝばいをもていれども 十七 68

親神様は非常に厳しいことを仰しゃる一方で、世界中の人間は皆我が子だ。「かハいゝばい」子供かわいい思いでいっぱいなのだが。

それしらすみな一れつハめへ〳〵に
ほこりばかりをしやんしている 十七 69

そうした親神の子供かわいいいっぱいの親心を知らずに、お前達は皆誰も彼も銘々勝手に、ほこりの心づかい、自分中心の思案ばかりをしている。

この心神のざんねんをもてくれ
どふむなんともゆうにゆハれん 十七 70

「ほこりばかりをしやんしている」人々の心に対する親神の残念を察してもらいたい。その残念のほどは、実に何とも言いようがない。

いまゝでのよふなる事ハゆハんでな
これからさきハさとりばかりや 十七 71

ここで、ちょっと調子が変わります。これから先は、今まで言ってきたようなことは言わない。今後はお前達がもっぱら悟り取るのだぞ、と仰しゃいます。悟るというのは、外からはうかがい知れない中身を推し量ることです。ですから、これからは口でどうせいこうせいとは仰しゃらないけれども、をやの思いを推し量り、自ら悟り取ることをお求めになっている。これは見方を変えれば、これまでに言うべきことは言ってきた、今後はそれに基づいて自ら思案し、親神様の思召を悟り取るようにということでもありましょう。

このさきハなにをゆうやらしれんでな
どふぞしかりしやんしてくれ 十七 72

これから先どんな話をするかしれないが、どうかよく思案をしてもらいたい。「しやん」「さとり」を、『おふでさき』の筆を擱《お》かれるに際して仰しゃっています。

さと〳〵たをと〳〵びよさま〳〵 十七 73

このはなしあいづたてやいてたならば
なに丶ついてもみなこのとふり 十七 74

「とふり」の「と」は、ローマ字版では「to」になっています。「さと〳〵」は、註にありますように、教祖のお里、前川家。「たをと」というのは、秀司様の庶子、田村の音次郎さん。「びよさま」は、まつゑ様の実家である小東家を指します。話によりますと、当時いずれもお道の上では熱心と言いがたい状態だったということです。「このはなしあいづたてやい」立て合いというのは、めったにないようなことが同時的に起こってくるような事態です。それらの家に、めったにないようなことが立て合って起こってくるようなことになったならば、その意味するところをよく思案し、そこに込められた神意を悟り取るようにとの仰せかと思われます。それは三軒の家についてだけの話ではない。誰であ

れ、また何についてもその通りだと承知せよと仰しゃっています。そして、『おふでさき』を締めくくるお歌、

これをはな一れつ心しやんたのむで　十七　75

これまで述べてきたことを、誰もが皆よく思案するよう頼むぞ、と結ばれています。「しやん」という言葉で『おふでさき』を結んでおられる。『おさしづ』の締めくくりにも、「皆々惣々《そうぞう》思案無くばならん。皆々力無くばならん。」（明治40・6・9）と仰せになっています。思案ということの大切さを思わずにおれません。

昨日の（春季大祭の）お言葉でも、教祖は、たすけ一条の道の次第を整えて下さった、これからはそれに基づいて、存命の教祖のお導きのもと、皆が思案をし、談じ合い、このたすけ一条の道を推し進めていくようにという思召にお触れになっていました。

このように『おふでさき』は、つとめの完成を最大の眼目にして、そのもよう立てを進める中で、教えの全容を説き明かされた教祖直々の書き物であります。

おわりに

おふでさき全体を振り返る

全体を振り返ってみますと、第一号では、まず立教の由縁、何ゆえこの教えを開くのか。それは何も知らない神の子供、人間達に、元を教えて勇ませてたすけるためなのだと仰《おっ》しゃって、その勇みの根本の手立てをつとめだと示されます。「みなそろてはやくつとめをするならバ　そばがいさめバ神もいさむる（一　11）」と、親神様にお勇み頂けるよう、おつとめを一手一つに勇み心いっぱいに勤めるならば、ご守護もどんどんと現れてくると教示されます。

また、つとめのもよう立て、段取りとしては、それに先立つ屋敷の掃除を仰せになっています。秀司様の足の障《さわ》り、また縁談事情を通して屋敷の掃除を促されます。

第二号では、つとめは、よろづたすけの用意だと仰しゃって、そのための人衆を身上障りを通して引き寄せる旨仰せ出されます。また、それにつけても、「みちがのふてハでるにでられん（二　13）」

と、布教伝道の必要性に言及されます。

第三号のテーマは、柱を入れることです。柱というのはかんろだい、そして、真柱様を意味します。この柱を入れるには、人々の心を澄まさなくてはならない。人の心を水にたとえて、それを濁らせる心づかいをほこり、特によくと仰しゃっています。それに伴って、かしもの・かりもの、八つのほこり、さらにその裏づけとも言うべき、この世は神の体という天理教の世界観が述べられます。

第四号では、かぐら面のお迎えに関する史実、さらに、手振りを教える、人衆を仕込むといったつとめのもよう立てと共に、「このつとめせかいぢうのたすけみち（四 91）」と仰せになって、おつとめによって頂戴《ちょうだい》できる、不思議なたすけ、世の治まり、また、豊作、難を逃れるといったご守護を列挙されます。また、子供と繰り返し仰しゃって、かわいい子供の成人を待ち望む親心のほどを縷々《るる》お述べになっています。

第五号では、往還道の急《せ》き込みと、心通りの守護を通しての仕込み。さらに、元の理の話、第六号でその本論が出てくるわけですが、その前段と申しますか、元の重要性、その意義を繰り返し仰しゃっています。号の最後には「このよふのもとはじまりのねをほらそ（五 85）」とあって、第六号の元の理の話に続いていきます。

第六号は、初めに「このみちハどふゆう事にをもうかな　このよをさめるしんぢつのみち（六 4）」というお歌が出てきますが、その根本の手立てがつとめ、つとめの勤修《ごんしゅう》なのだと前置きして、そのつとめの理話である、元の理の本論が展開されます。それに際して、親神様自らの呼称を神から月日へとお変えになる。また、それにふさわしく、「このあかいきものをなんとをもている　なかに月日がこもりいるそや（六　63）」と、赤衣《あかき》をお召しになった史実に対応するお歌、さらには、身上たすけのためのさづけをお渡しになった時にふさわしく、いき・てをどりと、おさづけについての言及があります。

第七号は、つとめによるたすけが大きなテーマです。をびやづとめをはじめとする十一通りの願い筋のつとめ、具体的には、をびやと、ほふそせんよのつとめという形で出てきます。をびやについてのまとまったお話が出てくる号にふさわしく、たまへ様の出生にまつわるお歌もあります。第七号の末尾には、陽気ぐらしと申しますか、親神様のお望みになる世のあり様に関する一連のお歌、「せかいぢうみな一れつハすみきりて　よふきづくめにくらす事なら（七　109）」などが登場します。

第八号では、たすけづとめ、これは、『おふでさき』の中で一回だけ出てくる言葉なのですが、そういう表現が出てくる号にふさわしく申しますか、たすけについて詳しくお教え下さっています。「たすけ一ぢようけやうのもと（八　48）」と仰せになる、別席のお話の中にも引用されている一連のお歌もあります。号末近くには、ぢば定めに先立つお歌「そふぢしたところをあるきたちとまり　そのところよりかんろふだいを（八　83）」があって、次号のかんろだいの話に続いていきます。

第九号は、かんろだいが主要なテーマです。かんろだいを据える地点。ぢば定めについて仰せになると共に、かんろだいの形状、その理合いについて詳しくお述べになっています。

第十号は、それを受けて、かんろだいのつとめが主題です。かんろだいのつとめの内容、例えば、

「かぐら十人あといなりもの（十　39）」といった勤め方やかんろだいのつとめによるご守護についてお述べ下さっています。この第十号辺りまでで、つとめの全容がほぼ整います。さらに「こふき」をこしらえ、広めるよう仰せになり、取り次ぎへの仕込みがあります。

第十一号は、こかん様の身上を台としてのお仕込みが中心です。情に流れて理を失うなよと、重ね重ねお諭しになり、また、「元のいんねん」「こふき」にも言及されています。第十号まででおつとめの全容がほぼ整うと申しましたが、第十一号は、「つとめ」という語は一度も出てきません。第十二号は、他の号の倍近くある号ですけれども、一遍しか出てきません。この辺りが、一つの分水嶺で、これ以降はつとめの実行が主題になってきます。

第十二号では、世界一れつの胸の掃除。これが大きなテーマです。胸の掃除をするにはどうするか。心づかいを身上に顕し、その身上に現れた姿を手掛かりに思案し、掃除する。さらに、心の入れ替えを求められ、人をたすける心に入れ替えてもらいたいと仰しゃっています。また、ここで元の理のお話が再度まとまって述べられ、神名が再び列挙されますが、その道具衆の理を戴《いただ》く人衆を、今ここに寄せて仕込む、見分けをする、と仰せになっています。

第十三号では、神が働くと繰り返し仰せになり、積もる神の残念を晴らす根本の手立ては、つとめであるとして、つとめの実行をお促しになります。また、この世の治め向きについてのまとまったお歌が登場します。「せかいぢういちれつわみなきよたいや　たにんとゆうわさらにないぞや（十三　43）」あるいは、「高山にくらしているもたにそこに　くらしているもをなしたまひい（十三　45）」、さらには戦いを治めるについてもつとめによると、世の治め向きについて、元の理に基づく一連のお歌があります。

第十四号では、人々が心をいずませる様を残念と仰せになり、陽気づくめの心に入れ替えるよう求められ、「月日にわにんけんはじめかけたのわ　よふきゆさんがみたいゆへから（十四　25）」と人間創造の目的をお明かしになっています。そして、「月日」という呼称に変えて「をや」を用い始められ、をやが請け合うのだから怖いことはない、心配するなと励まされ、それにつけてもつとめをせよと、つとめの実行をお促しになっています。

第十五号は、最も強くつとめの実行をお急き込みになる号です。特に鳴物を入れてのつとめを仰せになります。この号には、「四十三ねんいせんから」という表現が六回繰り返し出てきますが、これは立教以来ということです。そこからも、つとめの実行は、立教以来のをやの思いの凝《こ》ったものだということがよく分かります。

第十六号では、すでに出ていた道具衆の理を表す八つの神名に加えて、未《ま》だ登場していなかった月日の御理に相当する神名が明かされます。それを「しかときけこのもとなるとゆうのハな　くにとこたちにをもたりさまや（十六　12）」と、「さま」という尊称をつけて、別格の存在であることを明示されます。また、つとめを止められた残念に対する「かやし」を繰り返し仰せられ、世界一れつの胸の掃除により、残念を晴らすと宣《の》べられます。

第十七号では、初めにかんろだい、ぢばの意義を明確にお示し下さいます。そして、その道の次第を象徴するかんろだいを取り払われた残念を繰り返し述べられ、それへの返しを仰せ出されます。しかし、それも全て子供かわいい親心ゆえだとして、世界一れつの胸の掃除をして、めずらしいたすけに浴させてやりたい上からのことなのだと仰しゃいます。めずらしいたすけについては、「あしきなをするまてやない（十七　52）」と、悪いところを治すだけのたすけではない究極のたすけだとして、具体的には、病まず死なず弱らずと仰せられます。最後は、それにつけても、これまで説いてきたことに基づき、よく思案し、神意を悟り取るようにと『おふでさき』を結ばれます。

このように『おふでさき』の全体の流れを承知し、また各号の特徴を念頭に置いて、日々、『おふでさき』を拝読しますと、その味わいが一層深くなるように思います。

私達お道の信仰者にとって、教祖直々にお誌《しる》し頂いた『おふでさき』があるということは、何よりも心強い拠《よ》り所であります。教えの説き方が変わることはあり得ても、『おふでさき』が変わるということはありません。一番確かな信仰の拠り所であります。お互いに常日頃『おふでさき』に親しみ、をやの思いを求めると共に、その思召にお応えする歩みを心掛けたいと思います。

上田嘉太郎（うえだ よしたろう）
昭和20年（1945年）、奈良県生まれ。京都大学大学院理学研究科修士課程修了。同55年、浪華《なにわ》分教会長（令和２年〈2020年〉９月まで）。同60年、別席取次人。同61年、本部准員。平成元年（1989年）、海外布教伝道部アメリカ二課長。同４年、海外布教伝道部翻訳課長。同８年、本部員。同10年、道友社長、常詰、宗教法人天理教責任役員。同11年、天理やまと文化会議議長。同21年、表統領、宗教法人天理教代表役員（同27年３月まで）。

おふでさき通解《つうかい》

立教180年（2017年）２月１日　初版第１刷発行
立教186年（2023年）１月26日　初版第２刷発行

著　者　上田嘉太郎

発行所　天理教道友社
〒632-8686　奈良県天理市三島町１番地１
電話　0743（62）5388
振替　00900-7-10367

印刷所　株式会社天理時報社
〒632-0083　奈良県天理市稲葉町80

ISBN978-4-8073-0606-0
定価はカバーに表示

上田篤郎（うえだ・あつお）

昭和20年山口生れ。奈良県立大学、名古屋大学大学院在学中に放射線と出会う。現在、甲子園大学教授。専攻（社会学）放射線、エイズ、物の見方。趣味、野球。主な著書「放射線、丸太と円の80%」、「現代社会における一リスク・認識と対応」、「もえる社会問題に関する社会学的研究」、「現代大学生、現代人と若者」、「初心者のための放射線、医学の一環、若者と人々のた生な作家団体に属する」。

おろかな知恵

〔略〕

著者　上田篤郎

発行者　矢野英正

〔略〕